高职高专新能源汽车专业"十四五"创新教材

新能源汽车
结构原理与检修

主　编：吴荣辉
副主编：税绍军　帅宝珍　顾小冬
参　编：刘晓宇　金朝昆　康　超　苏　勇　孙东杰
主　审：冯　津

机械工业出版社

本书由一线培训专家、维修技师及职业院校资深教师联合编写，使教材内容更贴近企业维修实际工作及职业教育的特点。本书采用项目任务一体化模式，涉及的新能源汽车有比亚迪、吉利、北汽新能源等品牌的典型车型。

本书共分6个项目12个任务，系统性地介绍新能源汽车的结构类型、特点、性能特征与评价参数，使用与充电注意事项，高压安全与防护，维修操作规范与应急处理，动力电池及管理系统检修，驱动电机及控制器检修，充电系统及空调暖风、制动、转向等辅助系统原理与检修，以及整车检查维护、故障诊断。

本书配套教学资源库，读者可以通过扫描书中的二维码观看原理及实操视频，直观地学习结构原理及操作流程；配套电子版的实训工单及课件等教学资源，职业院校教师可以根据学校配套实训设备等条件进行调整使用。

本书采用大量现场实物照片，图文并茂，彩色印刷，有利于激发学生的学习兴趣，适于高职高专及应用本科、职教本科新能源汽车专业的学生使用，也适于其他汽车专业方向学生、汽修技术人员学习。

图书在版编目（CIP）数据

新能源汽车结构原理与检修 / 吴荣辉主编 . — 北京：机械工业出版社，2021.11（2024.7重印）

高职高专新能源汽车专业"十四五"创新教材

ISBN 978-7-111-69808-1

Ⅰ.①新… Ⅱ.①吴… Ⅲ.①新能源－汽车－构造－高等职业教育－教材②新能源－汽车－车辆检修－高等职业教育－教材 Ⅳ.① U469.7

中国版本图书馆CIP数据核字（2021）第251333号

机械工业出版社（北京市百万庄大街22号　邮政编码100037）

策划编辑：齐福江　　　　责任编辑：齐福江
责任校对：郑　捷　　　　封面设计：鞠　杨
责任印制：李　昂
北京中科印刷有限公司印刷

2024年7月第1版第5次印刷
184mm×260mm・13.75印张・346千字
标准书号：ISBN 978-7-111-69808-1
定价：65.00元

电话服务　　　　　　　　网络服务
客服电话：010-88361066　　机　工　官　网：www.cmpbook.com
　　　　　010-88379833　　机　工　官　博：weibo.com/cmp1952
　　　　　010-68326294　　金　书　网：www.golden-book.com
封底无防伪标均为盗版　机工教育服务网：www.cmpedu.com

FOREWORD 前 言

新能源汽车产业是国家重点发展和大力扶持的产业。由于国家政策的扶持，新能源汽车得到飞速的发展，由此带来的新能源汽车后市场将需要大量的销售、维修及其他各方面的人才。根据目前情况，除了汽车厂家指定的服务站外，其他综合维修汽车企业接触到的新能源汽车维修业务已经越来越多。但是，无论是职业院校教师还是一线维修技师，"新能源汽车盲"的现象普遍存在，迫切需要一套体系化的新能源汽车教材以及配套的教学资源，满足职业教育和行业培训的需求。

为满足职业教育及汽车维修行业的迫切需求，我们组织新能源汽车一线培训专家、维修技师及职业院校资深教师编写了这本《新能源汽车结构原理与检修》，以新能源汽车的认识、使用和维修为主要方向，使教材贴近维修企业实际工作及职业教育的特点。同时，本书由职业教育专家对整体的结构进行全面控制，使教材符合职业教育的特点，采用项目、任务的形式编写，并方便教学组织。本书中涉及的新能源汽车品牌车型以北汽新能源、上汽荣威、比亚迪、吉利及其他国内外典型的车型为主，并综合主流新能源汽车厂家的共性和差异，以解决新能源汽车"地域"差异的问题。

本书系统性地介绍新能源汽车的认知与使用、安全防护、动力系统及辅助系统的结构原理与检修，以及整车的维护与故障诊断，包含了6个项目的内容：项目一新能源汽车认知，介绍新能源汽车现状、发展与识别、性能特征与评价参数，以及使用与充电；项目二新能源汽车高压安全与防护，介绍新能源汽车高压部件识别与防护，以及维修操作规范与应急处理；项目三新能源汽车动力电池与管理系统检修，介绍动力电池以及动力电池管理系统的结构原理与检修；项目四驱动电机与控制器检修，介绍新能源汽车驱动电机以及驱动电机控制器的结构原理与检修；项目五充电及辅助系统检修，介绍新能源汽车充电系统以及低压电源、空调暖风、制动、转向等辅助系统结构原理与检修；项目六新能源汽车维护与故障诊断，介绍新能源汽车检查与维护，以及故障诊断与排除。

本书对当前新能源汽车的新知识、新技术、新结构、新工艺也有全面深入的阐述，使学生能学到更多的知识与技术。书中内容通俗易懂，图文并茂，形式生动活泼并彩色印刷，有利于激发学生的学习兴趣。本书适于高职高专新能源汽车专业的学生使用，也适用其他汽车专业方向学生学习新能源汽车知识和技能，同时还可供汽车销售顾问、售后服务顾问、维修技师、保险理赔员、驾驶员以及其他汽车行业工程技术人员作为培训教材及阅读参考。

本书配套教学资源库，读者可以通过扫描书中的二维码观看原理及实操视频，直观地学习结构原理及操作流程；配套电子版的实训工单及课件等教学资源，职业院校教师可以根据学校配套实训设备等其他条件进行调整使用。

本书由吴荣辉任主编，税绍军（成都奥尔格科技有限责任公司）、帅宝珍（玉溪技师学院）、顾小冬（苏州工业园区工业技术学校）任副主编，刘晓宇（内蒙古农业大学职业技术学院）、金朝昆（重庆经贸职业学院）、康超（中铁电气化局集团有限公司城铁公司）、苏勇（广州市金领技工学校）、孙东杰（沈阳市北方汽修专业学校）参编，冯津任主审。广州合赢教学设备有限公司提供视频资源及大量的素材。

限于编者的技术水平，书中难免存在不当甚至错误之处，敬请广大读者批评指正。本书在编写过程中，参考了大量国内外相关著作、汽车厂家的培训课件及其他文献资料，在此一并向有关作者及汽车厂家表示最真诚的感谢！

编　者

CONTENTS
目 录

前 言

项目一　新能源汽车认知　1
任务一　新能源汽车现状、发展与识别　1
任务二　新能源汽车使用与充电　28

项目二　新能源汽车高压安全与防护　49
任务一　新能源汽车高压部件识别与防护　49
任务二　新能源汽车维修操作规范与应急处理　68

项目三　动力电池与管理系统检修　84
任务一　动力电池结构原理与检修　84
任务二　动力电池管理系统结构原理与检修　103

项目四　驱动电机与控制器检修　115
任务一　驱动电机结构原理与检修　115
任务二　驱动电机控制器结构原理与检修　125

项目五　充电及辅助系统检修　134
任务一　充电系统结构原理与检修　134
任务二　新能源汽车辅助系统结构原理与检修　150

项目六　新能源汽车维护与故障诊断　181
任务一　新能源汽车检查与维护　181
任务二　新能源汽车故障诊断与排除　195

参考文献　213

项目一 新能源汽车认知

项目描述

近年来，新能源汽车是汽车行业的热门话题。本项目介绍新能源汽车的定义、现状与发展趋势，政策法规与标准，类型、生产厂商及代表车型、结构特点，以及新能源汽车性能特征与评价参数。本项目包含以下2个任务：

任务一　新能源汽车现状、发展与识别。
任务二　新能源汽车使用与充电。

通过以上2个任务的学习，你能够对新能源汽车有基本的认识，为后续的学习奠定基础。

任务一　新能源汽车现状、发展与识别

学习目标

知识目标

1. 能够描述新能源汽车的定义和发展新能源汽车的意义。
2. 能够描述新能源汽车的现状与发展趋势。
3. 能够描述新能源汽车的类型、生产厂商和代表车型。
4. 能够介绍新能源汽车结构与传统汽车的区别。
5. 能够描述新能源汽车的性能特征与评价参数。

技能目标

1. 能够进行新能源汽车外观特征和类型识别。
2. 能够进行新能源汽车主要部件位置识别。
3. 能够进行新能源汽车评价参数查询。
4. 能够进行燃油汽车与纯电动汽车使用费用对比。

任务导入

近年来，新能源汽车是汽车行业的热门话题。作为汽车行业从业人员，如果有人问你什么是新能源汽车？新能源汽车与传统汽车有什么区别？你能正确回答吗？

获取信息

❓ 引导问题一 什么是新能源汽车？为什么要发展新能源汽车？

1. 新能源汽车的定义

新能源汽车包括两层含义，即新能源和汽车。

新能源又称非常规能源，是指传统能源之外的各种能源形式，即刚开始开发利用或正在积极研究、有待推广的能源，如太阳能、地热能、风能、海洋能、生物质能和核聚变能等，如图 1-1-1 所示。

图 1-1-1 新能源产业

根据 2017 年 7 月 1 日正式实施的《新能源汽车生产企业及产品准入管理规定（工信部令第 39 号）》：新能源汽车是指采用新型动力系统，完全或者主要依靠新型能源驱动的汽车，包括插电式混合动力（含增程式）汽车、纯电动汽车和燃料电池汽车等。

汽车用的新型能源，即非常规的车用燃料，指除汽油、柴油、天然气（NG）、液化石油气（LPG）、乙醇汽油（EG）、甲醇、二甲醚之外的燃料。

2. 发展新能源汽车的意义

由于传统汽车需要消耗燃油以及排放 NO_x、HC、CO、CO_2 等废气，因此发展新能源汽车对降低全球气候变暖的影响、减少环境污染以及解决能源危机（节约能源、优化能源结构）有重要的意义，如图 1-1-2 所示。

降低碳排放

减少环境污染

解决能源危机

图 1-1-2 发展新能源汽车的意义

纯电动汽车和燃料电池电动汽车在本质上是一种零排放汽车，一般无直接排放污染物，间接污染物可以采取集中治理的方法加以控制。混合动力汽车在纯电动行驶模式下同样具有零排放的效果，同时由于减少了燃油消耗，CO_2 排放可降低 30% 以上。另外，电动汽车比同类燃油车辆噪声低 5dB 以上，大规模推广电动汽车将大幅度降低城市噪声。

引导问题二　新能源汽车会成为主流吗？

1. 新能源汽车政策、法规与标准

国家政策对加快新能源汽车的发展起着至关重要的作用。各国政府相继发布新能源汽车发展战略和国家计划，加大政策支持力度，增加研发投入，全力推进新能源汽车产业化。

针对新能源汽车产业的发展，我国政府也相继出台了一系列政策、法规和技术标准，并且根据发展状况不断更新和调整。政府出台的政策引导和加大资金投入，推进汽车生产企业加大对新能源汽车研发的力度。

新能源汽车的开发早已引起了全球汽车产业的关注，包括我国在内的众多汽车公司转向研究和开发新能源汽车。随着新能源汽车技术瓶颈的陆续突破，新能源汽车产业进入了快速发展的新阶段。

2. 新能源汽车现状与发展趋势

（1）国外新能源汽车

1）突破动力电池技术是关键。受续驶里程、充电技术及充电设施等方面的影响，国外纯电动汽车的主要应用是小型乘用车，以及运行比较有规律的大型公交车、市政与邮政等特殊用途车辆。纯电动汽车的技术攻关重点集中在提高动力电池性能、降低成本方面。与传统的汽车性能和成本比较，动力电池已成为限制纯电动汽车发展的瓶颈。因此，研究和开发不污染环境、成本低廉、性能优良的动力电池，是大量推广使用纯电动汽车的前提。图 1-1-3 是特斯拉 Model S 纯电动汽车。

2）混合动力汽车作为过渡产品。混合动力汽车是传统发动机汽车和纯电动汽车之间的过渡产品，既充分发挥了现有发动机技术优势，又尽可能发挥电机驱动无污染的优势。日本最早研发混合动力汽车，并最先实现了产业化。丰田普锐斯（Prius）于 1997 年 10 月底问世，是世界上最早实现批量生产的混合动力汽车。其他各大汽车厂家纷纷推出混合动力汽车产品，如本田 Insight、通用 Saturn VUE、福特 Escape 等。图 1-1-4 是丰田普锐斯混合动力汽车。

图 1-1-3　特斯拉 Model S 纯电动汽车

图 1-1-4　丰田普锐斯混合动力汽车

3）燃料电池汽车成为竞争的焦点。氢燃料电池汽车是使用液态氢作为汽车的动力电池能源,与大气中的氧气发生化学反应,从而产生电能来驱动电机,进而驱动汽车。燃料电池及氢动力发动机车型被看作是新能源汽车最终的解决方案。由于燃料电池汽车技术的战略意义十分重大,世界各发达国家和地区都在潜心致力于燃料电池汽车的研究。从国外燃料电池电动汽车发展现状看,全球主要汽车公司基本完成了燃料电池汽车的性能研发,整车性能已达到传统汽车水平,核心技术问题也已经得到解决。今后的研究重点集中到降低燃料电池系统成本、规模建设加氢基础设施和推广商业化示范等方面。图1-1-5是奔驰公司生产的燃料电池汽车。

（2）国内新能源汽车

2020年10月,工信部指导、中国汽车工程学会组织行业专家修订编制的《节能与新能源汽车技术路线图2.0》正式发布,至2035年,传统能源动力乘用车将全部转为混合动力,新能源汽车成为国内汽车市场主流（占总销量的50%以上）从而实现汽车产业的全面电动化转型。

与国外新能源汽车应用相似,我国新能源汽车目前主要应用在大型公交汽车、物流营运汽车、共享汽车、网约汽车等方面,家庭用车用量较少但在迅速增长。图1-1-6是应用广泛的城市纯电动公交车。

图1-1-5　德国奔驰燃料电池汽车

图1-1-6　纯电动公交车

根据中国汽车工业协会发布的汽车工业产销数据显示,即便在汽车整体产销量下滑的情况下,我国新能源汽车仍然保持大幅度的上涨趋势。2019年全年新能源汽车产销分别完成124.2万辆和120.6万辆。根据权威部门数据,截至2020年底,全国新能源汽车保有量达492万辆,占汽车总量的1.75%。其中,纯电动汽车保有量400万辆,占新能源汽车总量的81.32%。新能源汽车增量连续3年超过100万辆,呈持续高速增长趋势。

综上所述,新能源汽车虽然在短期内不能完全替代传统的发动机汽车,但新能源汽车成为汽车产业的主流是大势所趋。

❓ 引导问题三　新能源汽车有哪些类型?

如图1-1-7所示汽车根据动力系统获取能源方式,可以分为以下类型:

类型一　燃油汽车:以传统发动机驱动的汽车,全部的动力能源都来自发动机输出,采用的燃料是汽油和柴油。

类型二　替代燃料汽车:在发动机基础上研发以替代燃料技术为主的替代燃料汽车,如燃气类汽车、醇类燃料汽车、氢气汽车等。

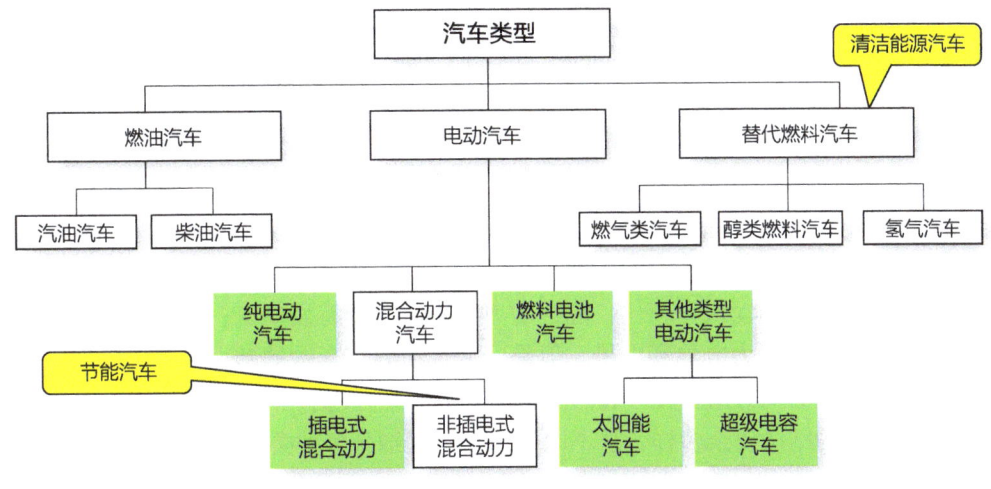

图 1-1-7　汽车的分类

类型三　电动汽车：以电力驱动技术为主的电动汽车。电动汽车从动力结构的角度可以分为纯电动汽车、混合动力汽车，同时也包括燃料电池汽车及其他类型的电动汽车，如太阳能汽车和超级电容汽车等。对于将燃料电池汽车、太阳能汽车和超级电容汽车归类到电动汽车类型中的主要原因在于，此类汽车的能源最终都是转换成电力的形式并通过电机驱动车辆的。

根据目前国家对新能源汽车的最新定义，只有纯电动汽车（包括太阳能、超级电容汽车）、插电式混合动力汽车（包括增程式）和燃料电池汽车才属于新能源汽车，其他类型则属于节能汽车、清洁能源汽车的范畴。

一般情况下，我们所说的新能源汽车是指纯电动汽车或油、电类型的混合动力汽车，因此，以下的内容在没有特别说明的情况下，所述的新能源汽车即为上述两种类型。

以下分别介绍除传统燃油汽车外的其他类型汽车。

1. 纯电动汽车

纯电动汽车（Battery Electric Vehicle，BEV 或 EV）：全部采用电力驱动的汽车，利用驱动电机来驱动车辆。图 1-1-8 是纯电动汽车结构示意图及标识。

纯电动汽车初步的认知

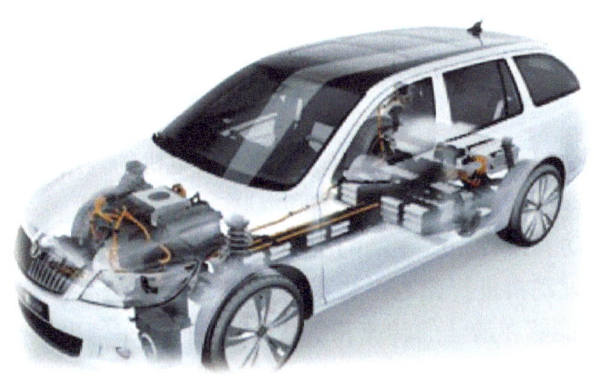

图 1-1-8　纯电动汽车结构示意图及标识

2. 混合动力汽车

混合动力汽车（Hybrid Electric Vehicle，HEV）：国际电子技术委员会（IEC）对混合动力车辆的定义为，在特定的工作条件下，可以从两种或两种以上的能量存储器、能量源或能量转化器中获取驱动能量的汽车，其中至少一种存储器或转化器要安装在汽车上。

混合动力汽车初步的认知

混合动力汽车通常是指油、电类型的混合动力汽车，即发动机与动力电池、电机的驱动混合。如图 1-1-9 所示，混合动力汽车介于传统发动机汽车与纯电动汽车之间，是两种动力汽车的中间产物。与纯电动汽车相比，混合动力汽车上配置有发动机；与传统汽车相比，混合动力汽车上又新增有动力电池和电机。但是，混合动力汽车中的动力驱动单元却完美地将发动机的动力与电机的动力结合在一起。图 1-1-10 是混合动力汽车结构示意图。

混合动力汽车的结构复杂多样，从不同的角度可以细分多种类型。

图 1-1-9　混合动力汽车关系示意图

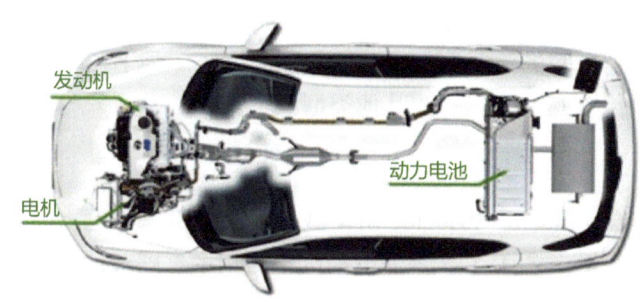

图 1-1-10　混合动力汽车结构示意图

（1）根据驱动连接方式分类

根据发动机和驱动电机之间的连接关系（即发动机的输出动力与驱动电机的输出动力到车辆驱动轴的连接方式），将混合动力汽车分成串联式、并联式和混联式三种类型。

1）串联式混合动力：在串联式混合动力设计中，车辆的驱动仅仅是由驱动电机来单独完成的，动力电池的电能来自外部电源和发动机进行充电，如图 1-1-11 所示。

串联式混合动力类型的优点是发动机能够在最佳的转速和负荷运行，同时车辆也取消了变速器、离合器等部件；缺点是车辆仅通过电机驱动，因此必须设计有较大功率的电机来满足车辆在爬坡、急加速等大负荷运行工况，导致整车重量加大。

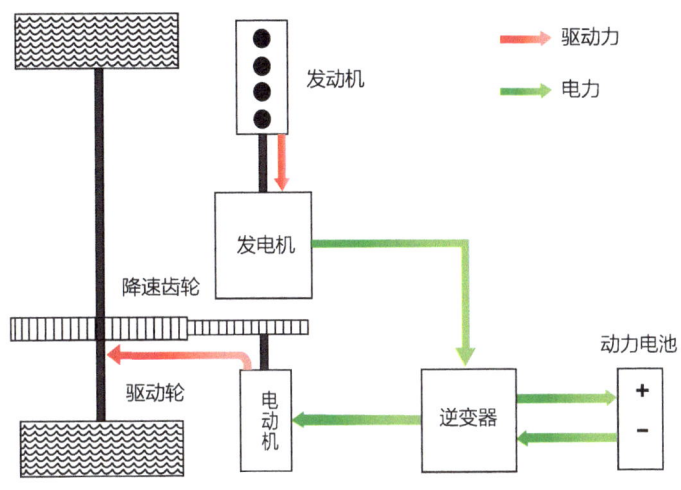

图 1-1-11 串联式混合动力示意图

这种混合动力类型主要应用于城市大客车上,在乘用轿车中很少见。"增程式"电动汽车即采用串联式设计方式。

2)并联式混合动力:在并联式混合动力设计中,车辆的驱动是由发动机和驱动电机组合完成的。动力电池获取电能的途径是发动机的充电及能量回收,如图 1-1-12 所示。

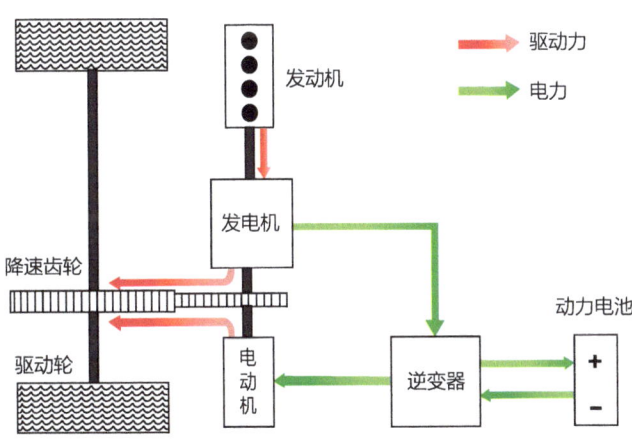

图 1-1-12 并联式混合动力示意图

并联式混合动力类型的优点是采用了一个或多个电机辅助发动机,使得发动机的设计可以更小更轻;其缺点是需要用复杂的软件来优化驱动电机和发动机同时输向驱动轴的力矩。并联式混合动力在国外的高端品牌及日本进口、合资车型上采用较多,例如奔驰 S400 HYBRID 配备的平行(即并联)混合动力驱动系统,大众、奥迪、宝马、本田、丰田公司混合动力系统大部分采用并联设计方式。

3)混联式混合动力:混联式混合动力也称为"串并联式"混合动力系统,其集合了串联式和并联式的优点,如图 1-1-13 所示。

混联式混合动力类型的优点是可以实现单独由驱动电机驱动车辆,发动机自动停机或起动为系统充电，也可以实现发动机和驱动电机共同驱动车辆；其缺点是动力分配装置内部设计和管理系统较为复杂，需要较高的技术积累和研发投入。目前市场上的混合动力汽车大多数采用这种设计类型，例如丰田、比亚迪、上汽荣威等混合动力车型。

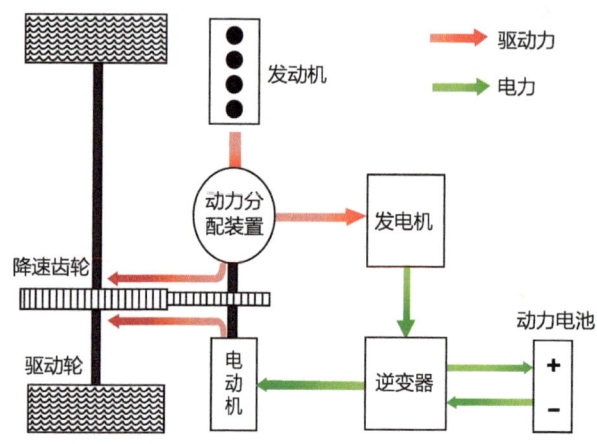

图 1-1-13　混联式混合动力示意图

（2）根据混合程度分类

根据驱动电机的有效功率占车辆驱动系统总功率的百分比，可以将混合动力汽车分为轻度混合动力、中度混合动力和重度混合动力三个等级。

1）轻度混合动力：也称"弱混"，一般采用 36V 或 42V 动力电池组，并搭载一个低功率的一体化起动/发电机通过曲轴传动带来辅助发动机。电机不能够单独驱动车辆行驶，只起辅助作用，在自动起停、发动机起动平滑辅助和制动能量回收时起作用。该系统优点是成本小，但节省的燃油也少，一般只能省油8%~15%。图 1-1-14 所示是轻度混合动力系统结构示意图。

轻度混合动力汽车的典型代表技术有别克君越的 BAS（Basic Assist System）系统、奔驰 Smart 的 MHD

图 1-1-14　轻度混合动力系统结构示意图

（Micro Hybrid Drive）怠速熄火系统、奇瑞汽车合作研发的 BSG（Belt-driven Starter/Generator）系统。这些系统的共同特点都是由曲轴传动带驱动的起动/发电机取代了传统发动机的发电机，由这个新型的起动/发电机提供车载电力系统的同时，还能快速起动车辆的发动机。

2）中度混合动力：一般采用 100V 以上的动力电池，混合度在 30% 左右。在车辆加速或者大负荷工况时，电机能够辅助发动机驱动车辆，补充发动机本身动力输出的不足。这种系统的混合程度较高，在城市循环工况下节省燃油可以达到 20%~30%。图 1-1-15 所示是中度混合动力系统结构示意图。

中度混合动力汽车的典型代表技术有本田雅阁、思域，丰田的雷凌。需要强调的是，中度混合动力汽车仍然无法完全脱离发动机的驱动并完全依靠电力驱动，根据国家标准，仅属

于节能汽车。

3）重度混合动力：也称"强混"，一般采用200~650V的高电压，混合度可以达到50%以上，在城市循环工况下节油率可以达到30%~50%。重度混合动力汽车采用发动机为基础动力，动力电池为辅助动力；支持低速纯电动行驶；在急加速和爬坡运行工况下车辆需要较大的驱动力时，驱动电机和发动机同时提供动力。图1-1-16所示是重度混合动力系统结构示意图。

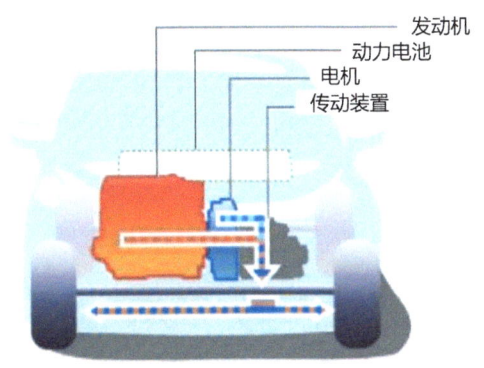
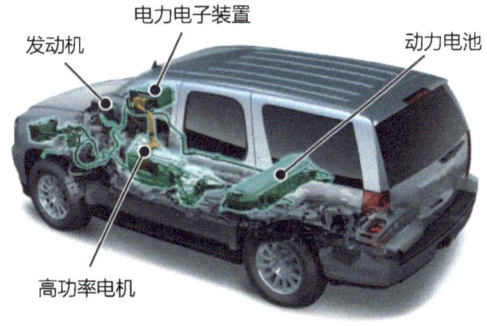

图1-1-15　中度混合动力系统结构示意图　　　图1-1-16　重度混合动力系统结构示意图

随着驱动电机、动力电池技术的进步，重度混合动力系统逐渐成为混合动力技术的主要发展方向，丰田普锐斯、通用的凯雷德双模混合动力汽车采用的就是重度混合动力系统。

（3）根据充电方式分类

根据混合动力汽车的充电方式，可以分为非插电式混合动力和插电式混合动力两种类型。非插电式混合动力汽车动力电池的电能仅来自发动机及能量回收。

插电式混合动力汽车（Plug-in Hybrid Electric Vehicle，PHEV）可以通过外部连接的电源进行充电，同时在动力电池充满电的状态下具有一定的纯电动行驶能力，是重度混合动力车型的一种特殊形态。插电式混合动力可以采用串联或并联的结构，电机功率比纯电动汽车的稍小，插电式混合动力汽车已成为主流发展方向之一。图1-1-17是丰田普锐斯插电式混合动力汽车，可以通过外部电源进行充电。

图1-1-17　丰田普锐斯插电式混合动力汽车

比亚迪秦和雪佛兰的Volt（沃蓝达）也属于这种类型的混合动力汽车。例如，沃蓝达可以在纯电动模式下行驶80km，待电量耗尽后可利用1.4L发动机作为驱动力额外行驶490km。如果想要继续行驶，只需为车辆充电或加油即可。

（4）根据燃料种类分类

根据混合动力汽车的燃料种类不同，可以分为汽油混合动力和柴油混合动力两种类型。目前国内市场上，混合动力汽车的主流都是汽油混合动力，而国际市场上柴油混合动力车型发展也很快。

图 1-1-18 是大众高尔夫柴油混合动力汽车的标识。

3. 燃料电池汽车

燃料电池汽车是指以氢气、甲醇等为燃料，通过化学反应产生电流，依靠电机驱动的汽车。燃料电池的能量是通过氢气和氧气的化学作用，直接变成电能。燃料电池的化学反应过程不会产生有害产物，因此燃料电池汽车是无污染的汽车。燃料电池的能量转换效率比发动机要高 2~3 倍，因此从能源的利用和环境保护方面，燃料电池汽车是一种理想的汽车。燃料电池汽车（奔驰 F-cell）的外形和结构如图 1-1-19 所示。

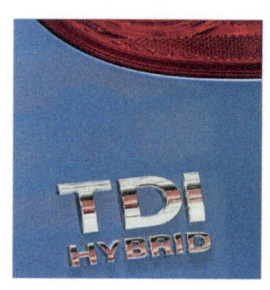

图 1-1-18　大众高尔夫柴油混合动力汽车标识

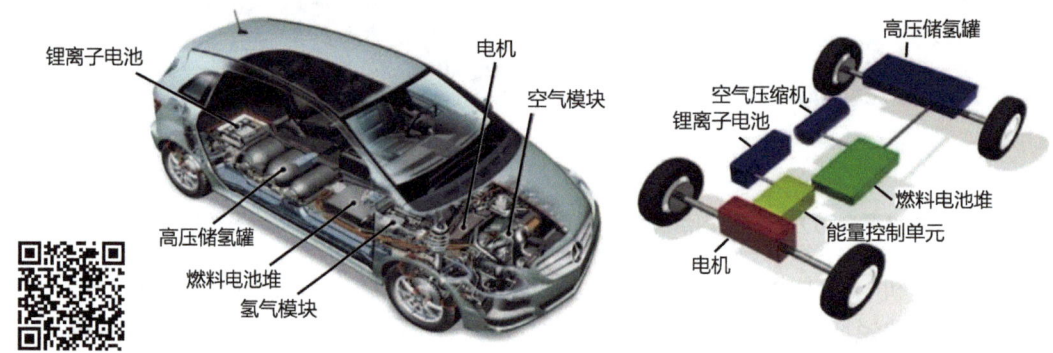

燃料电池电动汽车初步的认知

图 1-1-19　燃料电池汽车（奔驰 F-cell）的外形和结构示意图

4. 太阳能汽车

太阳能汽车是在普通电动汽车基础上将太阳能转化成电能对车辆进行供电的，在很大程度上降低了电动汽车的使用成本，而且非常环保。白天，太阳能电池把光能转换为电能自动存储在动力电池中；在晚间或阴雨天，可以利用家用交流电（220V）进行充电，确保车辆照常行驶。

太阳能汽车的优点是以光、电代替燃油，无污染、无噪声；缺点是开发成本较高，而且受自然条件（阳光）的限制。太阳能汽车的外形如图 1-1-20 所示。

图 1-1-20　太阳能汽车的外形

5. 超级电容汽车

超级电容汽车采用了超级电容储能装置储存电能。利用双电层原理制成的大容量电容称为超级电容，利用超级电容储能的装置就称为超级电容储能装置。图1-1-21是我国第一辆超级电容客车，2006年8月28日在上海投入运营。使用证明，该车起步动作迅速有力，运行时清洁、经济、方便，在车顶上的可伸缩受电弓可快速升降，与公交车站上方的高压馈线碰触就可充电，中途充电30s即可行驶3~5站地的距离。

图1-1-21 我国第一辆超级电容客车及电容组

6. 替代燃料汽车

除汽油、柴油以外的替代燃料汽车，虽然根据当前的国家标准不属于新能源汽车，但是这些类型的汽车在解决环境污染、气候变暖、能源危机等方面也有一定的贡献。替代燃料汽车包括燃气类、醇类、氢气汽车等类型。

（1）燃气类燃料汽车

燃气类燃料汽车简称燃气汽车，是指用压缩天然气（CNG）、液化石油气（LPG）和液化天然气（LNG）作为燃料的汽车。燃气汽车由于其排放性能好，可调整汽车燃料结构，运行成本低、技术成熟、安全可靠，所以被世界各国公认为当前最理想的替代燃料汽车。目前，燃气仍然是世界汽车代用燃料的主流，在我国代用燃料汽车中占到90%左右。

燃气汽车一般采用双燃料系统。双燃料汽车是指具有两套燃料供给系统，一套供给天然气或液化石油气，另一套供给天然气或液化石油气之外的燃料（汽油或柴油），两套燃料供给系统按预定的配比向气缸供给燃料，在气缸混合燃烧的汽车。图1-1-22是长安星光4500双燃料汽车，以93号无铅汽油和CNG天然气为燃料。

图1-1-22 长安星光4500双燃料汽车

(2) 醇类燃料汽车

乙醇俗称酒精，因此使用乙醇为燃料的汽车，也可叫酒精汽车。如果采用生物乙醇作为燃料，则可以称为生物燃料或生物乙醇汽车。用乙醇代替石油燃料的历史已经很长，无论是从生产上和应用上的技术都已经很成熟。在汽车上使用乙醇，可以提高燃料的辛烷值，增加氧含量，使发动机气缸内燃烧更完全，可以降低尾气中有害物的排放。如图1-1-23所示为三菱生物乙醇汽车。

(3) 氢气汽车

氢气汽车也称氢动力汽车或氢燃料汽车，是一种真正实现零排放的交通工具，排放出的是纯净水，具有无污染、零排放、储量丰富等优势。因此，氢气汽车是传统汽车最理想的替代方案。但是从制造成本而言，与传统动力汽车相比，氢气汽车成本至少高出20%。中国长安汽车在2007年完成了中国第一台高效零排放氢发动机点火汽车，并在2008年北京车展上展出了自主研发的中国首款氢气动力概念跑车"氢程"（图1-1-24）。

图1-1-23　三菱生物乙醇汽车

图1-1-24　"氢程"概念跑车

❓ 引导问题四　新能源汽车有哪些生产厂商和车型？

世界各国的汽车生产厂商都陆续推出新能源汽车，以下列举目前国外和国内新能源汽车生产厂商及代表车型。

1. 国外新能源汽车主要生产厂商及代表车型

国外部分新能源汽车主要生产厂商及代表车型见表1-1-1，车型介绍及其他信息更新可以通过互联网络查询。

表1-1-1　国外主要新能源汽车生产厂商及代表车型

序号	生产厂商	品牌/车型	产品类型
1	Tesla 特斯拉	Model S/X/3	纯电动汽车
2	宝马	i3/i8	纯电动汽车
3	大众	Golf GTE	纯电动汽车
4	通用雪佛兰	Volt PHEV	插电式混合动力汽车
		Bolt EV	纯电动汽车
5	丰田	Prius	插电式混合动力汽车

（续）

序号	生产厂商	品牌/车型	产品类型
6	三菱	Outlander PHEV	插电式混合动力汽车
7	雷诺	Zoe	纯电动汽车

2. 国内新能源汽车主要生产厂商及代表车型

目前国内部分新能源汽车主要生产厂商及代表车型见表1-1-2，车型介绍及其他信息更新可以通过互联网络查询。

表1-1-2　国内主要新能源汽车生产厂商及代表车型

序号	生产厂商	品牌/车型	产品类型
1	北汽新能源	EV200/EC3/EC5/EC180/EC220/EU5/EU快换版/EX3/EX5/EX360	纯电动汽车
2	比亚迪	e2/e5/e6/秦EV/汉EV/唐EV/宋EV/元EV	纯电动汽车
		秦DM/汉DM/唐DM/宋DM	插电式混合动力汽车
3	上汽荣威	e50/i6EV/ei5	纯电动汽车
		RX5/ei6	插电式混合动力汽车
4	蔚来汽车	eT7/ec6/es8/es6	纯电动汽车
5	哪吒汽车	U Pro/V/S	纯电动汽车
6	小鹏汽车	P5/P7/G3i	纯电动汽车
7	理想汽车	理想ONE	增程式混合动力汽车
8	广汽埃安AION	V/S/Y/LX/GE3 530	纯电动汽车
9	重庆长安	CS15/CS55/奔奔E-Star/逸动EV	纯电动汽车
10	奇瑞	小蚂蚁/eQ/eQ2/瑞虎	纯电动汽车
11	江淮汽车	IEVs4/iEVA50/iEV7	纯电动汽车
12	吉利汽车	帝豪EV300/EV450/EV500	纯电动汽车
		帝豪GL PHEV	纯电动汽车
		博瑞PHEV	插电式混合动力汽车

❓ 引导问题五　新能源汽车的结构与传统燃油汽车有什么区别？

新能源汽车的基础仍然是汽车，只是驱动车辆的能源形式变了。与传统汽车相比，新能源汽车具备以下结构特征：

特征一：保留传统汽车大部分部件，如车身、灯光、底盘等，外形和传统汽车基本一致。为了迎合时代的潮流，新能源汽车外形设计通常比较"时尚"，图1-1-25是蔚来ES8纯电动汽车，图1-1-26是理想ONE增程式电动汽车。

图 1-1-25　蔚来 ES8 纯电动汽车

图 1-1-26　理想 ONE 增程式电动汽车

特征二：改变驱动车辆的动力形式。纯电动汽车采用了动力电池加电机及变速驱动单元的方式来取代传统汽车的发动机和变速器，混合动力汽车在原来发动机和变速器的基础上增加了动力电池及驱动电机作为辅助动力。图 1-1-27 是电动汽车的驱动形式示意图。

特征三：因为驱动系统和运行模式的改变，部分辅助系统也相应的做了改变，例如空调与暖风系统、低压电源系统以及补充能源的形式等。

以下介绍新能源汽车在结构上与传统燃油汽车的区别。

1. 外观特征的区别

1）如果是纯电动汽车，通常车辆上标识有 EV 等字样，如图 1-1-28 所示。

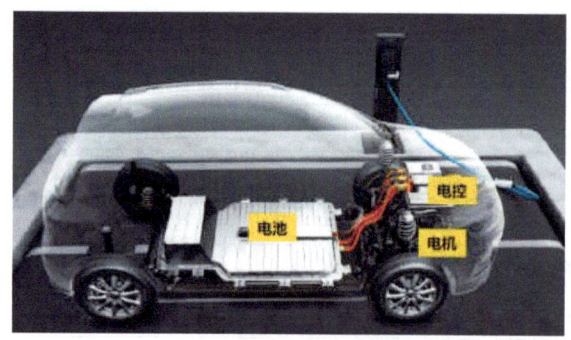

图 1-1-27　电动汽车的驱动形式示意图

图 1-1-28　纯电动汽车标识

2）如果是混合动力汽车，通常车辆上标识有 HYBRID、HEV 或 PHEV 字样，如图 1-1-29 所示。

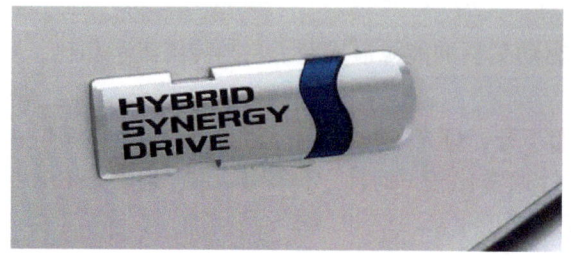

图 1-1-29　混合动力汽车标识

3）纯电动汽车和插电式混合动力汽车，需要通过外部充电的方式来获取电能，因此可以通过充电口这个特征进行判别，如图 1-1-30 所示。

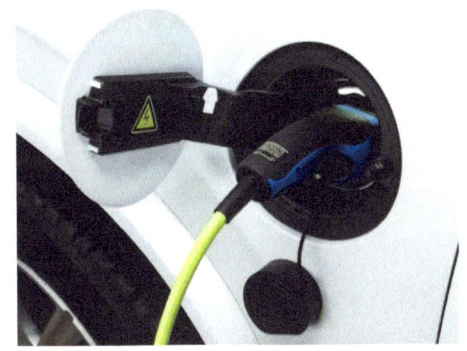

图 1-1-30　新能源汽车充电

4）除了和传统车辆相似的车辆识别码 VIN 和铭牌外，新能源汽车的动力电池、驱动电机以及各模块上都有铭牌注明相关的技术信息。图 1-1-31 是荣威 e50 纯电动汽车的铭牌，图 1-1-32 是北汽新能源纯电动汽车驱动电机铭牌。

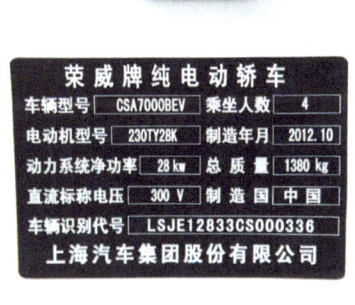
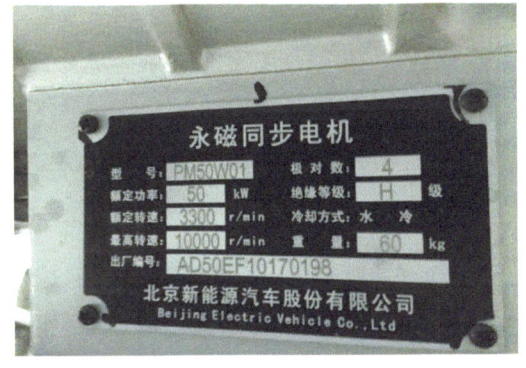

图 1-1-31　荣威 e50 铭牌　　　　　　图 1-1-32　北汽新能源纯电动汽车驱动电机铭牌

2. 驱动结构的区别

（1）纯电动汽车驱动结构与传统汽车的区别

纯电动汽车行驶的动力全部依靠驱动电机（简称电机或电动机），电机的驱动电能来自动力电池（也称动力蓄电池、高压电池包、动力电池组等）。如图 1-1-33 所示，纯电动汽车的驱动系统上不再有传统汽车的发动机和变速器，取而代之的是位于车辆后部或底部的动力电池，以及位于原发动机位置的一个带有电机的变速单元，同时也包含控制电机的逆变器（驱动电机控制器）及其他高压部件。

1）动力电池。动力电池是纯电动汽车唯一的动力源，是混合动力汽车辅助的动力源。

动力电池包含有电池能量管理系统 BMS，在向全车提供电能的同时，还支持对动力电池的电量计算评估、安全监测、充放电控制、漏电监测以及电池的电量平衡。图 1-1-34 是动力电池的结构示意图。

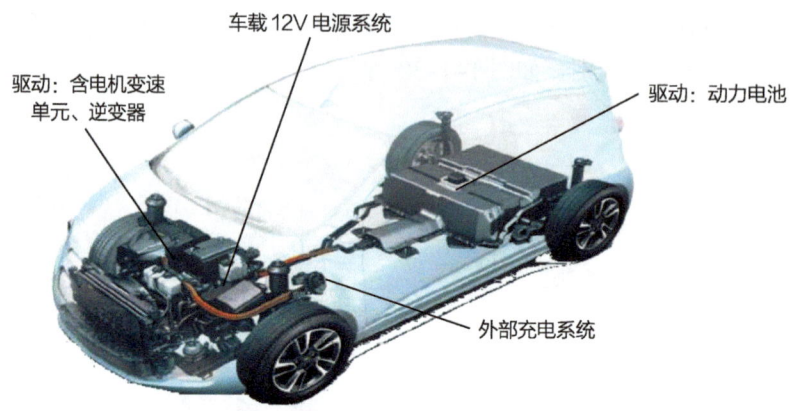

图 1-1-33　纯电动汽车典型驱动结构

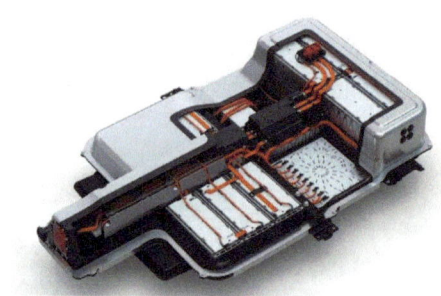

图 1-1-34　动力电池结构示意图

2）变速驱动单元。变速驱动单元（电驱动总成）是电动汽车的动力输出部分，内部主要包括电机和减速齿轮机构。如果是前驱的车辆，该部件通常安装在前机舱内，电机将电能转换为机械能来实现驱动车辆，带电机的变速驱动单元是新能源汽车，特别是纯电动汽车的关键部件。

典型的纯电动汽车变速驱动单元的结构，在其内部可以看到一个用于驱动的电机和连接电机转子的齿轮机构。此外，更明显的是驱动单元的上方还有连接驱动电机控制器的三根高压电缆。图 1-1-35 是变速驱动单元结构示意图，图 1-1-36 是电机在车辆上位置和外形图（特斯拉）。

逆变器是变速驱动单元的主控部件，通常位于变速驱动单元的上部。逆变器一端连接来自动力电池的高压电，另一端连接变速驱动单元电机的三相交流电缆，主要用于将来自动力电池的直流电转换为可用于驱动电机的三相交

图 1-1-35　变速驱动单元结构示意图

流电；同时在制动能量回收时，也将来自电机产生的交流电转换成直流电，反馈给动力电池充电。大多数车辆将逆变器与电机控制模块集成在一起，称"驱动电机控制器"，实现逆变

  项目一 新能源汽车认知 17

图 1-1-36　电机在车辆上位置和外形图（特斯拉）

器的功能和控制电机的运转。图 1-1-37 是驱动电机控制器的外形图及控制方式示意图。

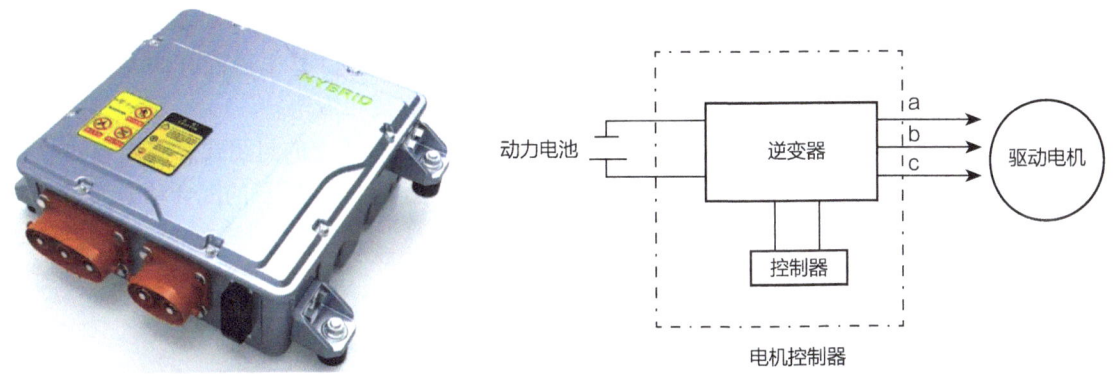

图 1-1-37　驱动电机控制器外形图及控制方式示意图

（2）混合动力汽车驱动结构与传统汽车的区别

根据运行的需要，混合动力汽车相比较传统汽车，主要的改变在车辆的驱动系统上，即在传统汽车的发动机、变速器、传动轴到车轮的线路上，还会增加一套由动力电池（HEV 蓄电池）、电机组成的电动动力输出线路。如图 1-1-38 所示是混合动力汽车典型驱动结构。

如图 1-1-39 所示是丰田混合动力汽车（凯美瑞、普锐斯）的前机舱，右侧带橙色高压线的金属模块是驱动电机控制器。如图 1-1-40 所示是丰田混合动力汽车位于行李舱的 HEV 蓄电池。

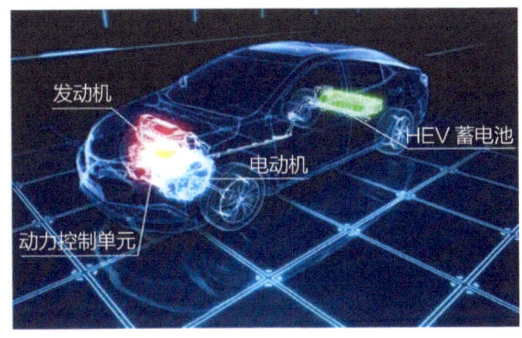 

图 1-1-38　混合动力汽车典型驱动结构　　　　图 1-1-39　丰田混合动力汽车前机舱

图1-1-41是比亚迪秦混合动力汽车前机舱,明显可见发动机、电动机及控制器的位置。

图1-1-40　丰田混合动力汽车HEV蓄电池位置

图1-1-41　比亚迪秦混合动力汽车前机舱

一般情况下,混合动力汽车的发动机不再通过曲轴传动带来驱动空调压缩机和发电机等旋转部件了。混合动力汽车通常采用电动空调压缩机,有的车型发动机冷却液也采用电子冷却液泵,但曲轴上的带轮仍会保留,仅作为减振器用。图1-1-42是丰田混合动力汽车的发动机示意图,曲轴传动带驱动部件少了,仅保留一个冷却液泵和惰轮。

由于混合动力汽车发动机可能很少运行,因此还会设计有独立的封闭式燃油炭罐回收系统,利用更大的炭罐来吸收燃油箱内的蒸发燃油气体。如图1-1-43所示的混合动力汽车(雪佛兰沃蓝达)设计的很大的一个炭罐。

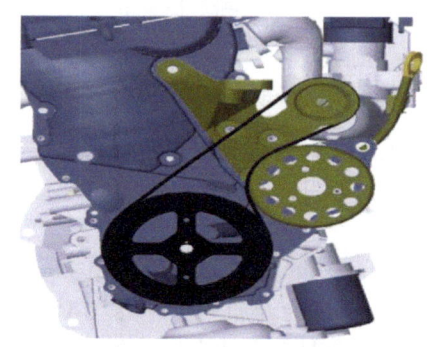
图1-1-42　丰田混合动力汽车发动机曲轴传动带驱动部件

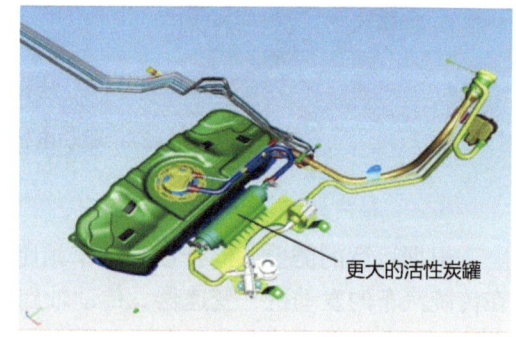
图1-1-43　沃蓝达的炭罐回收系统

3. 新能源汽车其他结构的区别

因为驱动系统和运行模式的改变,新能源汽车在一些系统上也必须做升级。

(1)车载电器电源提供和12V蓄电池充电方式

传统燃油汽车是通过发动机驱动发电机为12V蓄电池充电,为车载电器提供工作电源。纯电动汽车以及大部分混合动力汽车不再设计有发电机,动力电池的高压电通过DC/DC变换器转换为12V低压电源,为12V蓄电池充电和常规的车载电器提供工作电源。常规的车载电器部件包括灯光、中控门锁、信息娱乐系统、电动门窗等。图1-1-44是纯电动汽车12V电源系统的转换过程。

DC/DC变换器通常安装在前机舱内,将动力电池的高压直流电转换为低压12V直流电。有的车型(如比亚迪e6)的DC/DC变换器包含空调驱动器功能,接收空调控制器(控制模块)

的信息来控制空调压缩机和暖风加热器 PTC。也有的车型（如比亚迪 e5）将 DC/DC 变换器和其他高压部件，如车载充电器、驱动电机控制器集成一体。

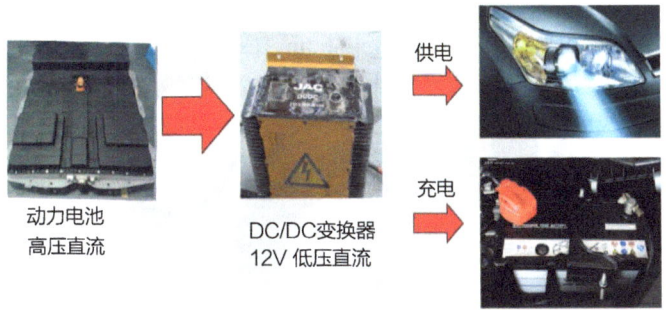

图 1-1-44　纯电动汽车 12V 电源系统的转换过程

如图 1-1-45 所示，比亚迪 e6 前机舱左侧的是 DC/DC 变换器（与空调驱动器集成一体，右侧是驱动电机控制器）。

图 1-1-45　比亚迪 e6 DC/DC 变换器（含空调驱动器）

（2）空调和暖风系统控制方式

纯电动汽车和大部分混合动力汽车的空调采用电动方式（高电压）来驱动压缩机，这区别于传统汽车通过发动机曲轴传动带驱动形式，但制冷原理与传统汽车相同，如图 1-1-46 所示。

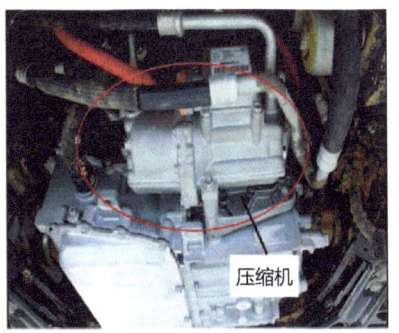

a）传统汽车曲轴传动带驱动压缩机　　b）纯电动汽车高压电驱动压缩机

图 1-1-46　新能源汽车与发动机汽车空调系统压缩机

在暖风实现的形式上,由于没有了发动机70℃以上热量来源,驱动电机产生的热能也达不到合适温度,纯电动汽车通常是利用电加热的方式来产生暖风。电加热的方式有两种,一种是通过高压电加热类似传统暖风系统中的冷却液,再经过循环为暖风水箱提供热量;另一种是直接通过高压电驱动 PTC(Positive Temperature Coefficient,意思是正温度系数,温度越高电阻越大,泛指正温度系数很大的半导体材料或元器件)加热器来加热,经过蒸发箱的空气实现暖风,如图 1-1-47 所示。

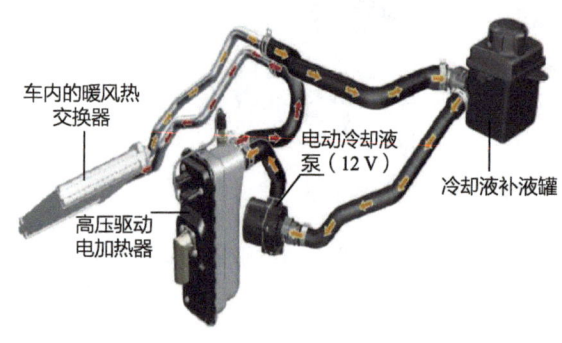
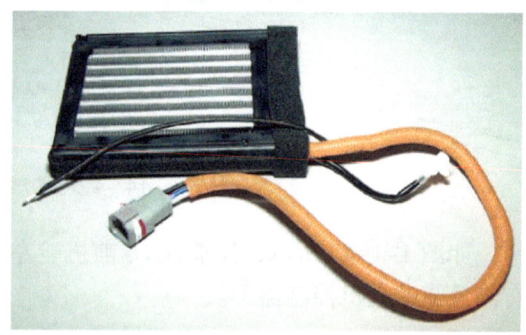

a)利用高压电加热冷却液再制暖方式　　b)利用 PTC 直接加热进风空气制暖方式

图 1-1-47　纯电动汽车暖风加热系统

(3)补充能源的形式

如果是纯电动汽车,能源主要是通过外部电网提供的电能;而如果是混合动力汽车,能源有来自外部电网的电能,也有传统汽车使用的燃油。图 1-1-48 是新能源汽车通过外部电网充电获取能源,即充电的方式。

(4)组合仪表的显示

与传统汽车相比,新能源汽车的组合仪表减少了各种指针,而用纯液晶显示屏代替,显示内容有行车信息显示区域、车速表、续驶里程以及各种指示警告灯等;中间显示车速和行车信息,仪表的两侧取消了发动机转数和燃油表指针,换成了电机功率和剩余电量(SOC)。图 1-1-49 是纯电动汽车的组合仪表。

图 1-1-48　新能源汽车通过外部电网充电获取能源　　图 1-1-49　纯电动汽车的组合仪表

(5)制动系统的区别

新能源汽车的液压制动系统与传统燃油汽车基本结构区别不大,但是纯电动汽车液压制动的辅助助力不再有来自发动机的真空源，混合动力汽车的发动机也可能随时关闭，为保证行车制动安全，通常需要单独设计一个电动真空系统来为真空助力器提供真空源。图1-1-50是电动真空系统结构示意图。

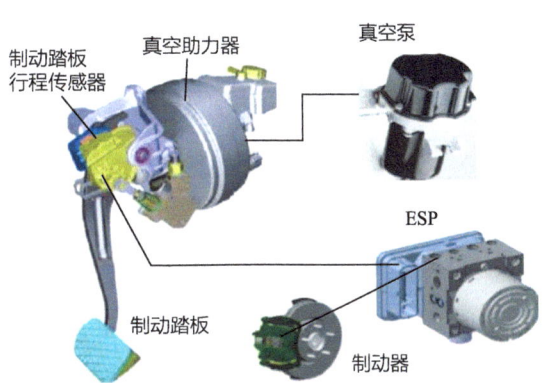

图1-1-50　电动真空系统结构示意图

有些混合动力汽车不再设计有真空助力的制动系统，改用电控液压制动系统。驾驶人踩下制动踏板时，不再是机械传递制动力到制动主缸，而是制动踏板位置传感器将信号先传递给ECB（电子控制制动）模块，由ECB模块根据制动需求，驱动液压制动系统的制动压力实现制动。该系统的最大好处是可以无缝配合混合动力的制动能量回收控制系统，根据传感器收集驾驶人踩制动踏板的程度和所施加的力计算所需的制动力。图1-1-51是丰田混合动力汽车的电子制动系统结构示意图。

为了减少能源损耗，新能源汽车都设计了制动能量回收系统。制动时，系统先给电机上加载负荷让电机利用这个负荷来发电，逆向拖动车辆制动的一种方式。制动能量回收可以有效降低因制动导致的摩擦能量消耗。图1-1-52是混合动力汽车制动能量回收系统结构示意图。

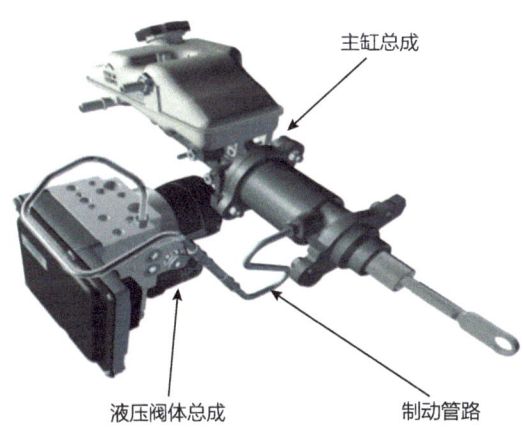

图1-1-51　丰田混合动力汽车电子制动系统结构示意图

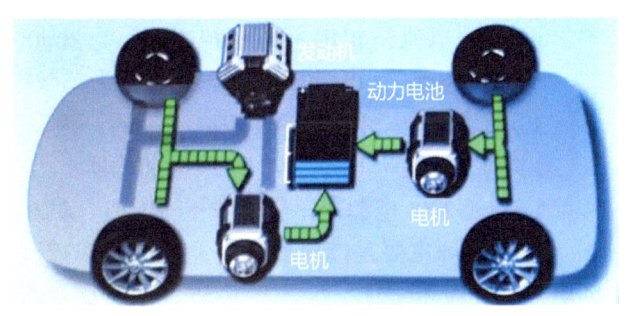

图1-1-52　混合动力汽车制动能量回收系统结构示意图

（6）转向系统的区别

纯电动汽车不能通过发动机驱动液压助力油泵的方式来实现液压助力。混合动力汽车的发动机可能会停止运转，失去转向助力。大多数新能源汽车采用电动助力转向系统，即在原机械转向系统基础上安装一个电机，作为转向的辅助动力。转向系统电机从车辆电源系统获取电能，无论发动机是否运转，均能提供转向助力。图1-1-53是电动转向机构结构示意图。

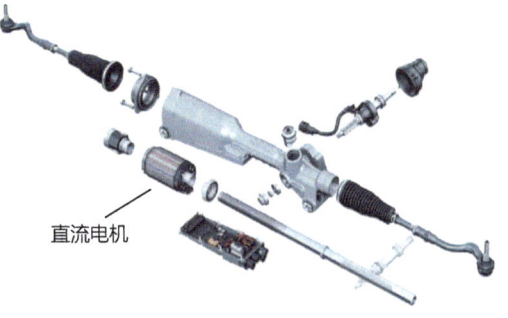

图1-1-53　电动转向机构结构示意图

(7) 高压电缆

新能源汽车具有高电压，需要高压电缆（或称高压导线）向各高压部件输送高压电，连接高压电器部件之间的电缆都属于高压电缆。高压电缆的外部绝缘层颜色采用标准的橙色。高压电缆及电缆之间的连接器需要满足国家高压电器安全标准，同时由于高压部件之间电流很大，所以采用的电缆直径都在 5mm 以上。图 1-1-54 是高压电缆及连接器。

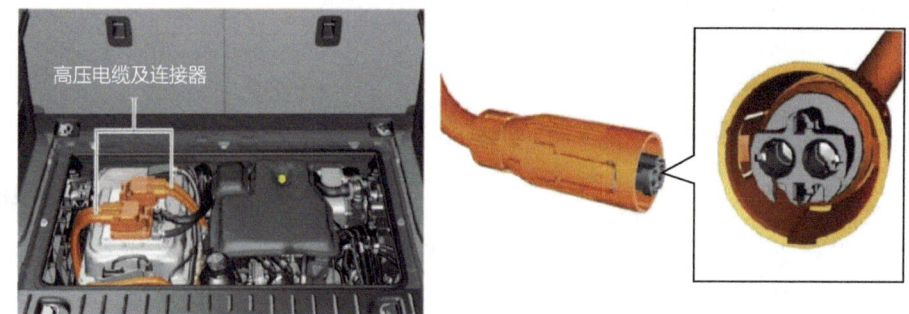

图 1-1-54　高压电缆及连接器

(8) 高压配电箱

在新能源汽车应用中，一般将动力电池和电机控制器之间的高压配电箱单元称为 BDU（Battery Disconnecting Unit），也称"高压控制盒"等。BDU 是整车高压配电装置，主要作用是高压电源的分配、接通、断开。纯电动汽车在运行时，动力电池的电能主要去向有五个方向：

1）动力电池→ BDU →电机控制器：为驱动电机提供电能并接受制动能量回收电能；
2）动力电池→ BDU →空调压缩机：为车载空调提供制冷功能；
3）动力电池→ BDU → DC/DC 变换器：为车辆低压电器提供电源和给 12V 蓄电池充电；
4）动力电池→ BDU → PTC 暖风加热器：为车载暖风系统提供加热功能；
5）外部 220V 电源→车载充电器→ BDU →动力电池：使用外部 220V 电源为动力电池充电。

BDU 内部主要是继电器和电路，由整车控制器 VCU 根据点火开关或充电需求控制对应继电器的接通和断开。如图 1-1-55 所示是比亚迪 e6 高压配电箱 BDU 外形和内部结构。

图 1-1-55　比亚迪 e6 高压配电箱 BDU 外形和内部结构

(9) 高压电控总成

早期的纯电动汽车与高压相关的部件都是独立设计的，图 1-1-56 是北汽 E150EV 前舱部件位置。随着技术的发展，新能源汽车生产厂家纷纷将高压部件集成为一体。如图 1-1-57 所示，

北汽新能源从2016年以后生产的纯电动汽车，已将DC/DC变换器、高压控制盒（BDU）、车载充电器集成到一个部件PDU（动力控制总成）中，由PDU完成上述三个部件的功能。

图 1-1-56　北汽 E150EV 前舱部件位置

如图 1-1-58 所示，比亚迪 e5 将电机控制器（逆变器）、高压配电箱、DC/DC 变换器、车载充电器"四合一"设计，称为"高压电控总成"，其功能如下：

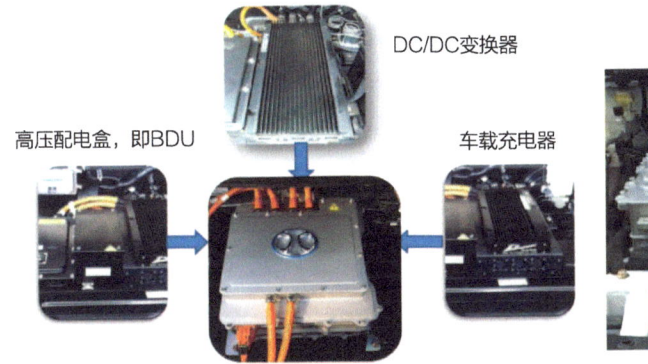

图 1-1-57　北汽新能源动力控制总成 PDU

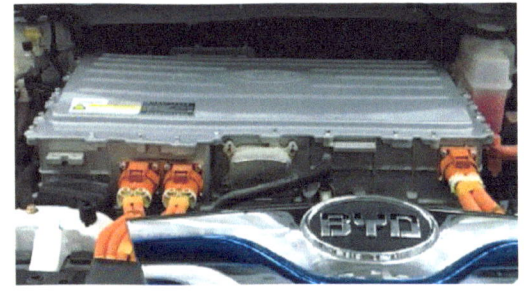

图 1-1-58　比亚迪 e5 高压电控总成

1）控制高压交 / 直流电双向逆变，驱动电机运转，实现充、放电功能（即电机控制器、车载充电器）；

2）实现高压直流电转化低压直流电为整车低压电器系统供电功能（即 DC/DC 变换器）；

3）实现整车高压回路配电功能以及高压漏电检测功能（即高压配电箱和漏电传感器）；

4）直流充电升降压功能；

5）车载局域网 CAN 通信、故障处理记录、在线编程以及自检等功能。

（10）整车控制器

整车控制器（VCU 或 VCM，整车控制单元或模块）通常安装在前机舱（图 1-1-56）或驾驶室内（图 1-1-59）。VCU 是全车动力系统的主控制模块，是实现整车控制决策的核心，类似于传统汽车动力系统控制模块 PCM 的功能。VCU 通过采集加速踏板、档位、制动踏板等信号来判断驾驶人的驾驶意图；通过监测车辆状态（车速、温度等）信息，由 VCU 判断处理后，向动力系统发送控制命令，同时控制车辆其他系统的运行模式。

（11）漏电传感器

漏电传感器位于后排座椅底部，主要用于监测动力电池与车身的漏电电流。图 1-1-60 是比亚迪 e6 的漏电传感器。

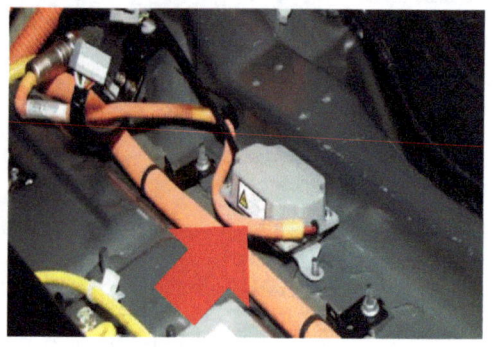

图 1-1-59　比亚迪 e6 整车控制器 VCU　　　图 1-1-60　比亚迪 e6 漏电传感器

（12）维修开关

维修开关是电动汽车中一种常用的手动操作设备，用于直接断开车辆中的高压电，保证能安全地对车辆进行维修检查工作。图 1-1-61 是比亚迪 e6 的维修开关。

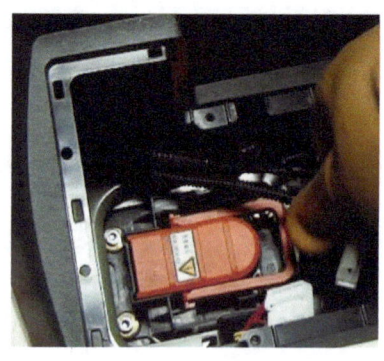

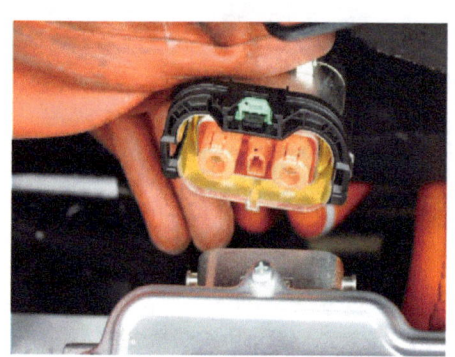

图 1-1-61　比亚迪 e6 维修开关

❓ 引导问题六　新能源汽车有哪些性能特征与评价参数？

1. 新能源汽车的性能特征

从技术的角度，新能源汽车的具有传统汽车无法通过改进发动机或变速器来获取的基本性能。

（1）节省燃油

如果是纯电动汽车，无须消耗燃油。单一发动机动力的汽车，为了满足不同工况的需求，其空燃比会偏离最佳空燃比（14.7∶1），从而导致油耗增加和排放变差。混合动力汽车是通

过驱动电机的动力输出,来弥补汽车行驶工况变化时发动机的不足,始终工作在最佳的空燃比附近,节省30%~50%的燃油。如图1-1-62所示,混合动力汽车的发动机能够在不同工况下保持稳定转速。

(2)良好的动力输出性能

如果是纯电动汽车,驱动车辆的驱动部件是电机。电机具有加电后反应快、低速输出转矩大等特点,把这一特性再通过变速器输出到车轮上,汽车表现出来起步快,同时运转平稳流畅,具备无级变速器的优秀品质。

如果是混合动力汽车,驱动力通常来自发动机输出动力和驱动电机输出动力,相比较于传统汽车仅有一种发动机动力来源,混合动力汽车能够在车辆急加速的情况下,及时通过调动电机或者增加电机的输出功率的方式来提升输出转矩,增加车辆的动力性。而传统汽车如果需要做到快速加速,就必须通过增加燃油供给,并经过一个完整的进气、压缩、做功、排气的工作循环,导致输出动力的滞后性。图1-1-63所示是混合动力采用电机辅助来平滑输出转矩的曲线图。

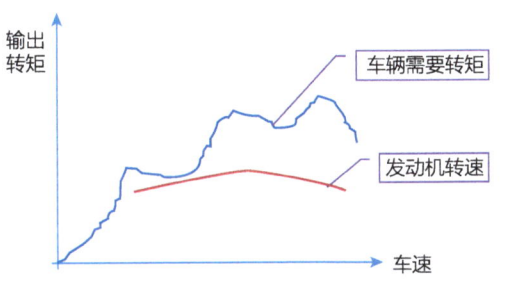

图1-1-62 混合动力汽车发动机保持稳定的转速

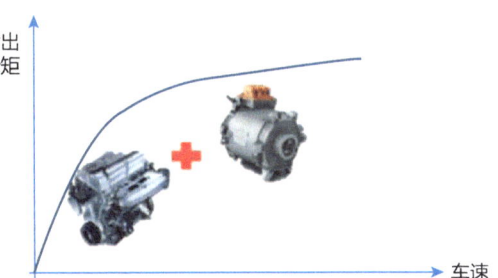

图1-1-63 混合动力汽车平滑输出转矩

(3)实现自动停机与自动起动控制性能

绝大部分新能源汽车采用自动起停系统,能够轻松实现自动停机与自动起动的控制,纯电动汽车在停车等待红灯时,只需要关闭供给电机的电能即可实现零能量消耗。混合动力汽车的发动机通常会取消了传统的起动机,改由电机来直接驱动发动机的起动,能够进一步降低车辆在怠速时的燃油消耗和尾气排放。如图1-1-64是自动起停系统的工作示意图。

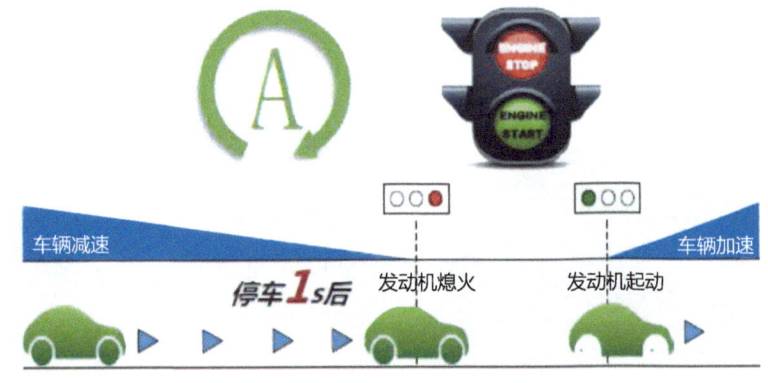

图1-1-64 自动起停系统工作示意图

（4）能量利用率更高

根据传统汽车能量消耗主要方式（图1-1-65），传统汽车的发动机真正能够把燃油产生用在驱动车辆的能量大约只有25%~35%，而纯电动汽车有效利用率超过了50%。即使是混合动力汽车，可以通过电力系统的辅助来优化发动机的工作，特别是有些混合度较高的混合动力可以大部分时间都是纯电力驱动，其能量利用率也有大幅的提高。

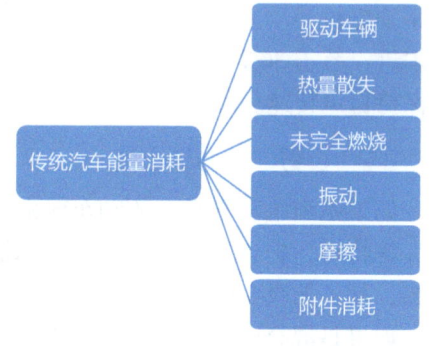

图1-1-65 发动机汽车能量消耗主要方式

此外，新能源汽车有一个很重要的能量利用方式就是制动能量回收。制动能量回收是指通过连接车辆驱动轴的电机，在新能源汽车需要制动时，先给电机上加载负荷让电机利用这个负荷来发电，逆向拖动车辆制动的一种方式。制动能量回收可以有效降低因制动导致的摩擦能量消耗。

2. 新能源汽车性能的评价参数

传统燃油汽车性能的评价参数包括动力性、燃油经济性、制动性、操控稳定性、平顺性以及通过性等。对于新能源汽车，如何评价其性能呢？如图1-1-66所示，新能源汽车性能的评价参数包括续驶里程、驱动功率、充电时间、百公里耗电量以及使用的方便性。

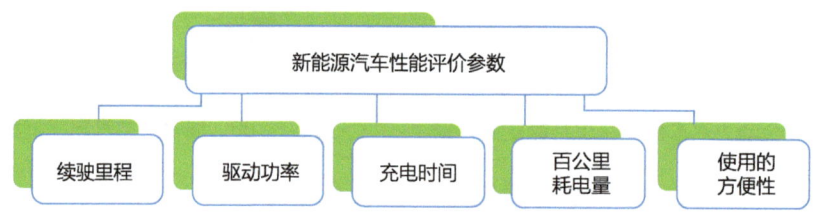

图1-1-66 新能源汽车性能评价参数

（1）续驶里程

续驶里程俗称"续航里程"，续驶里程关系着用户的使用经济利益，也关系着整车的技术性能，对于纯电动汽车，续驶里程是指从充满电的状态下到实验结束时所行驶的距离，以千米（km）作为单位。例如，吉利帝豪EV450纯电动汽车的续驶里程（图1-1-67）在综合工况下是400km。

车型	帝豪EV450
最大功率/kW	120
峰值扭矩/N·M	250
电池组容量/kW·h	52
综合工况续驶/km	400

图1-1-67 吉利帝豪EV450纯电动汽车及主要参数

对于混合动力汽车，续驶里程会分成纯电动行驶里程和燃油行驶里程。例如，上汽荣威e550混合动力汽车（图1-1-68）的纯电动行驶里程56km。纯电动行驶里程越大的混合动力汽车被认为是性能更加优越。我国目前对新能源汽车（混合动力）的补贴也是以纯电动行驶里程为基准的。

影响续驶里程的除了外部因素，如道路状况、交通拥堵、气候环境、驾驶习惯等外，内部因素主要是动力电池能量（容量）与技术性能，还包括车辆本身的质量以及对能量的利用率等。

图1-1-68 荣威e550混合动力汽车

（2）驱动功率

驱动功率是衡量新能源汽车动力性的重要指标，直接影响到汽车的加速性能和最高车速。纯电动汽车的驱动功率唯一的来源就是驱动电机；而混合动力汽车的驱动功率在纯电动行驶模式下，是由电机来提供的，在混合动力驱动模式下一般是发动机与电机的组合。

（3）充电时间

纯电动汽车及插电式混合动力汽车的充电时间，是指采用指定的方式，对动力电池的电量处于最低状态下，进行充满电所需要的时长。充电时间的长短影响消费者对购买新能源汽车车型的选择。

充电时间的长短与很多因素有关，包括动力电池容量、充电方式，以及充电时的环境因素等。根据目前的技术状况，大多数的纯电动汽车快充（直流电）需要20~30min可充50%，1~1.5h就充满了，慢充（交流电）则需要6~12h左右。

（4）百公里耗电量

传统燃油汽车的用户需要支付燃油的费用，而电动汽车需要支付充电的费用。相对于传统汽车的百公里油耗而言，新能源汽车（电动汽车）涉及百公里耗电量。一般情况下，纯电动汽车百公里电耗在13~15kW·h（度）左右，其中：主驱动系统（电机）损耗约占75.15%，其他的电量损耗包括辅助电气损耗、机械摩擦损耗、电池内阻损耗等。图1-1-69是某品牌纯电动汽车续驶里程与耗电量计算实例。

图1-1-69 某品牌纯电动汽车续驶里程与耗电量计算实例

（5）使用的方便性

使用的方便性指汽车与外部的互联性能，例如充电是否方便，以及车载影音系统、遥控门锁、导航系统等使用便捷性等。

自我测试

1. 判断题

（1）新能源汽车是就是指纯电动汽车。（　　）
（2）新能源汽车一定是零排放的汽车。（　　）
（3）燃料电池汽车属于新能源汽车。（　　）
（4）由于也能实现零排放，电动老年代步车属于新能源汽车。（　　）
（5）根据目前的标准，混合动力汽车必须是插电式（含增程式）才属于新能源汽车。（　　）

2. 单选题

（1）纯电动汽车最主要的技术关键是（　　）
　　A. 电控技术　　　B. 驱动电机　　　C. 动力电池　　　D. 充电桩
（2）新能源汽车的最终发展目标是（　　）
　　A. 节能汽车　　　B. 混合动力汽车　　C. 纯电动汽车　　D. 燃料电池汽车
（3）以下不属于新能源的是（　　）
　　A. 太阳能　　　　B. 机械能　　　　C. 风能　　　　　D. 海洋能
（4）以下不属于常规车用燃料的是（　　）
　　A. 汽油和柴油　　　　　　　　　　B. 天然气和液化石油气
　　C. 乙醇汽油　　　　　　　　　　　D. 氢气
（5）我国新能源汽车目前主要应用在（　　）
　　A. 公交汽车　　　　　　　　　　　B. 物流营运汽车
　　C. 出租车（包含网约及共享汽车）　D. 以上都是

任务二　新能源汽车使用与充电

学习目标

知识目标

1. 能够描述新能源汽车的驱动原理与运行模式。
2. 能够描述新能源汽车的起动和操控与传统汽车的区别。
3. 能够描述新能源汽车充电的方法。

技能目标

1. 能够进行新能源汽车起动与操控。

2. 能够进行新能源汽车充电。

任务导入

你所在企业的销售顾问请你协助向新购车的客户介绍新能源汽车的使用方法及注意事项，你能完成这个任务吗？

获取信息

引导问题一　新能源汽车的驱动原理与运行模式有哪些特点？

要正确使用新能源汽车，应先具备新能源汽车驱动原理与运行模式的知识。

1. 纯电动汽车的驱动原理与运行模式

（1）纯电动汽车的驱动原理

传统汽车驱动车辆是依靠发动机做功，通过变速器调节输出动力的传动比与方向，再通过传动轴和车轮实现驱动车辆。而纯电动汽车的电力驱动系统替代了传统汽车的发动机和变速器，依靠动力电池、电机控制器和带电机的变速驱动单元实现车辆的驱动。

纯电动汽车能够实现在不同路况环境下，快速反应并顺利驱动车辆满足驾驶人需求，驱动系统需要一套完善的控制模块，即整车控制器（VCU）、驱动电机控制器（MCU，与逆变器集成一体）和动力电池管理系统（BMS），这三个控制器是纯电动汽车的技术核心，对整车的动力性、经济性、可靠性和安全性等有着重要影响。

纯电动汽车的主控模块是整车控制器VCU。纯电动汽车运行时，VCU读取换档信息（PRND）及制动开关信号，并根据加速踏板的位置信号发送给逆变器控制电机功率、运转方向的输出。VCU不间断利用各个传感器采集车辆状态，计算并输出期望的转矩。

如图1-2-1所示，当驾驶人踩下加速踏板时，整车控制器VCU控制动力电池输出电能，然后通过控制逆变器驱动电机运转，电机输出的转矩经齿轮机构带动车轮前进或后退。

（2）纯电动汽车的运行模式

如图1-2-2所示，纯电动汽车运行过程中能量的流动主要有能量消耗（驱动车辆）和能量回收（减速制动）2个路径：

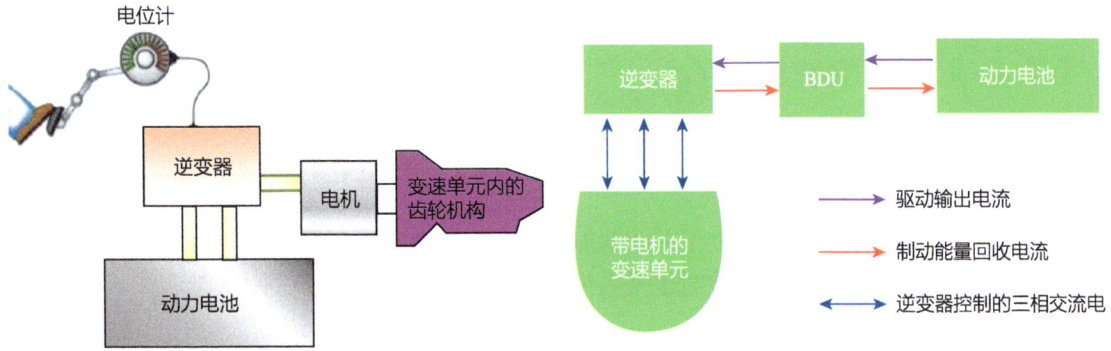

图1-2-1　纯电动汽车基本驱动系统结构示意图　　图1-2-2　纯电动汽车运行过程中能量的流动

1)驱动车辆时的能量流动(能量消耗):驱动车辆时,来自动力电池的能量通过 BDU、逆变器,再进入电机变速单元,实现车辆驱动。

另外,整车控制器 VCU 还会同时协调动力电池管理系统、热管理系统和仪表显示等辅助功能。动力电池的管理系统 BMS 随时监测电池的运行状态,并及时传送给 VCU,VCU 结合这些状态信息及当前的功率输出需求来平衡高压电能功率的使用,并通过仪表显示给驾驶人。例如,整车控制器持续计算剩余的电池能量和当前的驾驶模式,根据车辆剩余的可用电能,车辆通常也会采取相应的提示和限制措施。图 1-2-3 是仪表显示的动力电池能量状态。

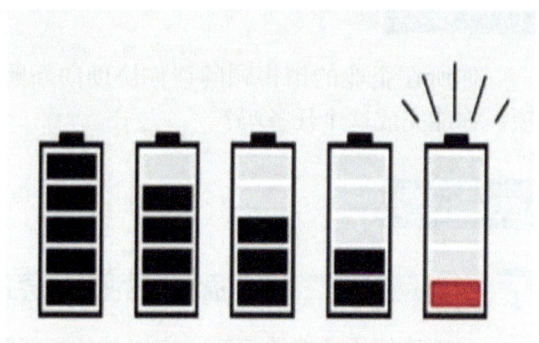

图 1-2-3 仪表显示的动力电池能量状态

2)制动减速时的能量回收:制动或车辆减速时,变速单元内的驱动电机将变成发电机,将能量通过逆变器、BDU 传回动力电池,为动力电池充电。

注意:当 ABS 被激活或者 ABS 故障的时候,整车控制器 VCU 将关闭能量回收功能。

2. 混合动力汽车的驱动原理与运行模式

下面介绍混合动力汽车在不同工况下的驱动原理与运行模式。

(1)传统燃油模式

由发动机直接驱动车辆行驶,如图 1-2-4 所示。在车辆处于高速巡航的状态下,电机通常被关闭,只由发动机进行驱动,以稳定的低油耗行驶。因为在这种工况下,发动机的运行也是在最经济的油耗下进行的。

(2)纯电力模式

由动力电池给驱动电机供电,再由电机驱动车辆行驶,如图 1-2-5 所示。

图 1-2-4 传统燃油模式　　　　　　　图 1-2-5 纯电力模式

在车辆低速行驶时,发动机处于关闭状态,只靠电机驱动车辆行驶,即纯电力运行模式。有些混合程度较重的车型,在起步时也是由纯电力驱动,发动机处于关闭状态。

(3) 全速驱动模式

需求更大加速度时，电机和发动机一起传输动力驱动车辆行驶，如图 1-2-6 所示。

在急加速状态下时，如果此时发动机已经起动，那么会由电机辅助发动机提供强有力的加速动力。如果发动机在未起动状态时，遇到大负荷情况下，系统会自动起动发动机来为车辆提供更多的动力。有的混合程度较轻车型，在起步时电机也会辅助发动机驱动，提供强有力的加速能力，同时减少发动机起步时因为惯性阻力增加导致油耗的加大。

(4) 能量回收模式

在制动或惯性滑行中释放出多余能量，并通过发电机将其转化为电能，如图 1-2-7 所示。

车辆减速时，控制系统会优先执行制动能量回收，将制动能量转化为电能存储在动力电池中，此时发动机会被关闭，减少能耗，提高充电效率。

图 1-2-6　全速驱动模式　　　　　　　图 1-2-7　能量回收模式

(5) 驱动与发电模式

当动力电池电量过低时，由发动机驱动车辆行驶的同时，驱动轮牵引发电机给动力电池充电，如图 1-2-8 所示。

(6) 怠速停机及充电模式

混合动力汽车具有最大的特点是在怠速时，发动机会被自动停止，此时能源消耗和排放为零，如图 1-2-9 所示。

图 1-2-8　驱动与发电模式

如果动力电池电量过低，怠速时由发动机带动发电机给动力电池充电，如图 1-2-10 所示。

图 1-2-9　怠速自动停机模式　　　　　　图 1-2-10　怠速充电模式

引导问题二　新能源汽车的起动和操控与传统的汽车有什么区别？

1. 纯电动汽车起动与操控

（1）起动方法

旋钮档位开关介绍　认识仪表组成、指示灯　正确起动纯电动汽车　驾驶纯电动汽车

绝大多数的纯电动汽车采用智能钥匙。起动时，钥匙应在车内，按下一键起动开关，可起动车辆（即"上电"）。起动后，"OK"或"READY"灯点亮，如图1-2-11所示。

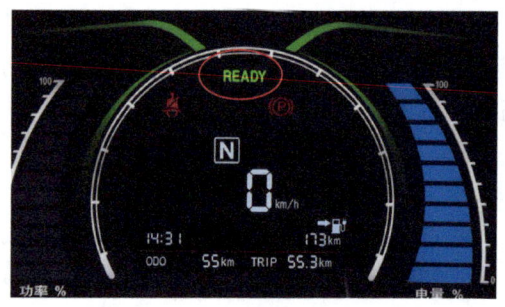 

图1-2-11　组合仪表的READY、OK指示灯

提示：1）按下起动开关时，如果智能钥匙系统钥匙位置指示灯点亮或者组合仪表信息显示屏显示"未检测到钥匙"，并伴随车辆蜂鸣器鸣叫，则表明智能钥匙不在车内。如果智能钥匙的电池电量可能已耗尽，需要按照用户手册要求，将钥匙放到指定的备用起动位置。

2）起动电机前，一定要遵循车辆已挂入P档位、制动踏板被完全踩下的要求。

3）纯电动汽车在起动车辆时，没有像传统燃油汽车有运转的振动和声音。确认车辆已经处于起动状态下的主要依据是仪表中的READY或OK指示灯点亮。在READY或OK指示灯点亮前提下，将变速杆从P位移出前务必确认车辆运行方向没有行人和障碍物。

4）驾驶纯电动汽车时，在车辆行驶中不要操作一键起动开关，否则有可能导致车辆紧急下电，车辆失去动力，电动转向助力关闭方向变沉，制动真空泵无法工作不能持续提供制动真空等，影响车辆行驶安全。对于部分使用机械钥匙点火开关的车型，行驶过程中关闭点火开关甚至还会导致方向锁啮合，不能转向。

（2）档位介绍

纯电动汽车一般采用单档减速传动机构，行驶过程中通过控制电机转速调节车速（无级变速），无须传统变速机构进行速比变化的变速控制。变速杆的设计较为简单，通常采用旋钮式档位开关。大多数纯电动汽车的变速杆有R（倒车档）、N（空档）、D（前进档）共3个档位，部分车型具备P位（驻车档），也有的车型增加E位（经济模式档）。

图1-2-12是北汽新能源纯电动汽车的变速杆，其中"E"档是制动能量回收功能开启的档位。档位在E档时点亮，共4个状态，表示3个回收强度和回收关闭。

图1-2-13是宝马i3纯电动汽车的变速杆及功能介绍。

提示：有些车型在监测到高压系统故障时，变速杆不能换入D档和R档。

  项目一 新能源汽车认知 33

图 1-2-12　北汽新能源纯电动汽车的变速杆

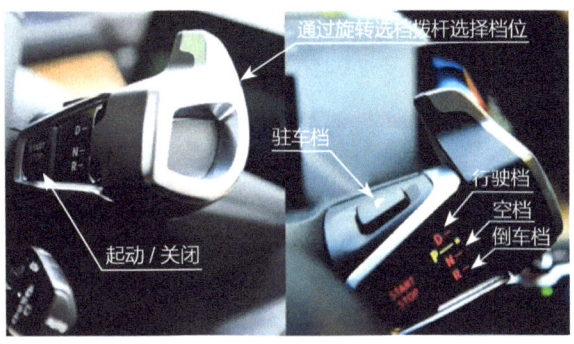

图 1-2-13　宝马 i3 纯电动汽车的变速杆

（3）电器操控

纯电动汽车的电器操控与传统的燃油汽车基本相同。图 1-2-14 是北汽新能源纯电动汽车的空调操作面板，与传统汽车基本相同。

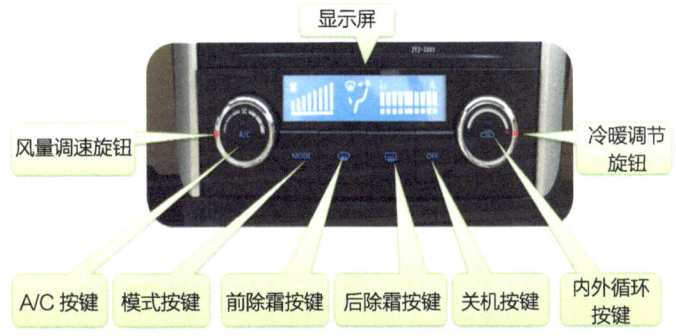

图 1-2-14　北汽新能源纯电动汽车的空调操作面板

（4）纯电动汽车起动与操控步骤示例

下面以吉利帝豪 EV450 为例，介绍纯电动汽车起动与操控步骤，其他车型可参考相应的用户手册。

1）起动前安全检查：纯电动汽车或插电式混合动力汽车，在车辆充电期间（主要指连接有充电电缆时），出于安全因素，变速杆禁止移出 P 档，因此起动车辆前需要检查是否连接有充电电缆，并确认充电口盖关闭（传统油箱盖的位置，图 1-2-15）。

图 1-2-15　确认充电口盖关闭（帝豪 EV450）

2）起动车辆：首先确保智能钥匙位于车内，然后按下一键起动开关起动车辆。

以吉利帝豪 EV450 纯电动汽车为例，如图 1-2-16 所示，一键起动开关可以操作车辆处于以下 4 种状态的其中一种：

OFF状态		B+通电
ACC状态		B+、ACC通电
ON状态		B+、ACC、IGN1/IGN2通电
READY状态		B+、IGN1/IGN2通电

图 1-2-16　车辆电源状态（帝豪 EV450）

① OFF 状态：未操作一键起动开关时，一键起动开关 LED 指示灯保持熄灭状态，此时车辆处于 OFF 关闭状态，全车只有常电电源接通，点火电源 IGN1、IGN2 及 ACC 电源断电，此状态下车辆大多数电路不能工作。

② ACC 状态：按下一次一键起动开关，一键起动开关 LED 指示灯点亮，灯光显示为橙色，此时车辆处于 ACC 状态，全车常电电源和 ACC 附件电源接通，点火电源 IGN1、IGN2 依然断电，此状态下个别附件电器可以工作。

③ ON 状态：系统处于 ACC 状态时，再按下一次一键起动开关，一键起动开关 LED 指示灯保持点亮，灯光显示同样为橙色，同时组合仪表背光亮起，此时车辆处于 ON 状态，全车常电电源接、ACC 电源及点火电源 IGN1、IGN2 均接通。此状态下所有的仪表信息、警告灯和低压电路可以工作。

④ READY 状态：系统处于 ON 状态时，踩下制动踏板，此时一键起动开关 LED 指示灯灯光显示由橙色变为绿色，再按下一键起动开关，车辆进入 READY 状态，全车常电电源、ACC 电源及点火电源 IGN1、IGN2 均接通，同时车辆处于起动运行状态。此状态下车辆高压系统正常上电，组合仪表上的绿色 READY 指示灯会亮起，提示车辆已经处于起动运行准备就绪状态。

3）观察仪表指示灯：此时"READY"指示灯应点亮，如图 1-2-17 所示。在确认安全的前提下，就可以移出 P 位，驾驶车辆了。

4）档位操作介绍：如图 1-2-18 所示，吉利帝豪 EV450 纯电动汽车变速杆有 4 个位置：

① "P" 位（驻车档）：车辆驻车时，挂入此档位。挂入 "P" 档之前，请务必确保汽车已完全停下来，通过按下电子变速杆上方 "P" 位按钮挂入此档位。

在 "P" 位状态下，车辆电机驱动系统停止工作，电机不会输出动力，同时减速器上的 "P" 档电机工作驱动锁止机构固定减速器输出齿轮，使车辆锁定不能移动。

车辆处于 "P" 档时电子变速杆上 "P" 档指示灯点亮，同时仪表会显示车辆处于 "P" 档状态。

② "R" 位（倒车档）：倒车时挂入此档位。挂入 "R" 位之前，请务必确保汽车已完全停下来。从 "P" 位或 "N" 位挂入 "R" 位时，必须车辆处于 READY 状态、踩下制动踏板，同时往前方推动一下电子变速杆挂入此档位。

图 1-2-17　位于仪表的绿色 READY 指示灯点亮

图 1-2-18　帝豪 EV450 电子变速杆

在"R"位状态下，车辆电机驱动系统进入工作状态，电机按照车辆倒退方向输出动力，同时根据驾驶人操纵加速踏板和车辆负荷等信息控制电机转速和转矩。

③ "N"位（空档）：车辆从运行状态停止时，挂入此档位。从"R"位挂入"N"位时，必须踩下制动踏板，同时往后方拉动一下电子变速杆挂入此档位。从"D"位挂入"N"位时，必须踩下制动踏板，同时往前方推动一下电子变速杆挂入此档位。若需将变速杆从"N"位挂至其他档位，必须先踩下制动踏板，同时操作电子档杆。

在"N"位状态下，车辆电机驱动系统停止工作，电机不会输出动力，但车辆减速器没有锁定，车辆可以被移动（需要人工推车或被拖车拖动时挂入此档位）。

④ "D"位（前进档）：正常向前行驶时挂入此档位。挂入"R"位之前，请务必确保汽车已完全停下来。从"P"位或"N"位挂入"D"位时，必须车辆处于 READY 状态、踩下制动踏板，同时往前方后方拉动一下电子变速杆挂入此档位。

在"D"位状态下，车辆电机驱动系统进入工作状态，电机按照车辆前进方向输出动力，同时根据驾驶人操纵加速踏板和车辆负荷等信息控制电机转速和转矩。

5）车辆动力模式切换操作：以吉利帝豪 EV450 车型为例，车辆动力模式可以在节能（ECO 模式）和运动（SPORT 模式）间切换，在 ECO 模式下车辆动力输出比较温和以达到节能环保舒适的目的，而在 SPORT 模式下车辆动力输出响应快速、强劲。

车辆默认动力模式为 ECO 模式，通过电子变速杆旁边的动力模式按键可以进行动力模式的切换，在 ECO 模式下按一下 SPORT 模式按键（如图 1-2-19）车辆切换成运动模式，同时仪表背光变成红色的 SPORT 模式显示；在 SPORT 模式下，再次按一下 ECO 模式按键可以切换回 ECO 模式。帝豪 EV450 ECO 模式和 SPORT 模式仪表显示如图 1-2-20 所示。

图 1-2-19　帝豪 EV450 动力模式按键

图 1-2-20　帝豪 EV450 ECO 模式和 SPORT 模式仪表显示

6) 车辆能量回收强度设置：一般的新能源汽车都具有能量回收功能，在车辆滑行减速和制动时通过反带电机运转发电实现能量回收，同时给车辆施加一个能量回收产生的制动力。该功能可以增加车辆的续驶里程和减少制动片的磨损，但是能量回收的作用使得车辆在滑行减速时有拖拽感同时减少滑行距离，在制动时一般新能源车型能量回收的制动力是在制动系统制动的基础上以叠加方式介入，而且随着车速降低能量回收产生制动力减弱，一定程度上增加了驾驶人对车辆制动力精准控制的难度，所以一般新能源汽车能量回收的强度可以进行设置，以满足驾驶人对车辆减速和制动时特性的不同需求。

以吉利帝豪 EV450 车型为例，能量回收强度通过中控屏幕相应设置菜单中进行，帝豪 EV450 能量回收强度设置菜单如图 1-2-21 所示，帝豪 EV450 能量回收强度设置界面如图 1-2-22 所示。

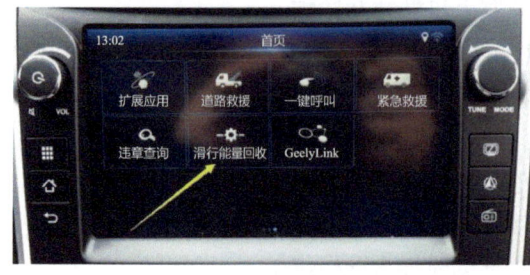
图 1-2-21 帝豪 EV450 能量回收强度设置菜单

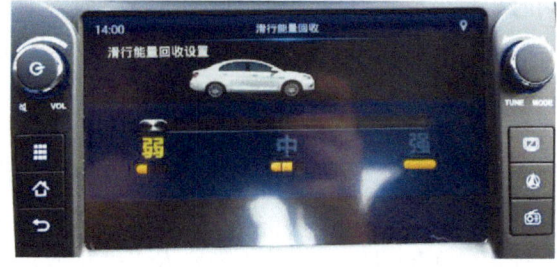
图 1-2-22 帝豪 EV450 能量回收强度设置界面

2. 混合动力汽车起动与操控

混合动力汽车的起动与操控与传统的汽车类似，但不同的汽车制造商，可能在起动习惯与便捷性上做了更多的改进，其起动原理与操控方式基本相同。

以下以比亚迪秦和丰田混合动力汽车为例，介绍混合动力汽车的起动与操控。

（1）比亚迪秦混合动力汽车起动与操控示例

1）起动前的车辆检查。检查充电电缆是否连接车辆，如图 1-2-23 所示。

2）起动车辆。携带智能钥匙，踩下制动踏板，按下转向盘下方的起动按钮，起动车辆。起动成功后，仪表显示车辆运行状态信息，如图 1-2-24 所示。

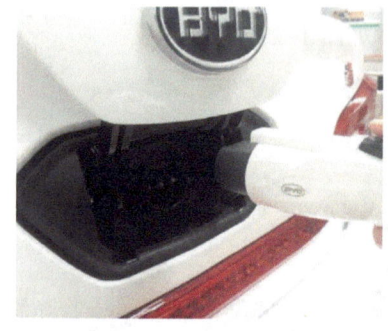
图 1-2-23 移出充电接口

图 1-2-24 起动车辆以后，仪表显示信息

3）移出 P 位驾驶车辆。与纯电动汽车不同的是，混合动力汽车有两套能源（发动机和动力电池）。目前大多数车辆的两套系统之间是由车辆控制系统根据车辆运行状态自行切换的，但比亚迪秦在变速杆附近设计有 HEV 和 EV 按钮，可以根据驾驶人的需求，切换两种运行模式，如图 1-2-25 所示。

4）驾驶中的个性化设置。驾驶车辆过程中，可以通过信息娱乐系统中的显示屏，个性化设置车辆的辅助功能，如图 1-2-26、图 1-2-27 所示。

图 1-2-25　模式切换按钮和指示灯

图 1-2-26　车辆信息显示屏

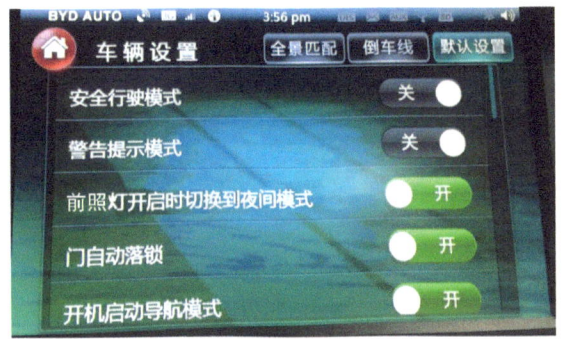

图 1-2-27　车辆设置显示菜单

（2）丰田混合动力汽车仪表及其他系统操控示例

图 1-2-28 是丰田卡罗拉混合动力（双擎）汽车仪表与信息系统，仪表显示界面可以显示车辆状态、运行状况、档位信息以及混合动力系统信息。

1）READY 指示灯和能量表。混合动力汽车取消了发动机转速表，车辆在起动状态下发动机不一定运转，因此设置单独的 READY 指示灯来提示车辆已经起动的信息。图 1-2-29 是丰田卡罗拉的 READY 指示灯及能量表、速度表（车速表）。

图 1-2-28　丰田卡罗拉仪表与信息系统

图 1-2-29　丰田卡罗拉 READY 指示灯及能量表、速度表

2）驱动模式开关及模式切换。如图 1-2-30 所示，丰田卡罗拉有 EV（纯电）、ECO（经济）和 PWR（运动/性能）模式可以进行手动模式切换。

打开 EV 开关，模式指示灯将点亮。在 EV 驱动模式下，仅通过由混合动力电池供电的电机来驱动车辆。EV 行驶模式可以在以下情况被激活：

- 车辆行驶速度达一定数值（40km/h）。
- 发动机已经暖机。
- 动力电池正常状态。

如图 1-2-31 所示，如果选择进入运动模式后，指示灯会自动变成红色。如果动力电池电量不足，发动机将对动力电池充电，即自动进入充电模式。

如图 1-2-32 所示，当车辆进行制动减速时，混合动力系统自动进入能量回收模式，车辆的动能转化为电能对动力电池充电，达到节能的目的。

图 1-2-30　丰田卡罗拉 EV、ECO、PWR 模式开关

图 1-2-31　丰田卡罗拉驱动模式

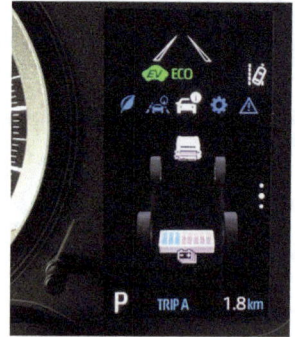

图 1-2-32　丰田卡罗拉制动能量回收模式

3）仪表个性化设置。丰田卡罗拉混合动力（双擎）仪表行车电脑可显示丰富的信息，并且可以根据个人喜好进行自定义切换，如图 1-2-33 和图 1-2-34 所示。

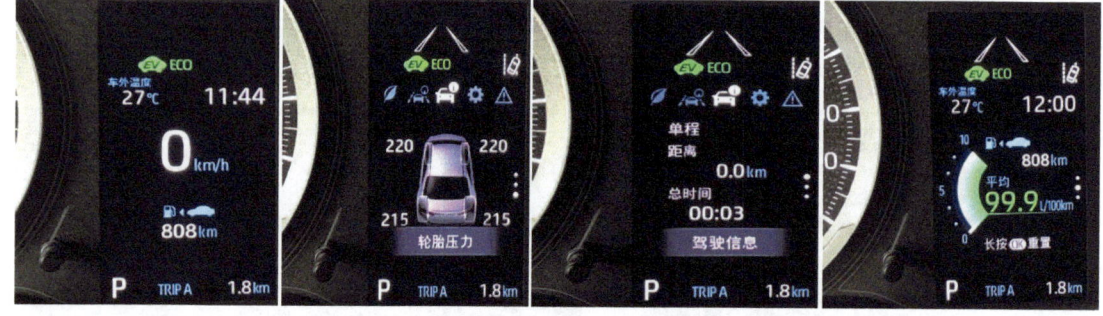

图 1-2-33　丰田卡罗拉仪表行车电脑显示的丰富信息

4）起动配置。丰田卡罗拉混合动力（双擎）全车系标配一键起动系统，起动按键设计为时尚的混动蓝，如图 1-2-35 所示。

豪华车型配有卡片遥控钥匙，其他车型为普通遥控钥匙。为避免出现遥控钥匙因电量不足等原因造成不便，车辆配备机械钥匙，必要时可以用机械钥匙打开车门，如图 1-2-36 所示。

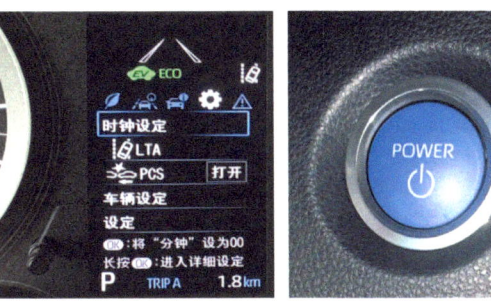  

图 1-2-34　丰田卡罗拉仪表自定义界面切换　　图 1-2-35　丰田卡罗拉一键起动按键　　图 1-2-36　丰田卡罗拉遥控钥匙和机械钥匙

5）操控配置。丰田卡罗拉双擎车型变速器采用电子变速杆，档位切换轻便，如图 1-2-37 所示。

6）混合动力汽车能量图的识别。以下以丰田混合动力汽车为例，介绍混合动力汽车能量图的识别。

起动车辆，并操作混合动力汽车信息显示屏，找到以下显示信息：

如图 1-2-38 所示，位于混合动力汽车的娱乐系统显示屏或仪表信息显示中心，均设计有车辆运行状态的实时能量图。能量图指示了行车过程中动力电池与驱动电机之间电能的流动情况。

图 1-2-37　丰田卡罗拉双擎电子变速杆

能量图显示以下状态信息：

- 电源关闭：动力电池没有电能流向车轮。
- 电池驱动：当电能从动力电池流向车轮时，电池图标会被激活。
- 制动能量回收：当车辆进行再生制动或者滑行时，再生的电能会由车轮返回至电池。

如图 1-2-39 所示，有些混合动力汽车仪表中都会设计有一个类似功能的能量指示符号，该符号指导以有效率的方式驾驶，要求保持屏幕中球体为绿色，且处于仪表中间，此时车辆的燃油经济性或电力使用的效率最高。

图 1-2-38　混合动力汽车能量图显示界面　　图 1-2-39　混合动力汽车能量球

- 当加速时：如果球体变黄并向上运行，表示加速过猛，不利于效率最佳化。
- 当制动时：如果球体变黄并向下运行，表示制动过猛，也不利于效率最佳化。

引导问题三　新能源汽车如何进行充电？

1. 新能源汽车充电技术概况

充电系统是新能源汽车（包含纯电动汽车和插电式混合动力汽车，以下也称"电动汽车"）的能源补给系统，为保障车辆持续行驶提供动力能源。

（1）充电系统功能

1）将家用交流电变换为直流电，供给与动力电池额定条件相对应的电力。
2）根据动力电池的实时状态控制充电的启动和停止，充满后应自动停止充电。
3）根据动力电池的电量、温度，控制充电电流的调节和电池的加热。
4）可根据充电时长的需求来选择充电模式，即快充或慢充模式。
5）采用国际通用的快速充电标准接口，输入电源可以用交流电，也可以用直流电。

（2）充电技术关键

由于快速充电系统需要强大的瞬时功率，充电时的安全性以及电网的承载能力是一个关键的制约因素，因此电动汽车最关键的技术问题是如何能实现高效率的快速充电。

电动汽车充电电流比较大，如果用普通220V插头，充电导线和插头承受不了那么大的电流，会把插头和导线烧断，所以需要能承受大电流的充电桩（图1-2-40）。充电桩通常固定在路边或停车场内，利用专用充电接口，采用传导方式为电动汽车提供电能，并具有相应的通信、计费和安全防护功能。用户可通过投币或购买专用的IC卡等方式，为电动汽车充电付费。

图1-2-40　充电桩

作为电动汽车充电系统的配套设施，充电桩可分为直流充电桩、交流充电桩和交直流一体充电桩3种类型。根据配置不同，一个充电桩可同时为两辆或更多辆汽车充电。为提高公共充电桩的效率和实用性，也会增加一桩多充和为电动自行车充电的功能。

2. 新能源汽车充电系统的类型

电动汽车的充电系统有多种分类方式。

（1）按充电方式分类

按充电方式分类，充电系统分为接触式和感应式两种类型。

1）接触式：接触式也称传导式充电。接触式充电方式如图1-2-41所示，将一根带插头（充电枪）的电缆线直接插到电动汽车的充电口中为动力电池充电。

优点：简单、效率高；缺点：充电电流小，充电时间长。

2）感应式：感应式充电方式如图1-2-42所示。感应充电器是利用高频交流磁场的变压器原理，通过电磁感应耦合的方式进行能量转换。充电器将50~60Hz的普通交流电转换成80~300Hz的高频电，然后将高频交流电感应到电动汽车上，从而为动力电池充电。

图1-2-41 接触式充电

图1-2-42 感应式充电

优点：使用方便，在恶劣的气候环境下进行充电也无触电的危险；充电时间大大缩短。缺点：技术难度大，以及有电磁辐射。

（2）按充电时间分类

按充电时间分类，充电系统分为交流慢充（常规充电）和直流快充（快速充电）两种类型。

1）交流慢充：交流充电桩（图1-2-43）实际上只提供电力输出，相当于只是起了一个控制电源的作用，并没有充电功能，需连接车载充电器（充电机）为电动汽车充电。充电时，交流充电桩连接电网电源插头接入车辆的交流充电口，通过车载充电器将220V交流电转为330V直流电（以比亚迪e6为例）为动力电池充电。充电电流约为15 A，充电时间为5~8 h，甚至长达10~20 h。

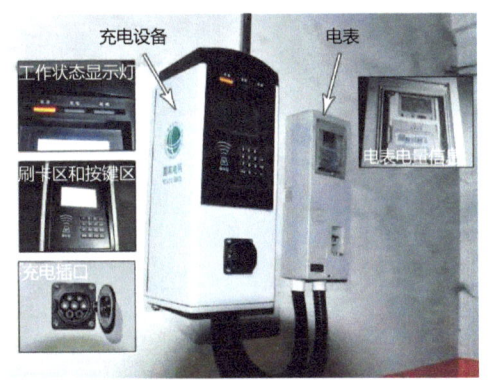

图1-2-43 壁挂式交流充电桩

如图1-2-44是交流充电方式示意图。

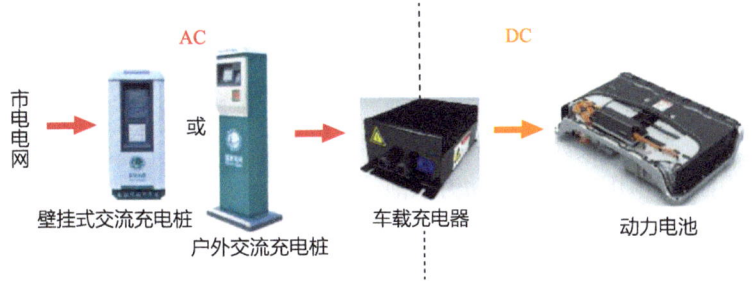

图1-2-44 交流充电方式示意图

2）直流快充：直流快充是通过安装在充电站的直流充电桩将直流高压电直接通过车辆的直流充电口为动力电池充电（不经过车载充电器）。一般情况下，直流快充的充电电流为150~400 A，30 min 至 1 h 内充到 80% 左右，1.5h 左右即能充满电。

直流充电桩是固定安装在电动汽车外，与三相四线 380V 交流电网（动力电）连接，直接为动力电池提供直流电源的供电装置。直流充电桩具有车载充电器功能，可以实时监视并控制被充电动力电池状态，同时，直流充电桩可以对充电电量进行计量。

图 1-2-45 是充电站和直流充电桩。

图 1-2-46 是直流充电方式示意图。

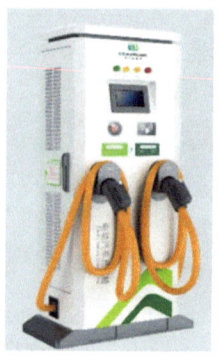

图 1-2-45　充电站和直流充电桩

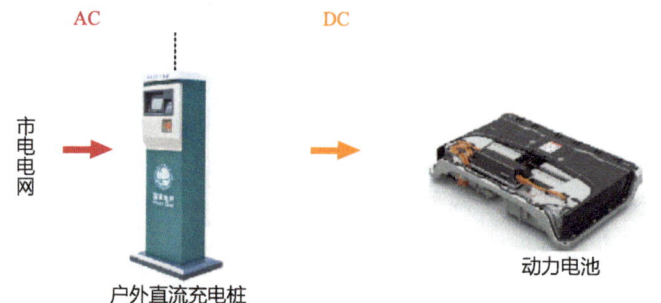

图 1-2-46　直流充电方式示意图

（3）更换动力电池的方式

充电难、充电时间长、续驶里程短的问题，一直困扰着新能源（纯电动）汽车用户，特别是出租车及网约车。因此有的汽车厂家和专家提出解决方案：直接更换充满电的动力电池，将更换下来的电池集中充电。图 1-2-47 是"换电站"更换动力电池的场景。

采用这种方式，具有如下优点：

1）电动汽车用户可租用充满电的动力电池，更换需要充电的动力电池，有利于提高车辆使用效率，也提高了用户使用的方便性和快捷性。

图 1-2-47　"换电站"更换动力电池的场景

2）对于更换下来的动力电池，可以利用供电低谷时段进行充电，降低了充电成本，提高了车辆运行经济性。

3）从另一个侧面来看，也解决了充电时间乃至电池存电量、电池质量、续驶里程不足及价格高等难题。由于动力电池是租用的，整车售价应大幅度降低。

4）可以及时发现动力电池中单元电池的故障，对于电池的维护工作将具有积极意义。电池放电深度的降低也将有利于提高电池的寿命。

应用这种方式面临的几个主要问题是：

①由于动力电池重量较大，而且涉及高压安全，更换电池的专业化要求较强，需配备专业人员借助专业设备来快速完成动力电池的更换、充电和维护。

②动力电池与电动汽车的设计制造必须标准化。

③充电站的建设和管理，以及动力电池的流通管理等。

3. 新能源汽车的充电操作

（1）充电电源选择

慢充的使用操作　　快充的使用操作

在电动汽车充电市场并未完善的情况下，充电手段参差不齐，直接将充电枪插到家用电源插座上充电的现象也并不少见，如图1-2-48所示。

由于技术和工艺的限制，目前电动汽车车载充电器功率都比较小，一般3kW左右，采用220V家用电的电流在16A左右，而一般情况下入户电流容量最大不超过16A，因此家用电缆会因过载工作而有可能引起火灾。如图1-2-49所示，私拉电线充电可能造成安全隐患。

图1-2-48　私拉电线充电　　　　　图1-2-49　私拉电线造成安全隐患

国家在电动汽车充电方面有严格的标准，用户必须使用充电桩对车辆进行充电，因为专用的充电桩能根据供电电源的容量自动限制车载充电器的充电功率，并能在出现故障后安全可靠切断电源，避免火灾等事故发生。国家标准中不建议在没有充电桩的情况下进行充电，更是禁止在没有充电桩的情况下采用三相工业用电进行充电。电动汽车用户需要注意的是，如不按照国家标准或不按照电动汽车充电使用手册进行，那么出事故后用户是不能得到国家的相关标准保护的。

（2）充电桩和充电口选择

1）慢充（交流）充电桩和充电口：慢充充电的充电桩和主要技术参数如图1-2-50所

示。可以采用停车位桩体式（落地安装，图1-2-51）（250V/AC 32A/16A）和家用车库壁挂式（250V/AC 16A）充电桩（图1-2-52），也可以采用随车配置（图1-2-53）的家用插座交流充电器（240V/AC 8A）。

项目	参数	项目	参数
充电连接器	IEC/GB	安装	落地安装 壁挂安装
人机界面	LCD/LED/VFD 键盘	通信	RS485/2G/3G
计费装置	RFID/IC card	环境温度	-20～50℃
供电	220V±10% 50±1Hz	环境湿度	5%～95%
输出电压	单相 AC 220V±10%	海拔	≤2000m
输出电流	≤32A	平均无故障工作时间	≥8760min
IP	IP55		

图 1-2-50　交流充电桩和主要技术参数

图 1-2-51　停车位桩体式充电桩

图 1-2-52　家用车库壁挂式充电桩

慢充（交流）充电口在实车上的位置如图1-2-54所示（根据车型资料确定）。

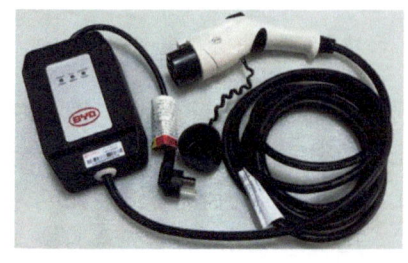

宝马 i3

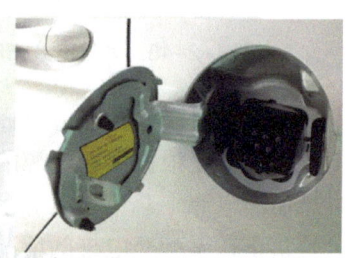

北汽 EV150

图 1-2-53　随车配置的家用插座
　　　　　　交流充电器

图 1-2-54　慢充充电口的位置

2）快充（直流）充电桩和充电口：直流充电的充电桩和主要技术参数如图1-2-55所示。快充充电口在实车上的位置如图1-2-56所示。

项目一 新能源汽车认知 45

内容	技术指标
额定输出电压	DC 750V（200～750V）
额定输出电流	DC 100A/250A/400A
输出稳压精度	≤±0.5%
输出稳流精度	≤±1%
功率因数	≥0.99（含APFC）
效率	≥0.93（半载以上）

图 1-2-55　直流充电的充电桩和主要技术参数

图 1-2-56　快充充电口在实车上的位置
（北汽 EU5）

（3）充电时的注意事项

1）插电式混合动力车辆插有充电电缆时不要加油，并与易燃物品保持充足安全距离。否则未按规定插入或拔出充电电缆时，存在因燃油燃烧等导致人员受伤或物品损坏的危险。

2）通过家用插座为高电压的动力电池充电会导致插座上出现较高持续负荷，因此必须遵守以下说明：

- 不要使用非标准适配器或延长电缆。
- 避免绊倒危险以及注意充电电缆和插座机械负荷。
- 不要使用损坏的插座和充电电缆。
- 为动力电池充电时，充电插头和充电电缆可能会变热。如果变得过热，则充电插座可能不适用进行充电或充电电缆已损坏，应立即中止充电并让电气专业人员进行检查。
- 如果反复出现充电故障或中断情况时，联系具有资质的维修人员。
- 必须使用防潮和防侵蚀的插座。
- 不要用手指或物体接触插头触点区域。
- 切勿自行维修或改进充电电缆。
- 进行清洁前将电缆两侧均拔出，注意电缆不要浸入液体内。
- 充电期间不允许进行洗车。
- 仅在经过电气专业人员检查的插座上进行充电。
- 在不了解的基础设施/插座上充电时，应阅读并遵守用户手册内的特殊说明。在车上将充电电流设置为"较低"。

（4）为车辆充电前的充电模式设置

纯电动汽车都设计有充电模式的选择，通过车辆显示屏可以设置充电模式，包括即插即充或预约充电等，如图 1-2-57 所示。请参照相关车型的用户手册及其他技术资料。

以比亚迪 e6 的充电模式设置为例，该车辆有两种充电模式：

1）即时充电（即插即充）：预约充电关闭时，当充电器连接好后车辆自动开始充电。

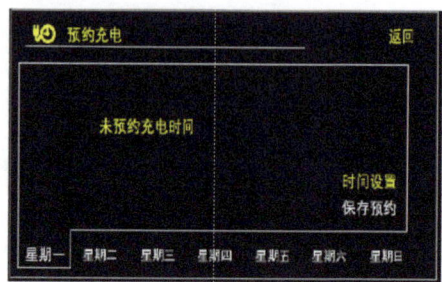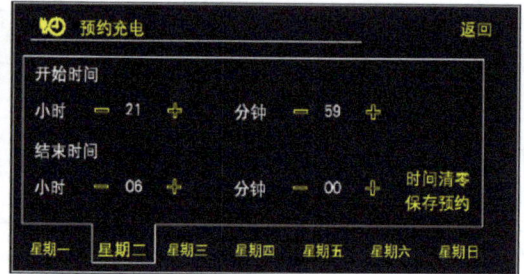

图 1-2-57 纯电动汽车充电模式设置

预约充电打开时,任何时候都可以使用即时充电按键实现立即充电,方法如下:

a. 电源档位退至 OFF 档;
b. 按一下即时充电按键,组合仪表提示"即时充电功能开启,请在 15min 内连接充电器";
c. 15min 内连接充电器实现立即充电。

2)预约充电(按照设置的充电时间对车辆定时充电):在显示屏上利用定时器可以设置动力电池的充电时间,定时器包含充电开始时间、充电结束时间,一周中的每一天都可以单独设置定时器。

注意:

a. 定时器设置成功后马上生效,进入倒计时;
b. 只要充电开始时间设置完成,定时器就有效;
c. 只有充电结束时间设置时,不可保存设置;
d. 根据定时器开始充电后,重新设置定时器后,根据最新的设置进行倒计时。

(5)为车辆进行充电示例

下面以交流慢充充电桩为例,介绍纯电动汽车的充电操作步骤。

操作步骤:

将车辆与交流充电桩的交流充电器相连,实现交流充电。
1)关闭车辆起动开关。
2)设置即时充电模式。
3)拉起充电口盖拉索开启充电口盖,如图 1-2-58 所示。

图 1-2-58 拉起充电口盖拉索开启充电口盖

4）打开交流充电口塑料内盖，如图 1-2-59 所示。

5）连接车辆端交流充电口，仪表点亮充电连接指示灯，如图 1-2-60 所示。

图 1-2-59　打开交流充电口塑料内盖

图 1-2-60　连接车辆端交流充电口

6）充电桩设置起动充电，如图 1-2-61 所示。

7）结束充电后，断开交流充电器（充电枪），按下开关，拔出交流充电器，并将其放在指定位置，图 1-2-62 所示。

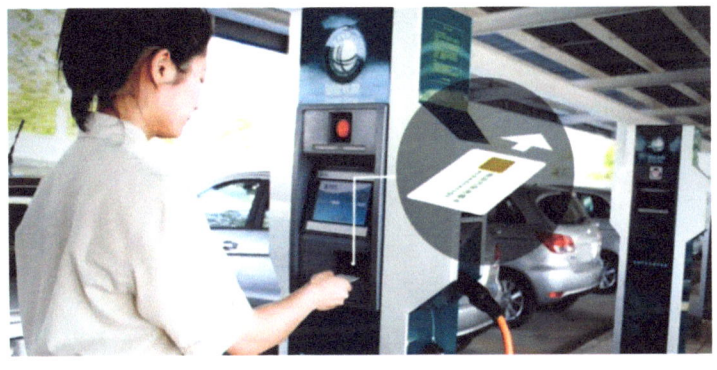

图 1-2-61　充电桩设置　　　　　　　　　　图 1-2-62　断开交流充电器

8）关闭充电口塑料内盖和充电口盖。

9）交流即时充电结束。

自我测试

1. 判断题

（1）纯电动汽车的主控模块是整车控制器 VCU。　　　　　　　　　　　　（　　）

（2）混合动力汽车在高速巡航状态下，只由电机进行驱动。　　　　　　　（　　）

（3）纯电动汽车确认车辆处于起动状态下的主要依据是电机运转。　　　　（　　）

（4）纯电动汽车或插电式混合动力汽车在充电期间车辆无法行驶。　　　　（　　）

（5）插电式混合动力车辆插有充电电缆时不要加油。　　　　　　　　　　（　　）

2. 单选题

（1）纯电动汽车驱动系统控制模块包括（　　　　）。

A. 整车控制器 VCU　　　　　　　B. 驱动电机控制器 MCU
　　C. 动力电池管理系统 BMS　　　　D. 以上都是

（2）纯电动汽车运行过程中能量的流动主要有（　　）。
　　A. 能量消耗（驱动车辆）　　　　B. 能量回收（减速制动）
　　C. A 和 B 都是　　　　　　　　　D. A 和 B 都不是

（3）混合动力汽车在低速运行时，驱动车辆的是（　　）。
　　A. 内燃机　　　　　　　　　　　B. 电机
　　C. 内燃机和电机同时　　　　　　D. 以上都错误

（4）纯电动汽车直流充电属于（　　）。
　　A. 常规充电　　　　　　　　　　B. 慢充
　　C. 快充　　　　　　　　　　　　D. 无法确定

（5）慢充充电的充电桩类型包括（　　）。
　　A. 停车位桩体式　　　　　　　　B. 家用车库挂壁式
　　C. 随车配置的家用插座交流充电器　D. 以上都是

项目二 新能源汽车高压安全与防护

项目描述

纯电动汽车与混合动力汽车具有高电压,在使用、维护、维修中需要防止高压电对人体的伤害。本项目包含2个任务:

任务一 新能源汽车高压部件识别与防护。
任务二 新能源汽车维修操作规范与应急处理。

通过以上2个任务的学习,你将掌握高压电的相关理论,熟悉新能源汽车高电压部件的位置以及防止事故的安全设计,并学会如何在实际工作中避免高压电对人体的伤害。

任务一 新能源汽车高压部件识别与防护

学习目标

知识目标

1. 能够描述高压电的安全级别及对人体的伤害。
2. 能够描述新能源汽车高压电的标识、类型、位置、存在时间及安全隐患。
3. 能够描述新能源汽车高压电安全设计的策略和内容。
4. 能够描述新能源汽车安全防护装备的种类和使用方法。
5. 能够描述新能源汽车事故的处理方法。

技能目标

1. 能够识别新能源汽车的高压警示标识及高压部件。
2. 能够检查与使用安全防护装备。
3. 能够进行触电事故的急救。

任务导入

作为新能源汽车专业的人员,你知道如何避免高压电触电事故的发生吗?如果遇到了同事因违章操作导致了触电事故,你应该如何及时去帮助他?

获取信息

引导问题一 人体为什么会触电?

新能源汽车(电动汽车)具有高压电,对人体会产生伤害。如果没有正确认识新能源汽车具有的高电压风险,并正确处理涉及的高电压工作区域的防护,都可能导致严重伤害。

1. 电压的安全级别

依据 GB 18384—2020《电动汽车安全要求》对人员触电防护要求,考虑到空气的湿度和人体在不同工作环境下的电阻,根据不同电压等级可能对人体产生的伤害和危险程度不同,对电动汽车电压按照类型和数值分为以下 2 个安全级别(表 2-1-1):

A 级是较为安全的电压等级,该电压下的维护人员不需要采取特殊的防电保护。

B 级对人体会产生伤害,属于高电压,必须采取必要的防护设备对维护人员进行保护。

表 2-1-1 电压的安全级别

电压安全级别	工作电压 /V	
	DC(直流)	50~150Hz AC(交流)
A	$0 < U \leq 60$	$0 < U \leq 30$
B	$60 < U \leq 1500$	$30 < U \leq 1000$

2. 人体安全电压与致命电流

人体的电阻因所处的工作环境有所不同,因此每个人对电流流过身体的反应也不一样。在日常生活中,我们通常认为安全电压是 36V(交流),但根据最新的国家标准规定是直流 60V 以下,交流 30V 以下。当人体接触到 30V 以上的交流电,或 60V 以上的直流电时,人体就有可能会发生触电事故。直流电压与交流电压都会对人体产生伤害。

如图 2-1-1 所示,电流越大、通电时间越长对人体的伤害也就越严重。

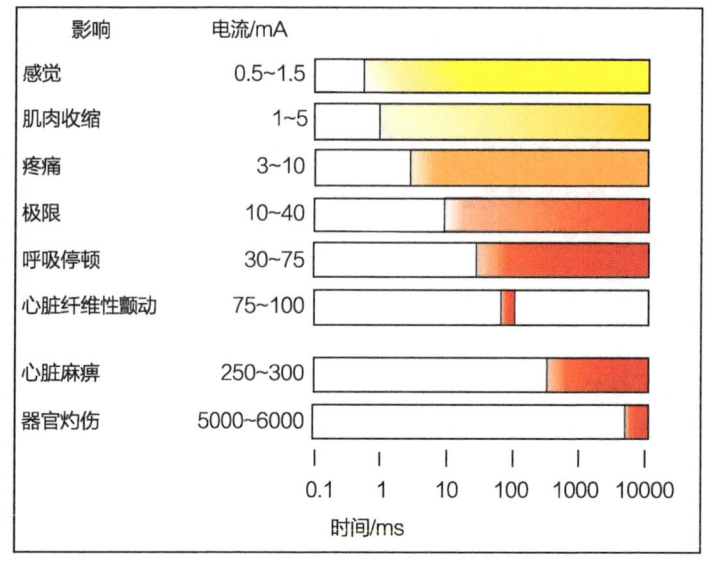

图 2-1-1 电流对人体的伤害

人体之所以导电，主要的原因是血液含有电解液成分，电解液成分具有导电性。人体的皮肤、肌肉也具有一定的导电能力。对于大多数人，整个身体的总电阻值是很低的，特别是有主动脉的地方（胸腔部位和躯干），而最大的危险发生在电流通过人体心脏时刺激心脏产生的异常颤振。如图2-1-2所示，假如一个人的电阻是1080Ω，接触到288V的直流电压时的，人体电流：

$$I = U/R = 288 \text{ V}/1080 \text{ }\Omega \approx 0.27 \text{ A}$$

也就是穿过人体电流达270mA，这个电流值如果在心脏的滞留时间达到10~15ms就会致命！

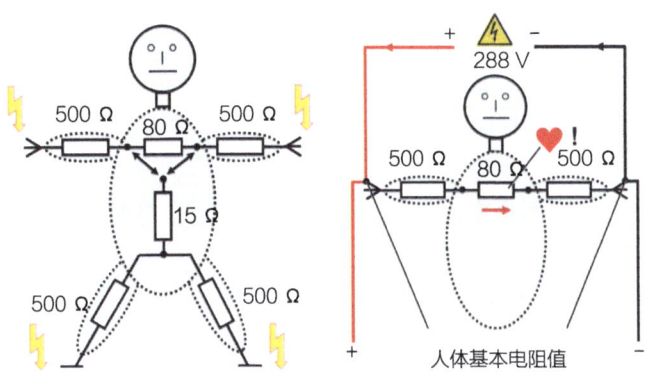

图2-1-2 人体的电阻与通过人体的电流

3. 人体触电的方式

人体产生触电前提是人体与接触的电源之间形成了回路，有电流流经人体后才会导致触电。

新能源汽车的高电压系统是与车身之间隔离的，因此，在如图2-1-3所示的这种情况下，人体是不会产生触电，原因就在于人体没有与电源之间形成回路。但是，当新能源汽车的高电压部件发生对车身搭铁（接地）故障时，如图2-1-4所示的情况下，人体就有可能发生触电事故。

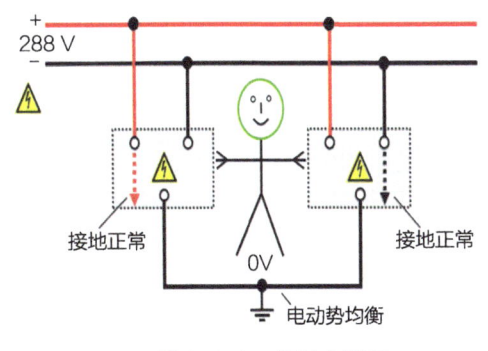

图2-1-3 非触电情况

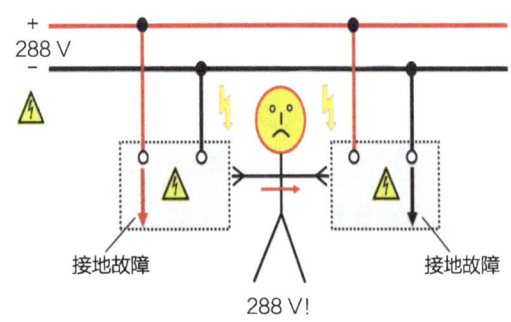

图2-1-4 触电情况

电流通过人体的心脏、肺部和中枢神经系统的危险性较大，因此从手到脚的电流途径最为危险，因为沿该条途径有较多的电流通过心脏、肺部等重要器官；其次是从一只手到另一只手的电流途径，如图 2-1-5 所示。

4. 高压电对人体的伤害形式

能够最终对人体产生伤害的是电流，电流对人体的伤害有以下形式：

电击：是指电流通过人体，破坏人的心脏、肺及神经系统的正常功能。图 2-1-6 所示是电击效应伤害的情形。

电伤：是指电流的热效应、化学效应和机械效应对人体的伤害，主要指电弧烧伤、熔化金属溅出烫伤等。图 2-1-7 是类似电击产生的热效应形式。

图 2-1-5　最危险的触电形式

电磁场生理伤害：是指在高频磁场的作用下，人会出现头晕、乏力、记忆力减退、失眠、多梦等神经系统的症状。

此外，触电还容易因剧烈痉挛而摔倒，导致电流通过全身并造成摔伤、坠落等二次伤害事故。

带电高压线路接通和断开时所产生的弧光，也会对人体带来伤害。

如图 2-1-8 所示，高压击穿空气产生电弧，光辐射可能造成电光性眼炎。

图 2-1-6　电击效应伤害　　　图 2-1-7　类似电击产生的　　　图 2-1-8　高压击穿空气产生电弧
　　　　　　　　　　　　　　　　　热效应形式

❓ 引导问题二　新能源汽车上哪些部件会有高电压？

1. 新能源汽车高电压的标识

为防止意外触及高压系统，新能源汽车对高压部件均采用特殊的标识或颜色，对维修人员或用户给予警示。新能源汽车通常采用两种形式进行高电压的标识警示：

（1）高压警示标识

如图 2-1-9 所示，新能源汽车上的高压部件上标有国际标准危险电压警告标志：黄色或红色底色，高压触电图标。

（2）高压警示颜色

由于高压导线可能有几米长，因此在一处或两处通过警示牌标记意义不大。用橙色警示色标记出所有高电压导线，某些插头以及高电压安全插头也采用橙色设计，如图 2-1-10 所示。

项目二 新能源汽车高压安全与防护 53

图 2-1-9　高压警示标识　　　　　图 2-1-10　导线及插头的高压警示颜色

2. 新能源汽车高电压的类型

新能源汽车（电动汽车）的高电压系统均同时具有直流高压和交流高压。

直流高电压主要分布在动力电池到各个驱动部件的位置，如动力电池到驱动电机控制器之间连接，动力电池到空调压缩机之间连接的是直流高电压，如图 2-1-11 所示。

交流高电压主要分布在驱动电机控制器与驱动电机之间，以及充电接口与车载充电器之间。不同的是驱动电机控制器与驱动电机之间的交流高电压电压通常都在 300V 左右（根据车型有不同），而充电接口与车载充电器之间的交流高电压即为外部电网的 220V 50Hz 的电压。

动力电池、高压电缆、高压系统模块等，会存在直流高压

驱动电机控制器、驱动电机及连接导线、高压压缩机内部，会存在交流高压

图 2-1-11　高电压的类型及分布

3. 新能源汽车高电压部件的安装位置

（1）高电压部件主要集中在整体式车身的外部

除了少数的混合动力汽车动力电池安装在车辆后部位置外，大多数车辆动力电池、驱动电机控制器等都布置在乘客舱外部，而且高压导线也是沿着底盘外布置的。图 2-1-12 是北汽新能源纯电动汽车位于底盘的橙色高压导线位置。

图 2-1-12　北汽新能源纯电动汽车位于底盘的橙色高压导线

（2）高电压部件具有明显的橙色标识

高电压部件都具有明显的橙色标识，或者部件的醒目位置粘贴有高压标识，如图 2-1-13

所示。

（3）新能源汽车高电压部件的位置

如图 2-1-14 所示，新能源汽车的高电压部件主要集中在驱动系统、电源系统、充电系统以及空调与暖风系统。此外，用于连接高压部件之间的导线也属于高电压部件。

图 2-1-13　北汽新能源纯电动汽车高压电缆采用橙色绝缘层

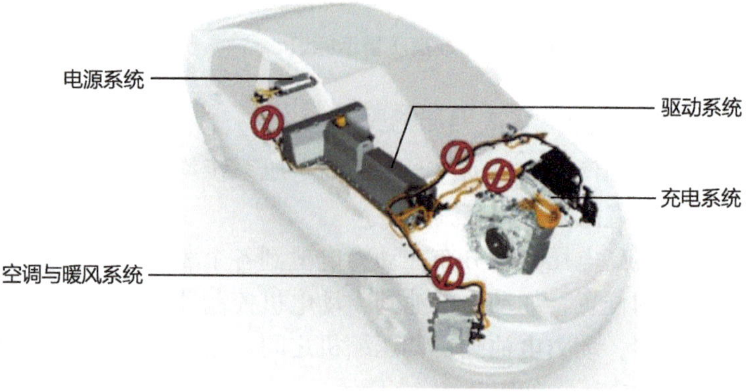

图 2-1-14　高电压部件在车辆上的位置

4. 新能源汽车存在高电压的时间

如图 2-1-15 所示，根据高电压存在的时间进行分类，新能源汽车高电压系统的高电压主要有以下三种存在形式：

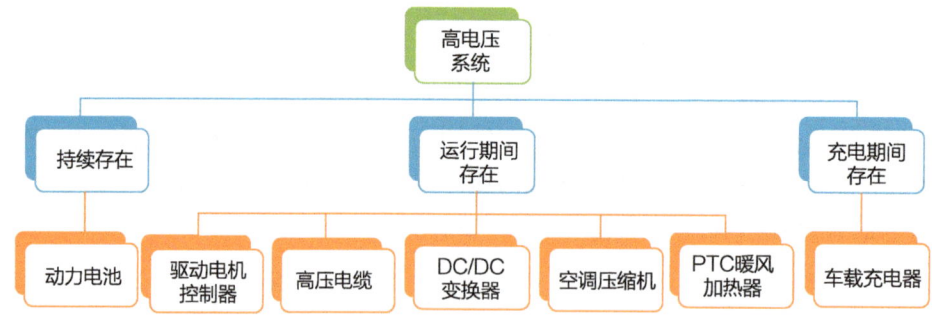

图 2-1-15　高电压系统存在时间

（1）持续存在

由于动力电池始终存储有电能，只要满足动力电池的放电条件，即使车辆停止运行，仍然持续存在高电压。

（2）运行期间存在

运行期间存在高电压的部件，是指当点火开关处于 ON、READY 或其他运行状态下，部件存在高电压。驱动电机控制器、空调压缩机、PTC 暖风加热器以及 DC/DC 变换器等部件，只有在系统运行时，来自动力电池的高电压才会加载到这些部件上。

运行期间存在高电压的系统或部件有两种类型：

1）只要点火开关处于 ON 或 READY 状态下就会存在高电压，如驱动电机控制器、DC/DC 变换器和连接的高压导线。

2）虽然点火开关处于 ON 或 READY 位置，但是由于该系统所执行的功能没有被接通，此时相关的部件仍然不会接通有高电压。例如空调压缩机和 PTC 暖风加热器，在没有运行车辆的空调或暖风功能时，这些部件的上是不会存在有高电压的。

（3）充电期间存在

充电系统部件仅在车辆充电期间存在高电压，包括来自外部电网的 220V 交流高压（快充则是直流高压），以及车载充电器与动力电池之间的直流高压。

需要注意的是，有些车辆的车载充电器和动力电池设计空调式冷却系统，当在车辆充电期间，由于动力电池可能产生很高的热量，因此空调系统会运行来降低动力电池的温度，此时车辆的空调压缩机也会在充电期间运行，也存在有高电压。

5. 新能源汽车的安全隐患

新能源汽车（电动汽车）安全隐患包括高压触电安全、动力电池安全，以及车辆发生事故等特殊情况下可能存在的安全风险等。

（1）高压触电安全

无论是纯电动汽车，还是油电混合动力汽车，其电压和电流等级都比较高。动力电池的电压一般在 300~600V，甚至更高。正常工作时，电流可达几百安培，已经远远超过人体能承受的极限。对于高压系统中的高电压部件，如果发生破损或者潮湿，就会形成具有危险性的电压！此时，如果人体触及相关部件，会发生触电的危险（图 2-1-16）。

图 2-1-16　新能源汽车触电事故

（2）动力电池安全

以新能源汽车常用的锂离子动力电池为例，在正常使用过程中不会出现安全问题，但电池的滥用会导致电池的热效应加剧，这是锂离子电池出现安全问题的导火索，最终表现为电池的"热失控"，从而引起安全事故。导致热失控有以下几种情况。

1）过充电与过放电：在给车辆进行充电时，特别是在电池充电末期，电池内部离子的浓度增加，电池接受能力下降，电池再充电就会出现过充电。过充电可能导致电池温度很高而引发化学反应，造成安全隐患，如图 2-1-17 所示为一辆电动客车动力电池在过充电时导致着火事故的发生。

同样，在电池放电末期提供大电流的能力下降，当电池剩余电量不足而又需要大电流放电时，就会使电池过放电。过放电容易造成电池内部短路，电池内部短路的直接表现就是迅速产生热量引发着火隐患。

2）过电流：锂电池过电流主要有以下几种情况。

a. 低温环境下充放电。在低温环境下，由于电池的导电性和扩散性下降，特别是电池负极的锂离子活动能力下降，电池可接受电流的能力下降，容易导致电池出现过电流。

b. 电池老化及电池的性能下降（包括容量降低、内阻增加等）后，仍按照原来电流充电容易导致产生的相对电流过大。

c. 电池一致性差异。在多个电池并联充电过程中，由于电池一致性的差异，单体电池的内阻各不相同，分配到各单体电池的充电电流不同，可能会导致分配到某些单体电池电流远大于充电电流，如图 2-1-18 所示。

图 2-1-17 过充电导致燃烧

图 2-1-18 充电电流不一致导致过热损坏

d. 电池的内部、外部短路。电池短路会在瞬间产生很大电流，电池内部温度急剧升高，而使电池发生泄漏、起火等安全事故。

3）电池过温：上述提到的过充电、过放电、过电流会导致电池过温，以下几种情况也会引起电池过温。

a. 电池的热管理系统失效。表现为动力电池组总成内电池温度传感器损坏，或者是检测控制电路失效或散热风扇损坏。如图 2-1-19 所示，为典型动力电池内电池温度检测系统。

b. 电池温度采样点有限。动力电池内部包含的单体电池数量众多，很难对每个单体电池都实现温度检测。

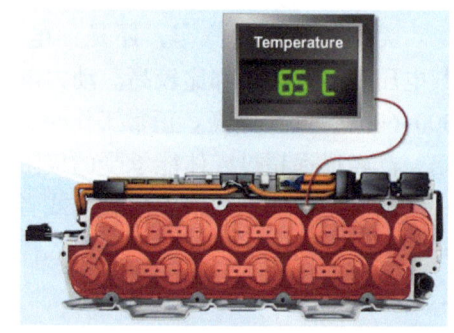
图 2-1-19 动力电池系统监测电池温度

c. 温度采样点受限制。由于电池本身结构原因，新能源汽车的电池管理系统对电池的温度采样点一般都在电池正负极接线柱上，或者通过贴片采集电池外壳的温度，不能完全反映实际的电池内部温度。

d. 工作环境温度高。如果电池靠近驱动电机或空调压缩机等发热部件，会导致电池过温。电池温度升高会引发的隐患包括有电池本身性能的逐步下降，进一步加剧了电池内部的短路。此外由于电池本身温度过高，会导致电池产生热温度变形，从而产生泄漏等事故的发生。

（3）危险运行工况下的安全

新能源汽车（电动汽车）在行驶中发生危险运行工况（如交通事故、暴雨等）时，很容易造成安全隐患。这些安全隐患包括有：

1）发生碰撞或翻车。当电动汽车发生碰撞或翻车时，可能导致动力系统高压短路，此时动力系统瞬间产生大量热量，存在发生燃烧甚至爆炸的风险；此外还可能造成高压零部件脱落，对乘员造成触电伤害。如果动力电池受到碰撞或因为燃烧导致温度过高,有可能造成电池电解液的泄露,对乘员造成伤害;发生碰撞或翻车还会对乘员造成机械伤害。如图2-1-20是电动汽车发生交通事故的情形。

图2-1-20 电动汽车发生交通事故

2)涉水或遭遇暴雨。当电动汽车遇到涉水、暴雨等工况时,由于水汽侵蚀,高压的正极与负极之间可能出现绝缘电阻变小甚至短路的情况,可能引起电池的燃烧、漏液甚至爆炸;若电流流经车身,可能使乘员遭受触电风险。

3)高压系统短路。当动力系统的高压线路短路时,将会导致动力电池瞬间大电流放电,此时动力电池和高压线束的温度迅速升高,将会导致动力电池和高压线束的燃烧,严重时还可能会引起电池爆炸。

若动力电池的高压母线与车身短路,乘员可能会触碰到动力电池的高压电,从而产生触电伤害。图2-1-21是电动汽车发生自燃事故的情形。

图2-1-21 电动汽车发生自燃事故

4)充电时车辆的意外移动。当车辆在充电时,如果车辆发生移动,可能会造成充电电缆断裂,使乘员以及车辆周围人员遭受触电风险;若充电电缆断裂前正在进行大电流充电,还可能造成电池的高压接触器粘连,从而进一步增加人员的触电风险。

图2-1-22是电动汽车充电时可发生触电事故的情形。

图2-1-22 充电时可发生触电事故的情形

引导问题三 新能源汽车有哪些安全设计?

根据新能源汽车(电动汽车)存在的安全隐患以及实际的工作状况,主要从维修安全、碰撞安全、电气安全、功能安全的角度进行设计。

1. 维修安全

新能源汽车对维修人员有特殊的安全保护设计，包括以下 4 个方面。

（1）维修开关

大部分的新能源汽车设计有维修开关（Service Switch），可以直接断开高压回路，保证维修人员的安全，如图 2-1-23 所示。

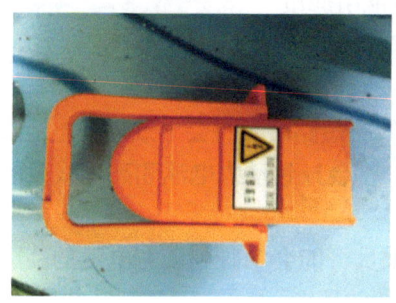
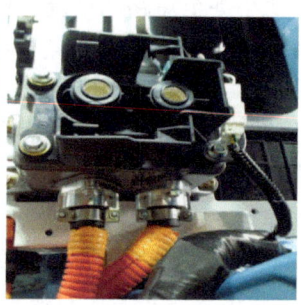

图 2-1-23　维修开关的外形及拆卸后的情形

（2）开盖检测

在高压部件的盖子上设立开盖检测开关（低压），在检测开关打开（盖子被打开）时，系统切断高压电。如图 2-1-24 所示是荣威 e50 驱动电机控制器上盖的开盖检测开关。

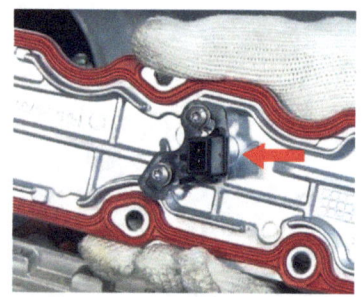

图 2-1-24　荣威 e50 驱动电机控制器上盖的开盖检测开关

（3）高压互锁回路

高压互锁回路（Hazardous Voltage Interlock Loop，HVIL），是指通过使用低压信号来监控电动汽车上所有与高压母线相连的各分路，包括整个动力电池系统、DC/DC 变换器、电机控制器、高压控制盒 BDU，以及导线、连接器、保护盖等系统回路的电气连接完整性（连续性）。

设计高压互锁的目的是用来确认整个高压系统的完整性，当高压系统回路断开或者完整性受到破坏的时候，就需要启动安全措施。

高压互锁回路内的低压回路需要一个检测用电源，让低压信号沿着闭合的低压回路传递。一旦低压信号中断，说明某一个高压连接器有松动或者脱落。按照整体策略，设计监测点或者监测回路负责将高压互锁回路的状态传递给整车控制器 VCU 或者动力电池管理系统 BMS。

如图 2-1-25 所示，当高压互锁回路断开时（表示某一高压部件的低压或高压连接断开），此时乘员或维修人员有可能会接触到高压电从而造成触电伤害，因此动力电池管理系统在检测到断开信号之后应当立即断开相应的高压接触器，以切断高压输出。如图 2-1-26 所示为位于橙色高压连接器上方设计的低压互锁开关，当该低压互锁开关断开时，系统将切断高电压。

项目二 新能源汽车高压安全与防护 59

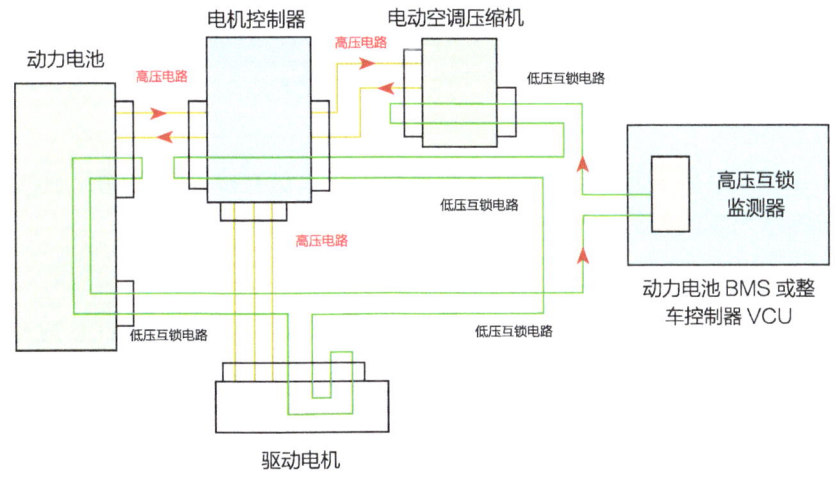

图 2-1-25　高压互锁回路示意图

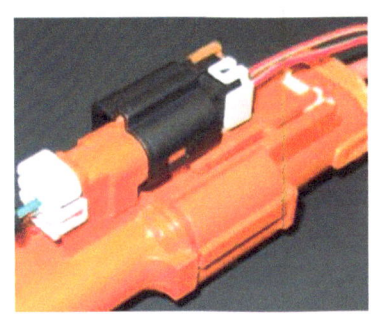
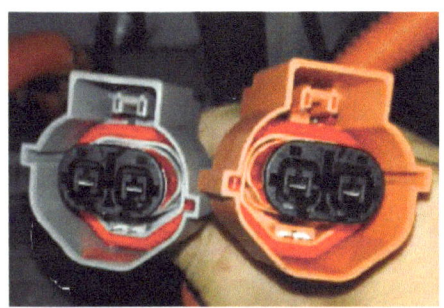

图 2-1-26　互锁开关

（4）电源极性反接保护

如果意外接错电源正负极，动力电池管理系统 BMS 将自动切断高电压。

2. 碰撞安全

当车辆发生碰撞时，车辆的安全系统应当在碰撞过程中以及碰撞后都要保证相关人员的人身安全。对于新能源汽车来说，除了传统汽车的相关保护需求之外，还应当满足以下要求：

1）碰撞过程中避免乘员和行人遭受触电风险，在保证人员安全的情况下尽量保护关键零部件不受损害。

2）碰撞后保证维修和救援人员没有触电风险。车辆的控制系统通过 CAN 网络监测到安全气囊引爆后，将自动切断正常高电压。

有的新能源汽车上设计惯性开关电路：将惯性开关串联到高压接触器的供电回路中，当发生碰撞时惯性开关断开，从而切断高压接触器的供电电源，此时动力电池的高压输出便会被断开，保证了乘员、行人、维修和救援人员的高压安全。图 2-1-27 是惯性开关电路示意图。

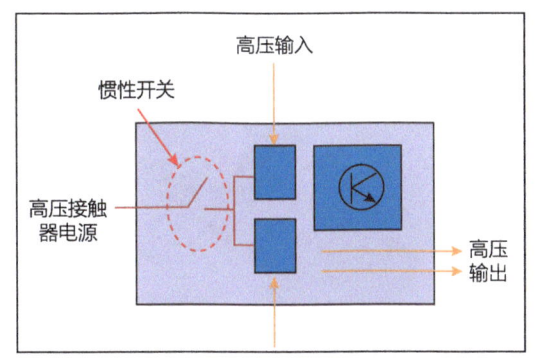

图 2-1-27　惯性开关电路示意图

3. 电气安全

为保证新能源汽车的电气安全，会设计以下安全装置。

（1）高压接插件

如图 2-1-28 所示，高压部件的绝缘接插件既可防止人员直接接触到高压，还可防水、防尘，减小高压系统绝缘出现问题的风险。

（2）高压接触器

在新能源汽车中，除动力电池外，其他高压部件都是由整车控制器 VCU 或混合动力控制单元 HCU 通过高压接触器（相当于传统汽车的主继电器）控制高电压的接通与关闭。接触器通常被布置在动力电池组总成内部或者是独立在一个 BDU（高压控制盒）中。高压接触器安装在动力电池与外部高压回路之间，只有当驾驶人将点火开关打到 ON 位置或对动力电池进行充电时，接触器才可能会闭合。接触器实际上是一个大功率的继电器，用于控制高压正负极导线之间的接通与断开。

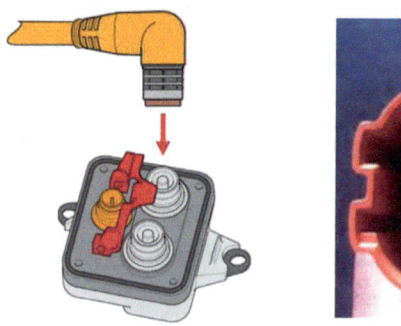

图 2-1-28 高压部件的绝缘接插件

如图 2-1-29 所示，在丰田混合动力汽车的动力电池称为 HV 蓄电池，其端部布置有多个接触器。如果混合动力控制单元控制接触器断开，整车仅 HV 蓄电池上会存在高电压，位于接触器下游的高电压系统部件将没有高电压。

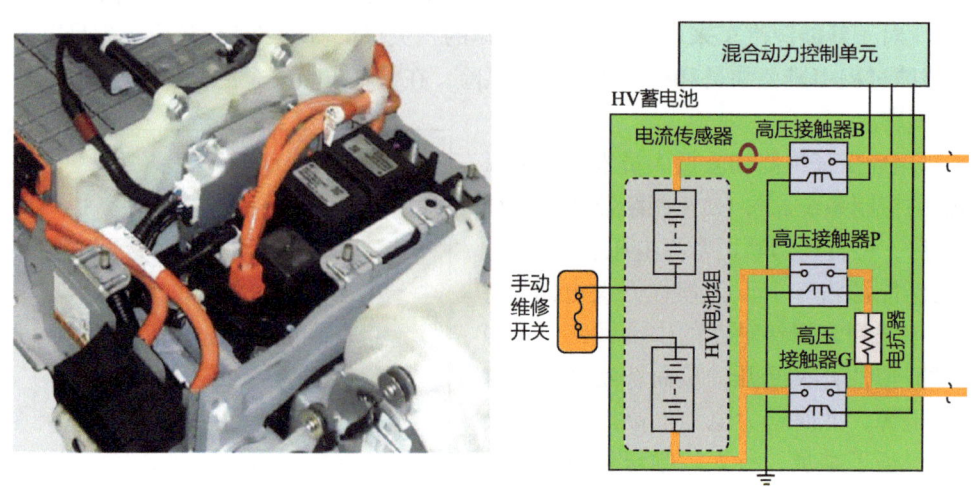

图 2-1-29 丰田混合动力汽车高压接触器

接触器接通条件：
①点火开关 ON。
②高电压系统自检，没有存在漏电等故障。
接触器断开条件：
①点火开关 OFF。
②高电压系统检测到存在安全事件的发生。在以下情况下，会因异常情况自动切断高压，避免人员触电。

a. 高电压系统自检到部件的互锁开关断开。
b. 高电压系统自检到部件或高压电缆存在对车辆绝缘电阻过低。
c. 车辆发生过碰撞，且安全气囊已弹出。

（3）预充电回路

高电压系统中设计预充电回路，预充电回路主要由预充电电阻构成。在动力电池输出高压电之前，先通过预充电回路对电池外部的高压系统进行预充电。由于高压部件的高压正、负极之间设计有补偿电容，如果没有预充电电阻，那么在高压回路导通瞬间，补偿电容将会由于瞬间电流过大而烧毁。如图 2-1-30 所示，接触器附近的电阻即为预充电电阻。

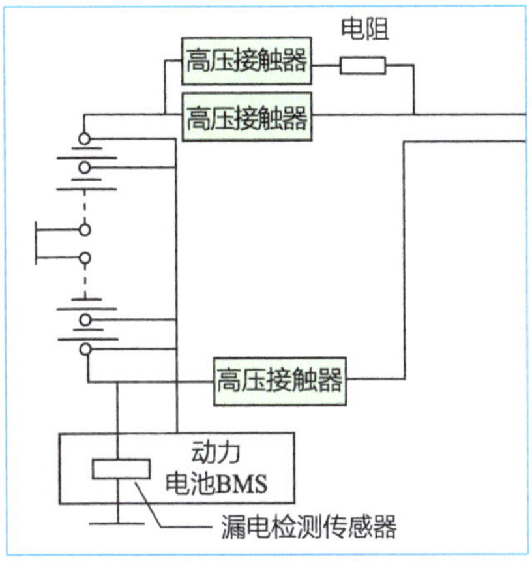

（4）绝缘电阻检测

新能源汽车的运行情况非常复杂，在运行过程中难免会出现部件之间的相互碰撞、摩擦、挤压，导致高压电路与车辆底盘之间的绝缘性能下降。高压电源正负极导线将通过绝缘层和底盘构成漏电流回路。当高压电路和底盘之间发生多点绝缘性能下降时，还会导致漏电回路的热积累效应，可能造成车辆的电气火灾。因此，高电压系统相对车辆底盘的电气绝缘性能实时检测是电气安全技术的核心内容。

高电压系统通过电流传感器等部件检测车辆的绝缘电阻，当检测到短路（漏电）发生时，高压接触器切断高电压的同时启动主动泄放保护和被动泄放保护。以比亚迪 e5 为例：

1）主动泄放保护：5 秒内把预充电容电压降低到 ≤ 60V，迅速释放危险电能。
2）被动泄放保护：2min 内把预充电容电压降低到 ≤ 60V，被动泄放是主动泄放失效的二重保护。

在新能源汽车维修中，可以采用绝缘测试仪测量绝缘电阻（图 2-1-31）。

图 2-1-30　预充电回路

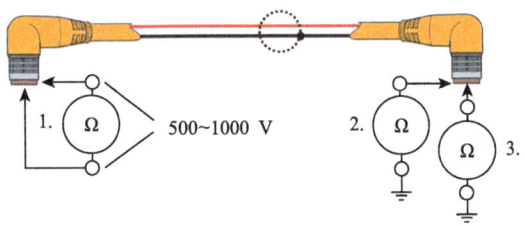

图 2-1-31　绝缘电阻检测

判定标准:正对地绝缘阻值及负对地绝缘阻值均大于等于100Ω/V(直流)、500Ω/V(交流)为合格。

(5)短路保护器

高电压系统的每一个高压回路均有短路保护器(熔丝)做过流保护。动力电池总成内部增加了一定数量的接触器和短路保护器进行保护,动力电池的每根采样线也有单独的熔丝保护。即使发生碰撞短路,也可保证动力电池等高压部件及线束会短路损坏或起火。一般情况下,熔丝位置有:电池组串联的中央、DC/DC变换器回路、暖风加热器回路以及电动空调压缩机回路等。

图2-1-32是高电压系统保护电路,图2-1-33是接触器和短路保护器位置示意图。

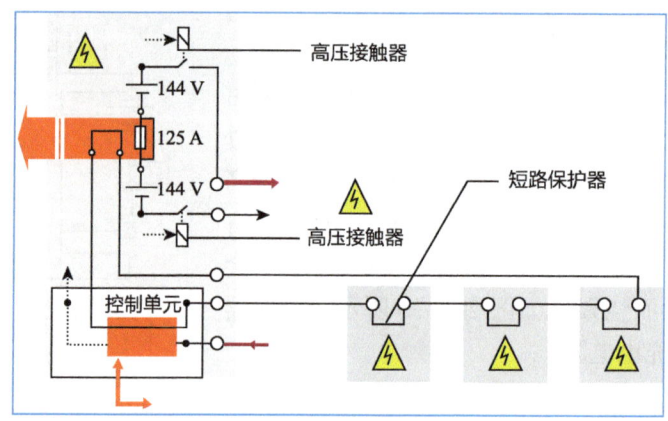

图2-1-32 高电压系统保护电路

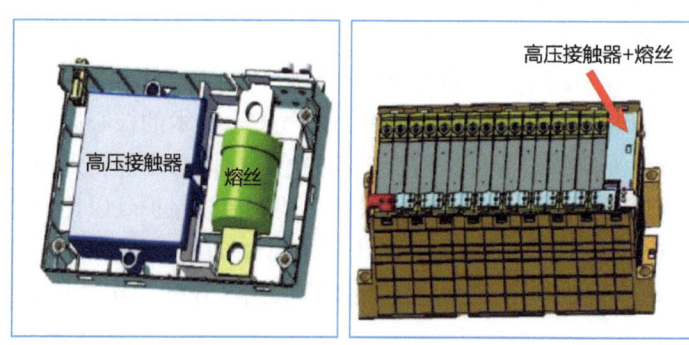

图2-1-33 接触器和短路保护器(熔丝)位置示意图

4. 功能安全

对于新能源汽车,还需要从以下2个方面采取安全设计,以避免安全隐患的发生。

(1)转矩安全管理

为防止车辆出现不期望的运动,例如驱动电机转速过快甚至失控,需要在整车控制器VCU中加入转矩安全控制策略。具体转矩安全策略如下:

VCU负责计算整车的转矩需求,计算的转矩需求的差值大于某个标定值,则认为转矩输出存在安全风险,此时VCU会将车速限制在安全范围内。

若 VCU 的需求转矩与电机的实际转矩的差值大于某个标定值，则认为电机的转矩控制存在风险，此时 VCU 将会限制电机的转矩输出；若两者差值一直过大，则切断动力电池的动力输出。

（2）充电安全

在充电时需要防止车辆移动以及避免快充、慢充、行驶模式之间的冲突，为此进行如下设计：

1）只有变速杆放在 P/N 位时才允许充电。
2）在充电过程中，转矩需求及实际转矩输出都应当为 0。
3）当充电枪插上时，不允许闭合控制高压电输出的接触器。
4）当充电回路绝缘电阻小于标准要求的阻值时，应当停止充电并断开高压接触器。

引导问题四　新能源汽车维修有哪些安全防护装备？

虽然新能源汽车（电动汽车）都设计了完善的防止意外触电功能，但是针对事故车辆、故障车辆以及始终存在高压电的动力电池组总成，维修人员必须做好防止被高压电击伤的安全防护。

1. 安全警示标识

在高压维修工位或车辆、高压部件附近放置明显的警示标识，防止无关人员进入工位或触摸高压部件，发生触电事故，如图 2-1-34 所示。

2. 个人安全防护装备

（1）绝缘手套

拆卸及安装高压部件的时候使用。橡胶材质的电工绝缘手套具备两种性能：一是在进行高电压部件或线路操作时，能够承受 1000V 以上的工作电压；二是具备抗酸、碱性，当工作中接触来自动力电池的腐蚀性化学物质时，能防止这些物质对人体的伤害，如图 2-1-35 所示。

图 2-1-34　安全警示标识

图 2-1-35　绝缘手套

绝缘手套需要定期检验，而且在每次使用前必须进行泄漏检查。检查的方法是：向手套内吹入一定的空气，观察手套是否有漏气（图2-1-36）。

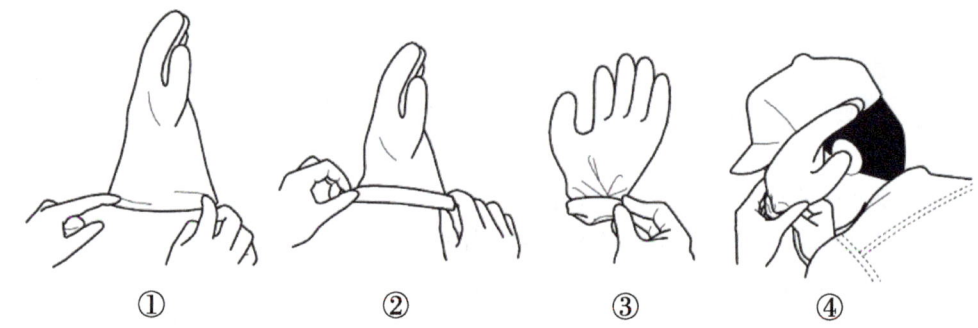

图 2-1-36　绝缘手套检查流程

如图2-1-37所示为在使用过程中绝缘手套的使用检查。

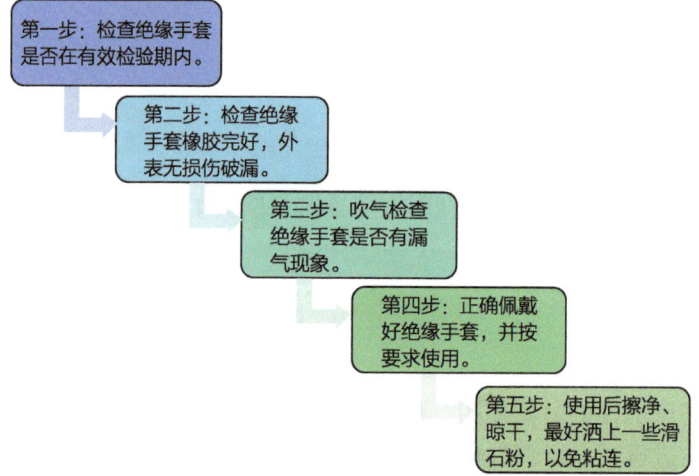

图 2-1-37　绝缘手套的使用检查

（2）护目镜

护目镜应该具有侧面防护功能，防止维修过程中产生的电火花，以及电池的电解液对眼睛的伤害，如图2-1-38所示。使用前应检查外观是否破损。

（3）绝缘安全鞋

绝缘安全鞋（靴）的作用是使人体与地面绝缘，防止电流通过人体与大地之间构成通路，对人体造成电击伤害，把触电时的危险降低到最低程度，因为触电时电流是经接触点通过人体流入地面的，所以电气作业时不仅要戴绝缘手套，还要穿绝缘鞋，如图2-1-39所示。

绝缘鞋根据国家标准进行生产，泄漏电流需小于0.3mA/kV，应具有透气性能好、防静电、耐磨、防滑等功能。

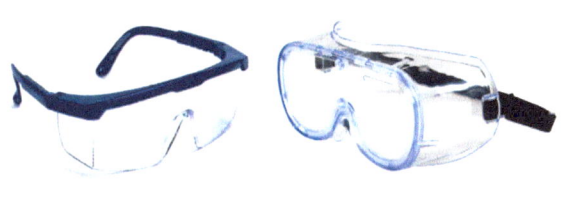

图 2-1-38　护目镜　　　　　　　　图 2-1-39　绝缘安全鞋（靴）

（4）非化纤工作服

维修高电压系统时，必须穿非化纤类的工作服。化纤类的工作服会产生静电，并且当发生火灾事故时，化纤会在高温环境下粘连人体皮肤，导致维护人员产生严重的二次伤害，图 2-1-40 为纯棉工作服。

（5）绝缘安全帽

在举升车辆，拆卸及安装动力电池时应佩戴绝缘安全帽，保护头部安全，如图 2-1-41 所示。使用前应检查外观是否破损、固定装置是否正常。

图 2-1-40　纯棉工作服　　　　　　图 2-1-41　绝缘安全帽

❓ 引导问题五　新能源汽车发生安全事故时如何处理？

在新能源汽车维修中，如果不幸发生了人员触电事故，援救触电事故中受伤人员时，救援人员自身的安全是第一位的，绝对不要去触碰仍然与电压有接触的人员。

1. 脱离电源

人体触电以后，可能由于痉挛或失去知觉等原因而紧抓带电体，触电者无法自己摆脱电源。抢救触电者的首要步骤就是使触电者尽快脱离电源。如果可能，应立即将电气系统断电，或用不导电的物体（如绝缘木板、扫帚把等）把事故受害者或者导电体与电压分离。在新能源汽车触电施救中脱离电源的方法是带上绝缘手套将触电人员移开，或者切断高压电源。在进行施救的同时，应立即拨打 120 急救电话，获取专业的救援。

2. 现场急救

当触电者脱离电源后，应根据触电者的具体情况迅速对症救护，力争在触电后 1min 内进行救治。根据国内外的急救资料表明，触电后在 1min 内进救治的，90% 以上有良好的效果，而超过 12min 再开始救治的，基本无救活的可能。现场应用的主要方法是口对口人工呼吸和体外心脏挤压法，严禁打强心针。如图2-1-42所示，在进行触电现场应急处理与急救时，必须遵守基本的高压触电急救流程。

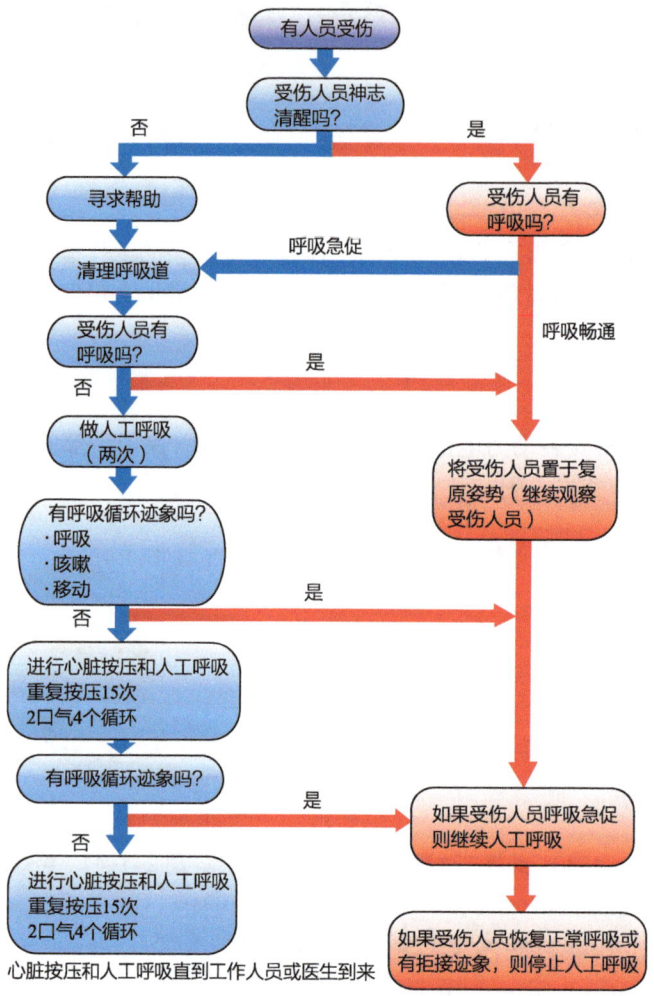

图2-1-42　高压触电急救流程

根据情形，常用的触电急救方法如下：

情形1：神志尚清醒，但心慌力乏，四肢麻木

该类人员一般只需将其扶到清凉通风之处休息，让其自然慢慢恢复。但要派专人照料护理，因为有的病人在几小时后会发生病变而突然死亡，如图2-1-43所示。

情形2：有心跳，但呼吸停止或极微弱

该类人员应该采用口对口人工呼吸法进行急救，如图2-1-44所示。人工呼吸法可按下述口诀进行，

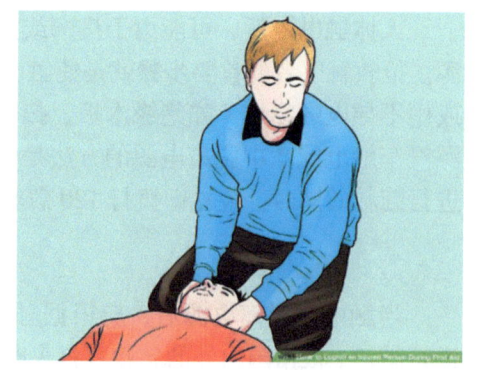

图2-1-43　专人照料病人

频率是每分钟约 12 次。

清理口腔防堵塞，鼻孔朝天头后仰；贴嘴吹气胸扩张，放开口鼻换气畅。

情形 3：有呼吸，但心跳停止或极微弱

该类人员应该采用人工胸外心脏挤压法来恢复病人的心跳，如图 2-1-45 所示。一般可以按下述口诀进行，频率是每分钟约 60~80 次。

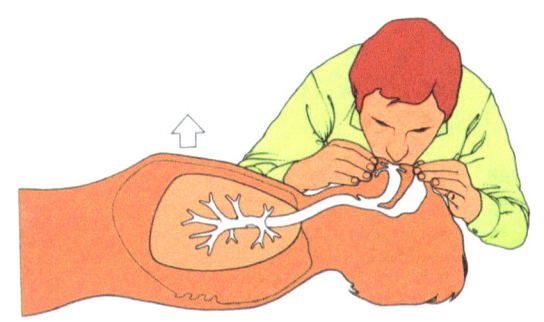

图 2-1-44　人工呼吸口诀和方法

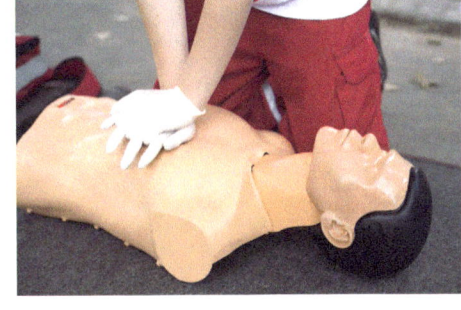

图 2-1-45　人工胸外心脏挤压法

当胸一手掌，中指对凹膛；掌根用力向下压，压下突然收。

情形 4：心跳、呼吸均已停止者

该类人员的危险性最大，抢救的难度也最大。应该把以上两法同时使用，亦即采用"心肺复苏"的方法。最好是两人一起抢救，如果仅有一人抢救时，应先吹气 2～3 次，再挤压心脏 15 次，如此反复交替进行。

高压触电以后，会短时间让人体心脏骤停，恰当的、第一时间心肺复苏可以成功挽救 80% 以上的触电人员生命。

心肺复苏：是指对早期心跳呼吸骤停的患者，通过采取人工循环、人工呼吸、电除颤等方法帮助其恢复自主心跳和呼吸。

提示：心肺复苏流程请参照专业医疗救助流程操作。

自我测试

1. 判断题

（1）A 级电压等级具有高压电，维护人员必须采取特殊的防电保护。　（　　）

（2）新能源汽车的高电压系统是与车身之间隔离的。　（　　）

（3）电动汽车的高电压系统都是直流高压。　（　　）

（4）过充电或过放电都可能导致动力电池出现火灾事故。　（　　）

（5）援救触电事故中受伤人员时，绝对不要去触碰仍然与电压有接触的人员。（　　）

2. 单选题

（1）纯电动汽车高压部件的电压级别是（　　）。

　　A. A 级　　　　　　B. B 级　　　　　　C. C 级　　　　　　D. D 级

（2）电流对人体的伤害有（　　）形式。
　　A. 电击　　　　　　B. 电伤　　　　　　C. 电磁场生理伤害　　D. 以上都正确
（3）国际标准危险电压警告标志的颜色是（　　）
　　A. 蓝色或绿色　　　B. 黄色或红色　　　C. 黄色或绿色　　　D. 红色或黑色
（4）驱动电机控制器与驱动电机之间的电压是（　　）。
　　A. 300V 左右的直流电压　　　　　　B. 220V 交流电压
　　C. 300V 左右的交流电压　　　　　　D. 220V 的直流电压
（5）以下属于新能源汽车维修安全设计的是（　　）。
　　A. 维修开关　　　　B. 开盖检测　　　　C. 高压互锁　　　　D. 以上都是

任务二　新能源汽车维修操作规范与应急处理

学习目标

知识目标

1. 能够描述新能源汽车维修车间管理制度。
2. 能够描述新能源汽车维修拆装工具和检测设备的使用方法。
3. 能够描述新能源汽车应急处理方法。

技能目标

1. 能够进行高压中止与检验。
2. 能够使用绝缘测试仪测试高压部件绝缘电阻。
3. 能够使用数字万用表测量动力电池输出电压。
4. 能够钳形电流表测量动力电池输出电流。
5. 能够进行新能源汽车应急处理。

任务导入

你所在的企业组建新能源汽车维修专用的高压车间，你的主管要求你制定高压车间相关的制度和标准，并培训相关设备的使用，你能完成这个任务吗？

获取信息

？ 引导问题一　新能源汽车维修车间有哪些管理制度？

新能源汽车维修车间有高电压安全风险，必须加强安全管理，杜绝安全事故的发生。除了普通车间的安全要求外，必须制定相关的管理制度。

1. 新能源汽车维修安全管理制度

1）车辆维修过程中的高压部件必须立即标识明显的"高压勿动"的警示，并禁止将带有高压电的部件放置在无人看管的环境下。

2）车辆在充电过程中不允许对高压部件进行拆装、维修等工作。

3）未经高压安全培训并取得特种作业操作证（低压电工作业）的维修技师，不允许对高压部件进行拆装、维修等操作。

4）高压部件拆装、维修前，维修技师必须检查及穿戴个人安全防护装备，并使用绝缘工具进行拆装操作。

5）高压部件拆装、维修过程中，维修技师禁止带有手表、金属笔等金属物品在身上。

6）高压部件拆卸、维修前必须进行高电压中止操作，即根据车型切断低压电源和拆卸手动维修开关，并检验确认相关部件没有高压电。

7）进行车身焊接前应清理周围易燃物品，做好车身的保护，预防飞溅及着火，并严格按照焊接及钣金维修工艺进行操作。

8）维修完毕后上电前，确认车辆无人操作。

9）更换高压部件后，高压电缆接口必须按照标准力矩拧紧，并测量线路绝缘性能正常。

10）在执行车辆维修期间，必须同时有2名持有上岗证的维修技师进行工作，其中1名技师作为工作的监护人，监督维修的全过程。如果发生触电事故时，监护人应该立即采取有效措施执行急救。

图2-2-1是维修工位上的安全警示标识。

图 2-2-1　安全警示标识

2. 新能源汽车维修车间火灾预防管理制度

1）电动汽车涉及高压电路，发生电气火灾的概率及危害远大于燃油汽车，因此必须预防车辆自燃等火灾的发生，及时处理机舱内的油污、接插件松动或线束老化等隐患。

2）火灾发生后不要惊慌，要及时采取正确的方法来灭火。首先要切断电源，所有人员立即离开车辆并站在远离车辆的上风位。在采取救火措施的同时立刻报警（电话119、110）。

3）每天检查灭火器是否在固定的位置，是否在有效期内。要充分了解灭火器的性质和正确使用方法。常用的车载灭火器都是干粉灭火器，灭火时手提干粉灭火器快速奔赴火点，站在上风方向在距离燃烧处3~5m左右，先将开启把上的保险销拔下，然后将喷嘴部迅速对准火焰的根部扫射灭火。当干粉喷出后，手始终压下压把不能放开，否则会中断喷射。

4）当电动汽车发生火灾时，如果只是线束冒烟着火，或小范围明火，推荐使用干粉灭火器灭火。如果发生大面积火灾，最有效的灭火方式是采用大量的水灭火。因为电动汽车起火多为电路短路起火，这种情况下为了保证人员安全，使用大量的水会快速对短路产生的热量降温，并使电能耗尽，达到有效灭火的目的。但是如果使用少量的水，例如只用一桶，则更加危险，将会加剧动力电池火灾的程度。

图2-2-2是维修工位上必须配置的干粉灭火器。

3. 新能源汽车维修人员要求和岗位职责

新能源汽车（电动汽车）维修操作人员必须持证上岗，并经过培训，才能进行操作。

人员要求如下：

1）经过培训、考核并取得应急管理部门颁发的特种作业操作证（低压电工作业）。

2）经过电动汽车结构原理与维修技术培训，并通过考核。

3）电动汽车维修必须由2名持证的维修技师同时进行，其中1名技师作为维修监护人员。

岗位职责如下：

① 监护人员：引导车辆进入专用维修工位。

② 维修人员：在维修工位设置高压警示标识。

③ 监护人员：监督并协调具有维修资质的人员维修车辆。

④ 维修人员：检查个人安全防护设备，按正确要求穿戴。

⑤ 监护人员：监督维修人员规范操作流程。

⑥ 维修人员：需要维修高电压系统前，必须先执行高压中止与检验。

电动汽车维修监护人的技术技能等级应高于操作人，具有丰富的实际工作经验并熟悉现场及设备情况。

图2-2-3是应急管理部门颁发的特种作业操作证（低压电工作业）样例，图2-2-4是维修监护示意图。

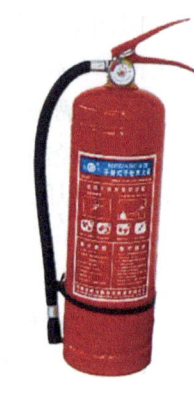

图 2-2-2　ABC 干粉灭火器

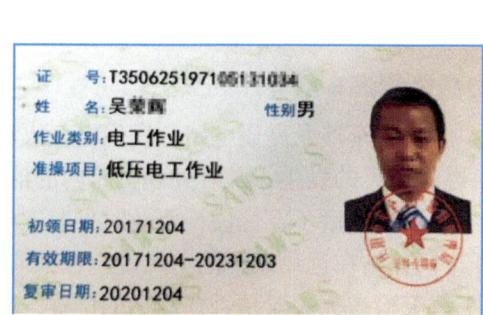

图 2-2-3　特种作业操作证（低压电工作业）

4. 新能源汽车专用维修车间要求

新能源汽车高压维修专用车间有特殊的场地要求和工位要求。

（1）工位数量及面积

高压维修专用车间至少具备3个标准工位（7m×4m），至少一台双柱龙门举升机。维修工

图 2-2-4　电动汽车维修监护示意图

位应采用特殊的颜色与其他工位进行区别。

（2）采光

高压维修车间的采光应符合国标 GB/T 50033 的有关规定。

（3）照明

当天然光线不足时，应配置人工照明，人工照明光源应选择接近天然光色温的光源。高压维修车间的照明要求应符合国标 GB/T 50034 的有关规定。

（4）干燥

高压维修车间必须保持干燥。

（5）通风

高压维修车间的通风应符合国标 GB 50016 和工业企业通风的有关要求。

（6）防火

高压维修车间的防火应符合国标 GB 50016 有关厂房、仓库防火的规定以及国标 GB 50067 的有关规定。

（7）卫生

高压维修车间的卫生应符合国标 GBZ 1、GB/T 12801 的有关要求。

（8）安全标志

高压维修车间的安全标志应符合 GB 2894、GB 2893 的有关要求。

图 2-2-5 是新能源汽车高压维修车间工位示意图。

图 2-2-5　新能源汽车高压维修车间工位示意图

❓ 引导问题二　新能源汽车维修需要哪些拆装工具及检测设备？

除了传统的维修工具和检测设备外，新能源汽车因为存在高压电路，需要专用的维修工具及检测设备。新能源汽车常用的维修工具及检测设备见表 2-2-1。

表 2-2-1　新能源汽车常用的维修工具及检测设备

序号	类型	工具设备名称	规格要求	单位	备注
1	绝缘工具	绝缘拆装工具套装	耐压 1 000 V 以上	套	含工具车和零件车
2	举升设备	动力电池举升机	带绝缘垫	台	配套双柱龙门举升机使用
3	检测仪表	数字式万用表	符合 CAT Ⅲ 要求	个	
4		钳型电流表	符合 CAT Ⅲ 要求	个	
5		绝缘测试仪	符合 CAT Ⅲ 要求	个	
6		示波器	符合 CAT Ⅲ 要求	套	
7		红外线测温仪	符合 CAT Ⅲ 要求	个	
8	故障诊断仪器	专用车型故障诊断仪	对应车型	套	根据车型配置

提示：CAT 等级

根据国际电子电工委员会 IEC1010—1 的定义，把电工工作的区域分为 4 个等级，分别称作 CAT Ⅰ、CAT Ⅱ、CAT Ⅲ 和 CAT Ⅳ。CAT 等级是向下单向兼容的，也就是说，CAT Ⅳ 的万用表在 CAT Ⅰ、CAT Ⅱ 和 CAT Ⅲ 下使用是完全安全的，但是 CAT Ⅰ 的万用表在 CAT Ⅱ、CAT Ⅲ、CAT Ⅳ 的环境下使用就不保证安全了。

1. 绝缘工具

（1）绝缘与绝缘材料

绝缘是指用不导电的物质（绝缘材料）将带电体隔离或包裹起来，以对触电起保护作用的一种安全措施。良好的绝缘是保证设备和线路运行的必要条件，也是防止触电事故、漏电、短路的重要措施。绝缘材料除了上述作用外还起着其他作用：散热冷却、机械支撑和固定、储能、灭弧、防潮、防霉以及保护导体等。

（2）绝缘工具

绝缘工具是采用绝缘材料进行加工并适用于电气系统拆装等操作的使用工具。使用绝缘工具可以有效防止意外触电事故的发生，新能源汽车涉及高压的部分零部件拆装必须使用绝缘拆装工具。绝缘拆装工具必须装有耐压1000V以上的绝缘柄。绝缘拆装工具包括常用的套筒、开口扳手、螺钉旋具、钳子、电工刀等。图 2-2-6 是带绝缘柄的拆装工具。

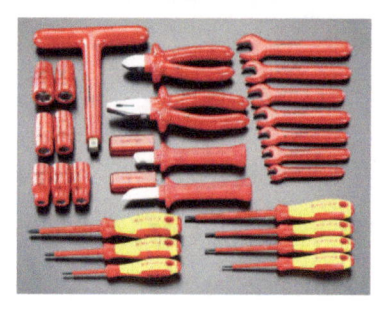
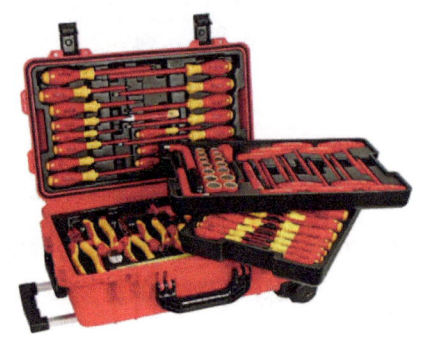

图 2-2-6　带绝缘柄的拆装工具

绝缘工具的使用方法与普通工具相同，但是使用前应检查是否清洁干燥、是否完好，绝缘层是否损坏。

图 2-2-7 是储存绝缘工具的工具车；图 2-2-8 是带绝缘垫的零件车，用于放置拆卸下来的高压部件。

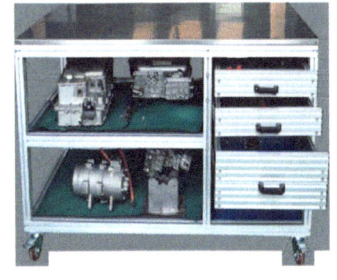

图 2-2-7　储存绝缘工具的工具车　　图 2-2-8　带绝缘垫的零件车

2. 举升设备－动力电池举升机

纯电动汽车的动力电池重量高达 400~500kg，拆装时必须使用动力电池举升机。动力电池举升机配套双柱龙门举升机使用，顶部带绝缘垫，举升动力有液压、气动、电动等类型。图 2-2-9 是带绝缘垫、电动的动力电池举升机。

3. 检测仪表

新能源汽车维修中使用的检测仪表有数字式万用表、绝缘测试仪（如手摇兆欧表、高压绝缘测试仪）、钳型电流表、示波器、红外线测温仪等。这些检测仪表要求耐压 1000V 以上，使用方法与传统车型基本相同，以下只介绍绝缘测试仪和钳型电流表的使用方法。

图 2-2-9　动力电池举升机

（1）绝缘测试仪

新能源汽车在运行过程中难免会出现部件间的相互碰撞、摩擦、挤压，导致高压电路与车辆底盘之间的绝缘性能下降，电源正负极引线将通过绝缘层和底盘构成漏电流回路。当高压电路和底盘之间发生多点绝缘性能下降时，还会导致漏电回路的热积累效应，可能造成车辆的电气火灾。电气绝缘性能检测时需要使用专用的绝缘测试仪器，测量高压电缆及零部件对车身绝缘电阻是否位于规定值范围内。

利用数字万用表、兆欧表、绝缘测试多用表等仪器都可以完成绝大多数的绝缘测试，只是测试的量程和精度有所区别。

1）兆欧表。兆欧表的种类有很多，但其作用大致相同。最常用的是手摇兆欧表，俗称摇表，用来测量大电阻和绝缘电阻的检测仪表，计量单位是兆欧（MΩ），故称兆欧表。如图 2-2-10 所示是常见的手摇兆欧表及其接线柱的功能。兆欧表有三个接线柱，分

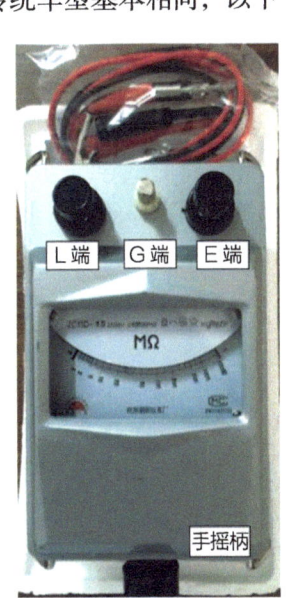

图 2-2-10　手摇兆欧表及接线柱功能

别是"接地"(E)、"线路"(L)和"保护环"(或"屏蔽")(G)。

①E端：接地端，接被测设备的接地部分或外壳。
②L端：接线端，接被测设备的导体部分。
③G端：保护环，主要用于电力电缆绝缘电阻的测量。

2)绝缘测试仪。以Fluke公司的产品为例，Fluke 1503绝缘测试仪、1508绝缘测试仪、1577绝缘多用表和1587绝缘多用表、Fluke 1550B 5kV兆欧表和1520兆欧表都可以进行电动汽车的绝缘测试，这些仪器虽然具有不同的名称，但都可以被称为绝缘测试仪。

以下以应用广泛的Fluke 1587数字式绝缘测试仪（绝缘多用表，图2-2-11）为例，介绍绝缘电阻的测试方法。

提示：为了避免触电或人身伤害，请首先仔细阅读并严格按仪表使用手册操作！

绝缘测试方法如图2-2-12所示。

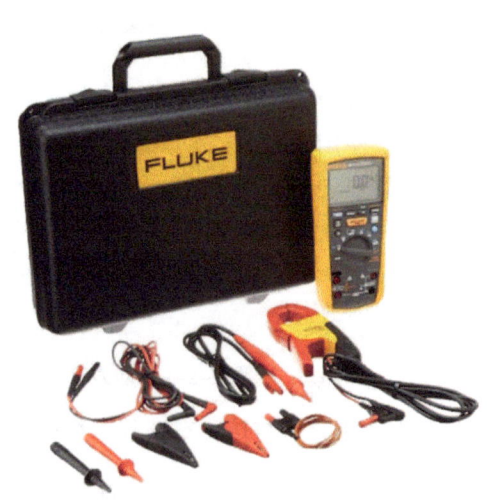

图2-2-11 Fluke 1587数字式绝缘测试仪

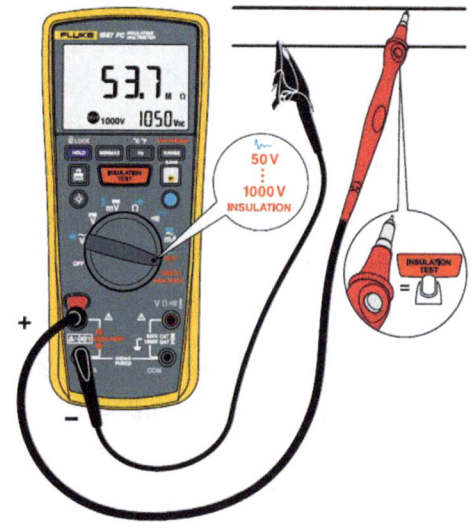

图2-2-12 绝缘测试方法

在将测试导线与电路或设备连接时，在连接带电导线之前先连接公共（COM）测试导线；当拆下测试导线时，要先断开带电的测试导线，再断开公共测试导线。

以下只介绍绝缘测试步骤，其他测试参照仪表的使用说明书。

提示：绝缘测试只能在不通电的电路上进行。测试之前先检查熔丝。

绝缘测试步骤如下：
①将测试探头插入"+"和"-"端子。
②将旋钮转至"INSULATION（绝缘）"位置。当开关调至该位置时，仪表将启动电池负载检查。如果电池未通过测试，显示屏下部将出现"电池"符号，在更换电池前不能进行绝缘测试。
③按"RANGE"（范围）选择电压。
④将探头与待测的电路连接。仪表会自动检查电路是否通电。

⑤主显示位置显示"----"直到按下"INSULATION TEST"(绝缘测试)按键,此时将获取一个有效的绝缘电阻读数。

如果电路电源超过 30V(交流或直流),主显示区显示超过 30V 以上警告同时,显示高压符号,测试被禁止,必须立即关闭电源。

测量动力电池高压
线缆正负端电流

(2)钳型电流表

在新能源汽车诊断与维修时,经常需要测量导线中的电流。由于驱动系统的导线(如逆变器与电机之间)存在较大的交变电流,必须使用钳型电流表(也称数字电流钳)进行间接测量。

常用的钳型电流表品牌较多,典型的如 FLUKE 317/319 等,如图 2-2-13 所示。

1)功能简介。钳型电流表工作部分由一只电流表和穿心式电流互感器组成。穿心式电流互感器铁心制成活动开口,且成钳形,故名钳型电流表。

钳型电流表的原理是建立在电流互感器工作原理的基础上,当放松扳手铁心闭合后,根据互感器的原理而在其二次绕组上产生感应电流,从而指示出被测电流的数值。当握紧钳型电流表扳手时,电流互感器的铁心可以张开,被测电流的导线进入钳口内部作为电流互感器的一次绕组。

2)测量操作步骤。以 FLUKE 317 钳型电流表为例,在测量电流时,可以按以下步骤进行(图 2-2-14):

图 2-2-13　FLUKE 317/319 钳型电流表

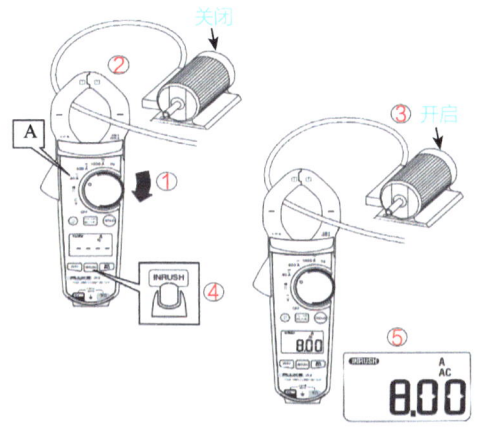

图 2-2-14　电流测试

①估算电流大小,选择正确档位与电流类型。例如,如果需要测量三相电机的某一相电流,选择交流电流档。

②打开电流钳,将被测量线路放入电流钳口之中。

注意:测量时,应该保持电流钳的钳口闭合并垂直于被测导线,否则将测量出不正确的电流。

③起动被测量装置,例如起动车辆,使驱动电机运转。

④如需测量一个变化的电流,应在上步的基础上按下"INRUSH"(涌流测量)键后再启动电流钳。

⑤ 读取电流值。

4. 故障诊断仪器

新能源汽车电控系统故障诊断仪器用于对应车型的故障诊断，也称解码器、故障扫描仪等。不同车型采用的故障诊断仪器也不同。诊断仪器应能与被检测车辆的控制模块（电脑）通信。以下分别介绍北汽新能源和比亚迪汽车的故障诊断仪器。

（1）北汽新能源汽车诊断仪器

北汽新能源汽车采用 BDS 故障诊断系统（BAIC BJEV Diagnostic System），将诊断软件安装在电脑终端上，通过通信电缆与车辆的故障诊断座（OBD）连接，与车辆的控制模块通信进行故障诊断（图 2-2-15）。BDS 的功能及操作步骤，软件安装、升级等其他相关信息请参照软件的使用说明书及仪器的提示进行操作。

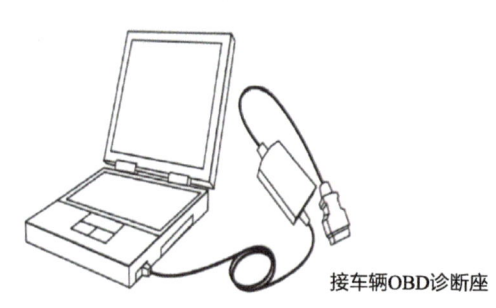

图 2-2-15　BDS 连接方式和诊断系统界面

（2）比亚迪汽车诊断仪器

图 2-2-16 为比亚迪汽车 ED400 诊断仪器。为了提升故障诊断性能，汽车厂家会对仪器持续进行升级，如 VDS2000/VDS2100（图 2-2-17）等。

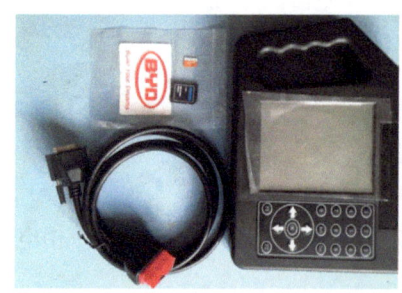
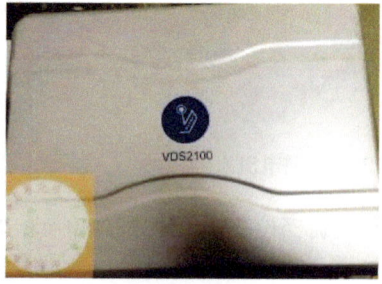

图 2-2-16　比亚迪 ED400 诊断仪器　　　　图 2-2-17　比亚迪 VDS 诊断系统

比亚迪汽车诊断仪器的检测诊断功能，具体操作步骤请参照使用说明书及仪器的提示进行操作。

需要特别说明的是，市场上"通用型"的汽车故障诊断设备厂家持续推出新型的诊断仪器，也能实现大部分新能源汽车的故障诊断。

引导问题三　新能源汽车维修应遵守哪些操作流程？

1. 新能源汽车维修流程

新能源汽车维修操作并不一定都涉及高压电。图2-2-18是根据新能源汽车常规维护保养（不涉及高电压，由维护技师操作）、高压系统维修（运行时有高压电，由维修技师操作）、动力电池及其控制电路维修（一直有高电压，由高级维修技师操作）三个级别制定操作流程，供实际作业参考。

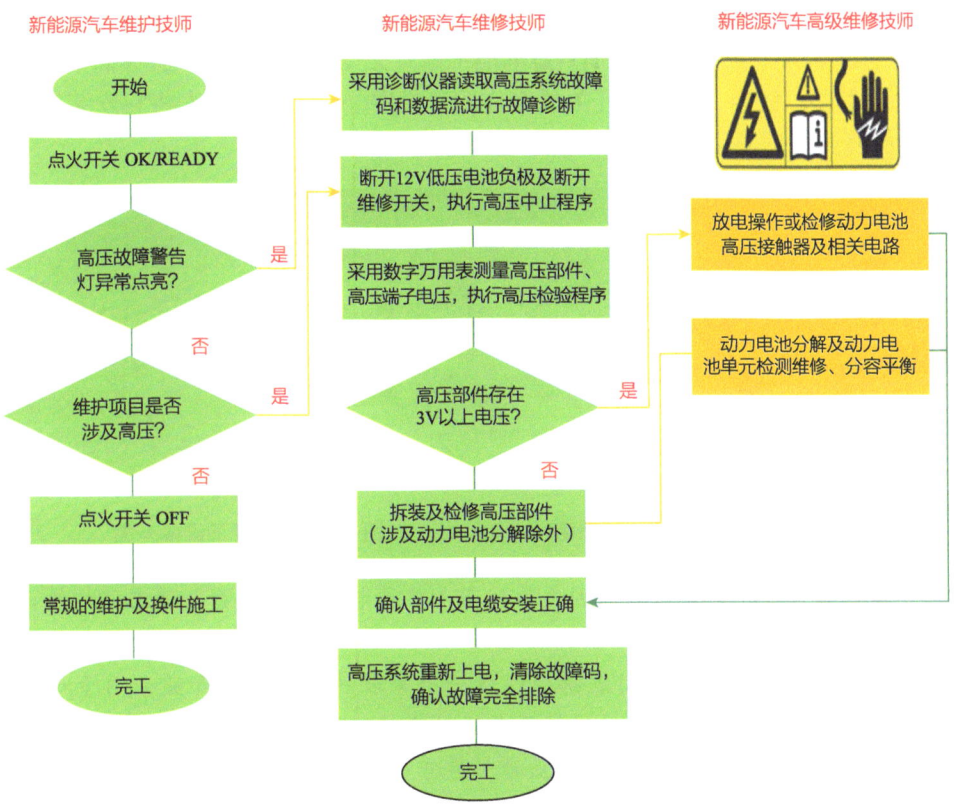

图 2-2-18　新能源汽车维修流程

2. 新能源汽车维修高压中止与检验

在维修带有高电压的新能源汽车（电动汽车）前，务必执行高压的中止与检验操作，确认动力电池不再对外输出高压电，避免因意外高压触电！

下面以丰田混合动力汽车为例，介绍高压中止与检验程序，其他车型可以参照本程序及对应的技术资料。

提示：如果进行以下操作时，要求进行高压中止与检验：
- 进行保养或维修；
- 处理损坏车辆；
- 进行事故恢复或急救工作。

（1）高压中止程序

1）将变速杆切换到 P 位。

2）踏下驻车制动器。

3）关闭点火开关，并移开钥匙至车外。再次起动车辆以确认车辆没有钥匙且无法起动。

4）断开蓄电池的负极端子。

打开行李舱，找到 12V 低压蓄电池，断开蓄电池的负极端子接地线，并用胶布固定接地线，以防止端子移动接地线回电池负极桩头，如图 2-2-19 所示。

5）戴上绝缘手套，拆下维修开关。

如图 2-2-20 所示，找到并拆下 HV 蓄电池维修开关（也称维修塞或服务插销）。拆卸时确保戴着绝缘手套，将拆下的维修开关放在你的口袋中，以防止其他人将它安装回车上去，并将裸露的维修开关槽使用绝缘胶布封住。

图 2-2-19　断开蓄电池负极端子接地线并固定

图 2-2-20　拆下维修开关

提示：如果因为损坏或其他的原因无法取下 HV 蓄电池维修开关，则在前机舱内接线盒中取下 HV 蓄电池熔丝（图 2-2-21）。

新能源汽车通常在动力电池附近都会设计一个串联的手动维修开关，用于人工"物理性"切断整个动力电池的回路。手动维修开关设计有特殊锁止结构，避免人为意外触发或者行驶中因为振动等因素断开。拆卸和安装时应遵守一定的流程，维修开关的拆卸和安装见图 2-2-22。

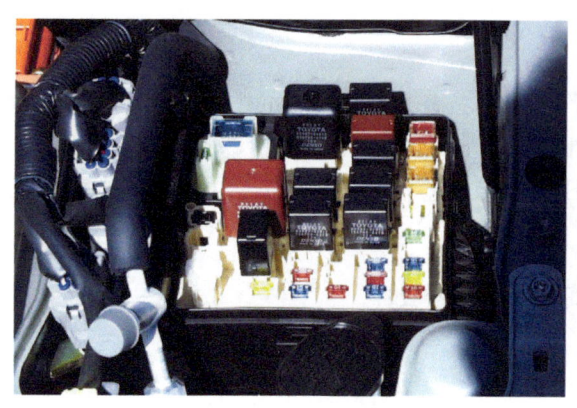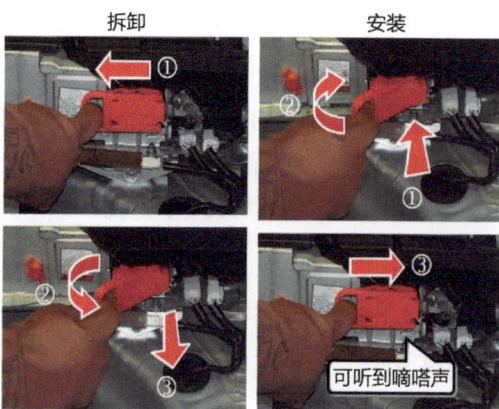

图 2-2-21　HV 蓄电池熔丝位置　　　　图 2-2-22　维修开关拆卸和安装流程

提示：并不是所有的车型都装备有维修开关，如果相关车型没有装备维修开关（请参照维修手册确认），除了拆卸低压辅助蓄电池负极桩头外，建议拆卸某一高压部件的互锁开关（如需拆卸高压导线连接器，务必戴上绝缘手套）。如图2-2-23是带低压互锁开关的高压导线连接器。

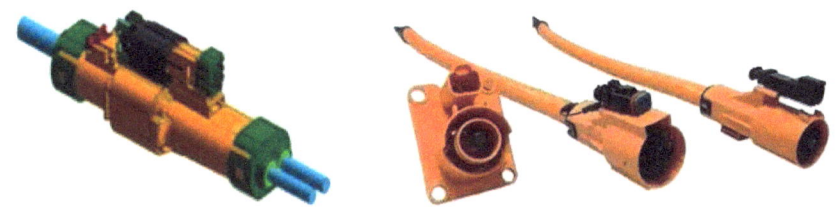

图2-2-23　带低压互锁开关的高压导线连接器

6）等待5~10 min或更长以便让高压电容放电。

提示：新能源汽车的高压部件通常安装有电容器，能保持一段时间的高电压，如图2-2-24所示。

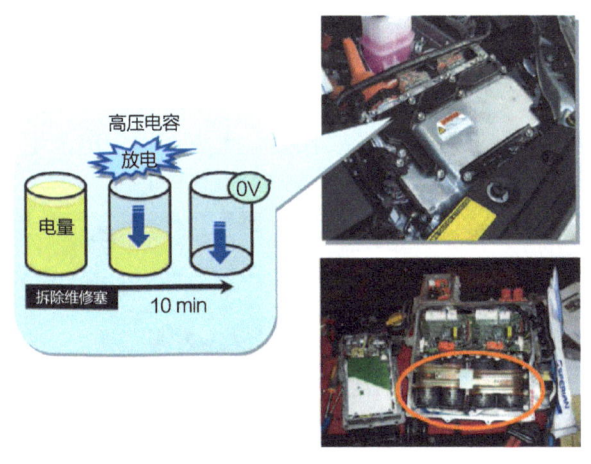

图2-2-24　等待高压电容放电完成

测量动力电池高压母线正负输出电压

（2）高压检验程序

高压检验是利用数字万用表再次确认高压中止以后，具体维修的部件上确实已不再有高电压。

警示：在检验高电压端子期间，必须佩戴好个人安全防护装备。

以拆卸车辆逆变器为例：

1）断开逆变器与HV蓄电池之间的高压连接器，并使用数字万用表（绝缘等级大于1000V），测量连接器各个高压端子电压均为0（量程：750 V或更大），如图2-2-25所示。

2）用绝缘乙烯胶带包裹被断开的高压连接器端子，如图2-2-26所示。

提示：使用万用表测量的高电压部件的连接器各个高压端子，在执行高压中止以后，每个端子对车身的电压至少应该小于3V,且端子正负极之间的电压也应该小于3V。

如果任一被测量的电压超过3V,说明系统内部存在高压粘接情况,需要有经过特殊培训的工程师来进行处理。

图 2-2-25　测量端子电压

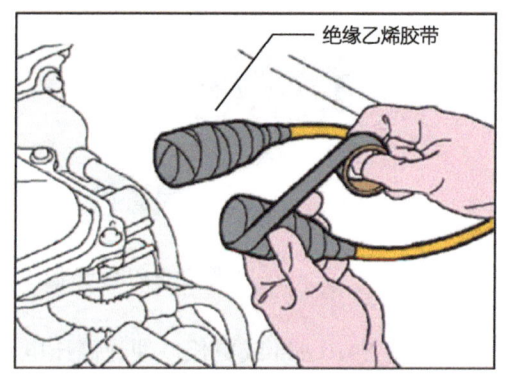

图 2-2-26　包裹并固定高压连接器端子

3）维修完成后,按拆卸相反顺序装回维修开关,并测试车辆是否正常。

❓ 引导问题四　新能源汽车发生意外时,如何应急处理?

新能源汽车应急处理的需求有交通事故救援、火灾、动力电池电解液泄漏、牵引车辆以及跨接起动等意外发生的需求。

1. 交通事故救援

纯电动或混合动力汽车发生事故需要救援时,千万不要因为车辆运行比较安静就误以为它处于停机状态。当车辆处于"READY"或"OK"模式时(相应的指示灯点亮,如图2-2-27所示),纯电动车型的大部分高压系统处于通电工作状态;混合动力车型的发动机会自动起动或停机,所以在检查或维修前机舱时,记住要先看看"READY"或"OK"指示灯是否已经熄灭了。

图 2-2-27　混合动力汽车的"READY"指示灯

在处理事故车辆前,应先执行如下步骤:

1）用车轮挡块挡住车轮,并进行驻车制动。
2）挂"P"档并确认"P"档指示灯亮。
3）关闭点火开关并确认"READY"或"OK"指示灯熄灭。
4）断开12V低压蓄电池。
5）根据车型拆卸维修开关或者HV蓄电池熔丝或互锁开关。

此外,救援时若高压电缆被撞断,车辆的控制系统通常会切断高压电,因为控制系统的绝缘监测功能会不断地监测高压电缆到金属底盘是否漏电。如果撞车时气囊展开,高压电源也会自动切断,即使气囊不展开,车辆安装的减速传感器若超过其限位,也会切断高压电。

执行断电操作后，根据交通法规的规定处理交通事故。

2. 火灾

新能源汽车着火后，在报 119 火警的同时必须先切断电源，再进行扑灭。如果不能迅速断电，可使用灭火器灭火。使用时必须保持足够的安全距离，对 10kV 及以下的设备距离不应小于 40cm。

在扑救未切断电源的电气火灾时，则推荐使用以下几种灭火器：

1）水基灭火器：水基灭火器适用于扑救固体或非水溶性液体的初起火灾。对于电气火灾，水基型灭火器对电绝缘性能最高可达到 36kV，可扑灭各种电器火灾。

2）二氧化碳灭火器：适合扑救电气设备发生的火灾，二氧化碳没有腐蚀作用，不损坏设备。

3）干粉灭火器：目前大部分车辆配置的车载灭火器。适用扑救电气火灾，灭火速度快。

注意绝对不能用酸碱或泡沫灭火器，因其灭火药液有导电性，手持灭火器的人员可能会触电，而且酸碱药液会强烈腐蚀电器设备，事后不易清除。

如果发生大面积动力电池引发的火灾时，应持续浇大量的水进行灭火。如果火势很大，应立即疏散人员并尽快远离车辆！

3. 动力电池电解液泄漏

当面对有可能是动力电池溢出电解液时，及早穿好合适的防护装置，并采用红色石蕊试纸检查溢出液，如果试纸变为蓝色（图 2-2-28），溢出的液体需要使用硼酸液进行中和。中和完成后，使用试纸再去检查溢出液，确认试纸颜色不改变。中和完毕后，用充足的吸水毛巾或布，吸收事故中溢出的电解液。

图 2-2-28 石蕊试纸检查电解液泄漏

警告：
如果电解液与皮肤接触时，应使用大量的水冲洗！
避免吸入有毒的气体！如果吸入，请尽快就医！救护电话 120。

4. 牵引车辆

电动汽车的驱动系统连接三相交流电机，在牵引车辆时，如果车辆前轮（驱动轮）转动将产生电能。因此对于电动汽车的牵引，必须严格遵守制造厂商的要求，否则可能损坏驱动电机或变速单元。

无论是纯电动汽车还是混合动力汽车，正确的牵引方法是，将车辆平放在牵引车（平板拖车）上，然后牵引车辆到指定的位置，如图 2-2-29 所示。

	前置前驱车辆	前置后驱车辆	四轮驱动车辆
拖车（前轮着地）	×	〇	×
拖车（后轮着地）	〇	×	×
拖车（四轮着地）	×	×	×

(续)

	前置前驱车辆	前置后驱车辆	四轮驱动车辆
拖车（四轮抬起）	○	○	○
平板拖车	○	○	○

○：可拖拽车辆；×：不可拖拽车辆。

图 2-2-29　正确的牵引方式

5. 跨接起动

无论是纯电动汽车还是混合动力汽车，其全车控制模块的供电都是通过 12V 蓄电池来完成的。也就是说，在新能源汽车中，除了高压动力电池外，所有的车辆还会配置有 12V 低压蓄电池。由于 12V 蓄电池用来给所有控制模块供电，若没有该电源，控制模块不能工作，车辆也没法行驶。如果纯电动汽车或混合动力汽车因为 12V 电源原因不能起动，则可以利用外接 12V 电源跨接起动，以丰田普锐斯为例，具体的操作方法如下。

（1）直接跨接 12V 蓄电池正负极

图 2-2-30 是丰田混合动力汽车（普锐斯）位于行李舱的 12V 蓄电池，可以和传统车辆一样跨接起动车辆。

图 2-2-30　丰田普锐斯的 12V 低压蓄电池

（2）跨接起动端子起动

如图 2-2-31 所示，普锐斯发动机罩下面的 12V 跨接起动端子有一个"+"标志红色塑料盖，打开盖子可以找到用于跨接的端子。

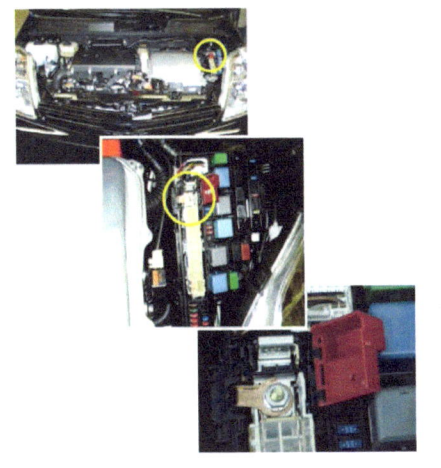
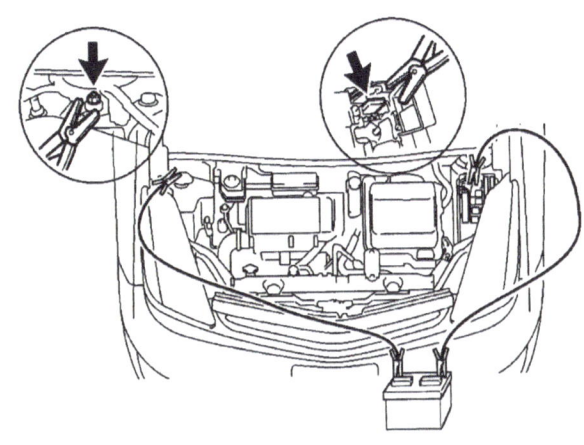

图 2-2-31　丰田普锐斯 12V 跨接起动端子

警告：高压的动力电池组无法跨接起动！

自我测试

1. 判断题

（1）未经高压安全培训并取得特种作业操作证（高压电工证）的维修技师，不允许对高压部件进行拆装、维修等操作。　　　　　　　　　　（　　）

（2）新能源汽车维修操作人的技术技能等级应高于监护人。　　（　　）

（3）绝缘测试只能在不通电的电路上进行。　　　　　　　　　（　　）

（4）拆卸高压部件的互锁开关不能切断高压电路。　　　　　　（　　）

（5）对于电动汽车，如果低压 12V 蓄电池亏电可以跨接起动，但绝对禁止利用跨接高压动力电池起动。　　　　　　　　　　　　　　　　　（　　）

2. 单选题

（1）新能源汽车高压维修专用车间配备的举升机应该是（　　）。

　　A. 四柱举升机　　　　B. 液压双柱举升机　　C. 双柱龙门举升机　　D. 剪式举升机

（2）新能源汽车检测仪表应满足的电工工作等级是（　　）。

　　A. CAT Ⅰ　　　　　　B. CAT Ⅱ　　　　　　C. CAT Ⅲ　　　　　　D. CAT Ⅳ

（3）检测逆变器与电机之间的交变电流，必须使用的仪表是（　　）。

　　A. 万用表　　　　　　B. 绝缘测试仪　　　　C. 示波器　　　　　　D. 钳型电流表

（4）在执行高压中止以后，每个端子对车身的电压，以及端子正负极之间至少应该小于（　　）。

　　A. 动力电池的额定电压　B. 100V　　　　　　C. 12V　　　　　　　D. 3V

（5）对于前置前驱的电动汽车，正确牵引方法是（　　）

　　A. 后轮落地拖车　　　B. 四轮抬起拖车　　　C. 平板拖车　　　　　D. 以上都正确

项目三 动力电池与管理系统检修

项目描述

动力电池是纯电动汽车和油电混合动力汽车的核心部件,是车辆性能和价值的体现。本项目主要介绍动力电池与管理系统的结构原理与检修,包含以下2个任务:

任务一　动力电池结构原理与检修。
任务二　动力电池管理系统结构原理与检修。

通过以上2个任务的学习,你能够学习动力电池及管理系统的类型、工作原理和结构组成,以及检测与维修方法。

任务一　动力电池结构原理与检修

学习目标

知识目标

1. 能够描述动力电池的作用、安装位置、使用及安全要求。
2. 能够描述动力电池的类型及特点。
3. 能够描述动力电池的参数及检测方法。
4. 能够描述动力电池的结构组成。

技能目标

1. 能够进行动力电池总成的更换。
2. 能够进行动力电池的分解、检测和组装。

任务导入

一辆纯电动汽车的动力电池发生故障,你的主管让你拆卸动力电池总成,并进行分解检测,你能完成这个任务吗?

获取信息

❓ 引导问题一　什么是动力电池?

1. 电池与动力电池

将化学能转换成电能的装置叫化学电池，简称为电池。电池放电后，能够用充电的方式使内部活性物质再生把电能储存为化学能；需要放电时再次把化学能转换为电能，这类电池称为蓄电池。

认识动力电池

动力电池也称动力蓄电池、高压动力电池组、高压电池包、HV 蓄电池等，用于存储电能，能够实现电池的循环充放电，作为电动汽车（包括纯电动和混合动力汽车等）动力使用。

动力电池在新能源汽车上安装的位置有环境要求、安全要求以及便于拆装等要求。拆卸下来的动力电池尽可能放在清洁、阴凉、通风、干燥的地方并避免受到阳光直射，远离热源。动力电池还应当水平安装放置，不可倾斜。动力电池组之间应有冷却装置，以避免动力电池在使用过程中产生过高的热量而影响其性能或造成损坏，严重者可导致爆炸。

由于纯电动汽车需要有更大存储容量的电池，而按照目前的电池制造技术，体积也会相应地增大，因此目前大多数的纯电动汽车动力电池安装在车辆底部的前、后桥及两侧纵梁之间，这些位置有较高碰撞安全性，可以降低车辆重心，车辆操控性更好，没有过多的占用乘客舱的容积。图 3-1-1 是纯电动汽车动力电池安装位置。

混合动力电动汽车的动力电池个体较小，可安装在行李舱和后排座椅的下方或之间，如图 3-1-2 所示是丰田混合动力汽车动力电池安装位置。

图 3-1-1　纯电动汽车动力电池安装位置

图 3-1-2　丰田混合动力汽车动力电池安装位置

2. 动力电池的作用

动力电池的作用是接收和储存来自外部充电装置（充电桩）、发电机、制动能量回收装置提供的电能，并且为驱动电机和其他高压用电设备提供电能，如图 3-1-3～图 3-1-5 所示。

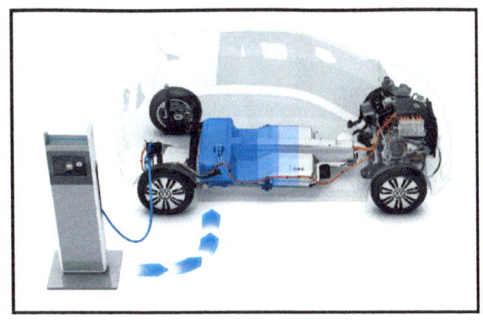

图 3-1-3　外部充电装置为动力电池充电

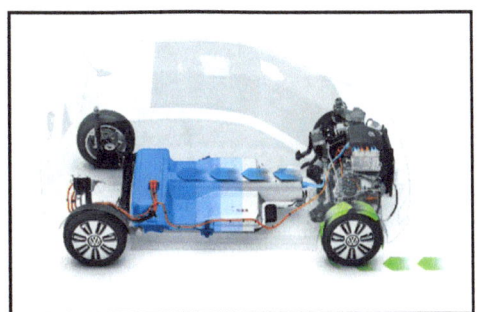

图 3-1-4　制动能量回收为动力电池充电

3. 动力电池的使用要求

动力电池是纯电动汽车的核心部件，也是价格最高的部件，在纯电动汽车中的成本约占到30%~50%以上。动力电池一旦失效，车辆就会处于瘫痪状态。

动力电池属于高压安全部件，内部结构复杂，工作时需要很苛刻的条件，任何异常因素都将导致动力被切断，因此必须经过严格培训的技师才能对动力电池进行检测、维修等作业。

图 3-1-5　动力电池向电机等用电设备供电

动力电池需要在新车期间执行相应的维护操作，包括对电池的适度放电和充电，初期使用时应注意以下内容。

（1）正确掌握充电时间

如果电量表指示应充电，就尽快充电，否则电池过度放电会严重缩短其寿命。过度充电、过度放电和充电不足都会缩短电池寿命。

（2）定期充电

建议每天都充电，这样使电池处于浅循环状态，电池的寿命会延长。

4. 动力电池的安全要求

（1）安全性测试

动力电池在推向市场前，生产厂家必须对动力电池进行严格的安全性测试。在动力电池发生短路、过充电、挤压、针刺、跌落、热冲击等意外后，应保持安全，即不变形、不漏液、不破裂、不爆炸、不燃烧。

（2）碰撞安全

在车辆发生如图 3-1-6 所示的碰撞（正碰、侧碰）后，动力电池没有发生短路、漏电、漏液现象，且能够继续正常使用，电池能够保证自身的安全性。

正面碰撞

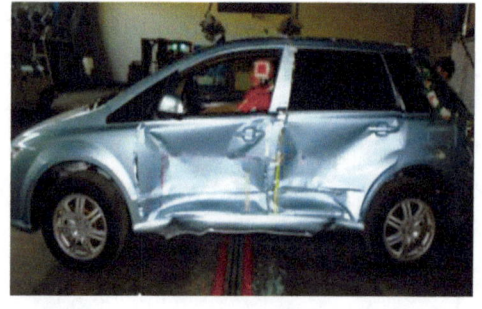
侧面碰撞

图 3-1-6　车辆碰撞事故

（3）运输与储存

如图 3-1-7 所示，必须将动力电池及其组件存放在装有火灾探测器及自动灭火装置的空间内，确保即使不在工作时间内也能识别出失火情况。不允许将动力电池直接放在地面上，只能放在专用的架子上或绝缘垫上。对于拆下的电池模块，应存放在可上锁的安全柜内。

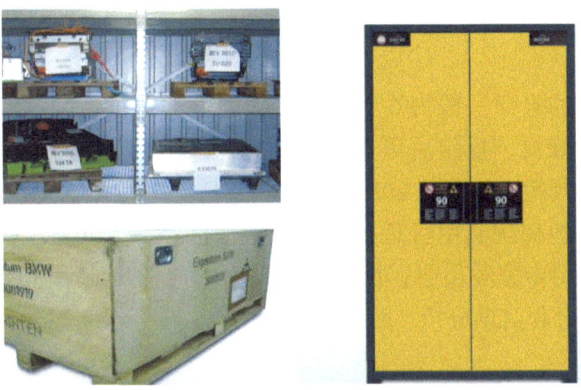

图 3-1-7　动力电池及模块的存放

动力电池运输和存储的条件包括时间、温度、湿度等，见表 3-1-1。

表 3-1-1　动力电池运输和储存的条件

运输	最多连续 24h 保持 -40℃
	最多连续 48h 保持 60℃
存储	最低温度：-40℃
	最高温度：60℃
	存储时间：3 年（常温下，3 年后需补充电）
	湿度：最大 85% 的相对湿度
生产后供应长期存储	最低温度：10℃
	最高温度：40℃
	存储时间：10 年
	湿度：最大 85% 的相对湿度

（4）损坏判断与处理

动力电池出现以下情况时就会视为已经损坏：

- 动力电池单元带有可见烧焦痕迹；
- 动力电池单元具体部位可见高温形成迹象；
- 动力电池单元冒烟；
- 动力电池单元外部面板变形或破裂。

必须将损坏的动力电池临时存放在户外带有特殊标记的容器内（图 3-1-8）至少 48 h，才允许进行最终

图 3-1-8　损坏的动力电池存放容器

废弃处理。存放位置必须与建筑物、车辆或其他易燃材料例如垃圾容器至少距 5 m。

如果动力电池外部已经严重损坏，必须放在耐酸碱且防漏的凹槽内，以免溢出的电解液流入土壤。

（5）回收利用

新能源汽车动力电池的寿命一般为 6 至 8 年。动力电池退役后，一般仍有 70~80% 的剩余容量，经检测、分类、修复、重组后可进行梯次利用。有关部门于 2020 年以后开始出台各种新政策，以促进行业规范化发展。2021 年 8 月 19 日，工业和信息化部等五个部门发布了《新能源汽车动力蓄电池梯次利用管理办法》（工信部联节〔2021〕114 号），成立了新能源汽车动力电池梯次利用专家委员会，负责协调动力电池梯次使用管理过程中的重大技术问题，并支持政策研究和行业信息分析。

引导问题二　动力电池有哪些类型？

1. 电能的储能方式

电能储能方式有物理储能和化学储能两种。

物理储能方式常见的有超级电容储能和飞轮电池储能两种，如图 3-1-9 和图 3-1-10 所示。

图 3-1-9　超级电容储能器

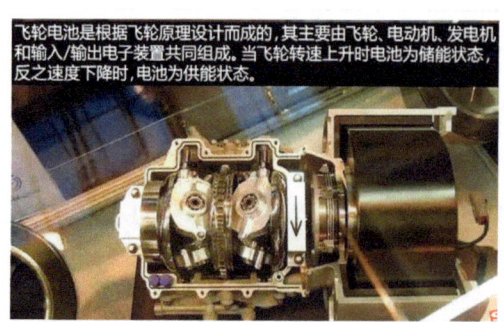

图 3-1-10　飞轮电池

化学储能指可充电的化学电池和不能充电的燃料电池，如图 3-1-11~ 图 3-1-16 所示，主要包括铅酸蓄电池（含应用于自动起停系统的 AGM 蓄电池，采用玻璃纤维隔板，寿命长）、镍镉电池、镍氢电池、锂电池、燃料电池等。早期电动汽车上应用最广泛的电源是铅酸蓄电池，但随着电动汽车技术的发展，铅酸蓄电池由于比能量较低，充电速度较慢，寿命较短，已逐渐被其他类型的蓄电池所取代，而且采用铅酸蓄电池的低速电动汽车也不在新能源汽车之列。镍镉电池主要应用到电动工具或电动叉车上，没有实际应用到电动汽车上。目前应用在纯电动汽车上的动力电池主要是镍氢电池、锂电池和燃料电池。

图 3-1-11 铅酸蓄电池

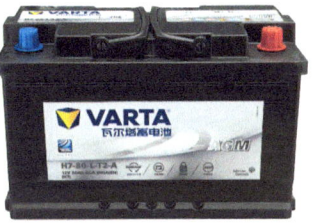
图 3-1-12 AGM 蓄电池

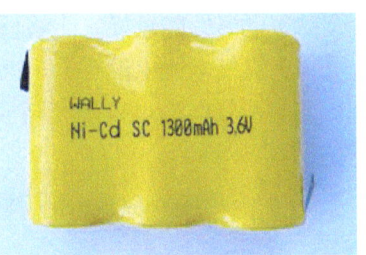
图 3-1-13 普通的镍镉电池

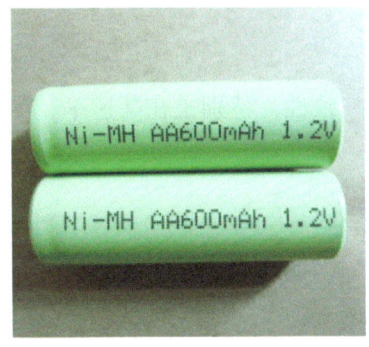
图 3-1-14 普通的镍氢电池

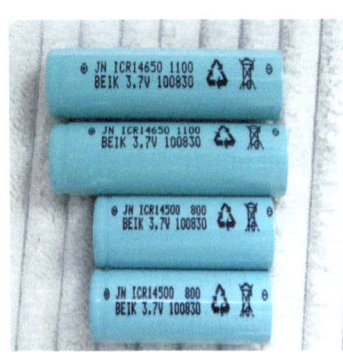
图 3-1-15 普通的锂电池

图 3-1-16 燃料电池

2. 镍氢电池

镍氢电池（Nickel-Metal Hydride Battery）是正极活性物质主要由镍制成、负极活性物质主要由贮氢合金制成的一种碱性电池。

镍氢电池单体额定电压 1.2 V，比能量约 80 Wh/kg。

由于镍氢电池安全可靠，早期部分纯电动汽车和现在的大多数混合动力汽车采用了镍氢电池。常见的有方形和圆柱形的混合动力车用镍氢电池。

图 3-1-17 是丰田混合动力汽车方形的镍氢电池单元，图 3-1-18 是本田思域圆柱形的镍氢电池单元。

图 3-1-17 方形的镍氢电池单元

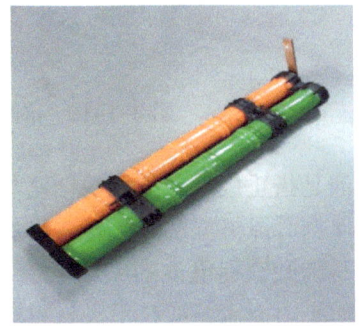
图 3-1-18 圆柱形的镍氢电池单元

（1）镍氢电池的优点

1）应急补充充电性能好，充电18min可恢复40%～80%的容量；过充电和过放电性能好。

2）在80%的放电深度下，循环寿命可达到1000次以上，是铅酸蓄电池的3倍，最多可达到6000次。

3）低温性能较好，能够长时间存放。可以在环境温度-28～80℃条件下正常工作。

4）镍氢电池中没有铅（Pb）和镉（Cd）等重金属元素，不会对环境造成污染。

5）镍氢电池可以随充随放，不会出现镍镉电池在没有放完电后即充电而产生的"记忆效应"。

（2）镍氢电池的缺点

1）在高温条件下使用时电荷量急剧下降。

2）自放电损耗较大。

3）镍氢电池的成本很高，价格较贵。

4）镍氢电池的比功率和放电能力不及镍镉电池。

5）镍氢电池在使用时还应充分注意各个单体电池之间的一致性，特别是在高速率、深放电情况下，各个单体电池之间的容量和电压差较明显。

3. 锂电池

锂电池（Lithium Battery）是指正极材料含锂（金属锂、锂合金和锂离子、锂聚合物），负极材料采用石墨，使用非水电解质溶液的电池。

纯电动汽车动力电池主要采用锂电池，包括磷酸铁锂电池（$LiFePO_4$）、钴酸锂电池（$LiCoO_2$）、锰酸锂电池（$LiMn_2O_4$）以及三元锂电池[$Li(NiCoMn)O_2$]。图3-1-19是磷酸铁锂电池组及电池单元。

图 3-1-19　磷酸铁锂电池组及电池单元

三元锂电池是指正极材料使用镍钴锰酸锂[$Li(NiCoMn)O_2$]三元复合正极材料的锂电池，镍钴锰的比例可以根据实际需要调整。三元锂电池的特点是能量密度大（能量密度达到240W·h/kg，是磷酸铁锂电池的1.7倍），同样重量的电池组电池容量更大。但其缺点在于稳定性较差，如果内部短路或是正极材料遇水，都会有明火产生。在极端碰撞事故中，存在起火隐患。

如图 3-1-20 所示，特斯拉采用的 18650 三元锂电池，18650 即指电池的直径为 18mm，长度为 65mm，圆柱体型的电池。

图 3-1-20　特斯拉采用的 18650 三元锂电池

（1）锂电池的优点

以最常见的磷酸铁锂为例，锂电池的优点如下：

1）单体电池工作电压高达 3.7V，电压是镍氢电池的 3 倍，是铅酸蓄电池的近 2 倍。
2）质量轻，比能量大，高达 150W·h/kg，是镍氢电池的 2 倍，是铅酸蓄电池的 4 倍。
3）循环寿命长，循环次数可达 2000 次以上。寿命约为铅酸蓄电池的 2~3 倍。
4）自放电率低，每月不到 5%。
5）允许工作温度范围宽，低温性能好，锂离子电池可在 -20~+55℃之间工作。
6）无记忆效应，所以每次充电前不必像镍镉电池一样需要放电。
7）无污染，锂电池中不存在有毒物质，因此，被称为"绿色电池"。

（2）锂电池的缺点

锂电池的缺点如下：

1）机械损坏可能导致电池短路。
2）电池既不允许过度充电，也不允许过度放电。

4. 燃料电池

燃料电池是一种把氢氧化学能转化成电能的电化学装置。在燃料电池内发生的化学反应与水的电解过程刚好相反。电解是通过施加电流将水分解成其组成成分为氢和氧的过程，在电解时需要消耗能量。如图 3-1-21 所示是燃料电池外形图及化学反应过程图。

燃料电池的类型很多，最合适汽车使用的燃料电池是 PEM 电池，也称为质子交换膜电池。PEM 燃料电池必须用氢作为能源，可以是直接存储在车辆上的氢，或者是由另一种燃料生成的氢。

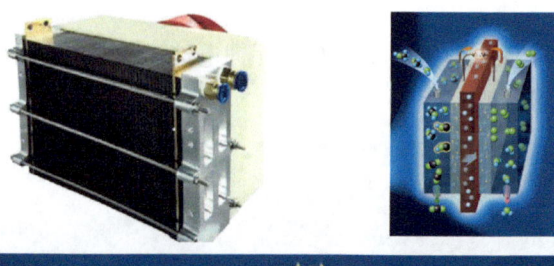

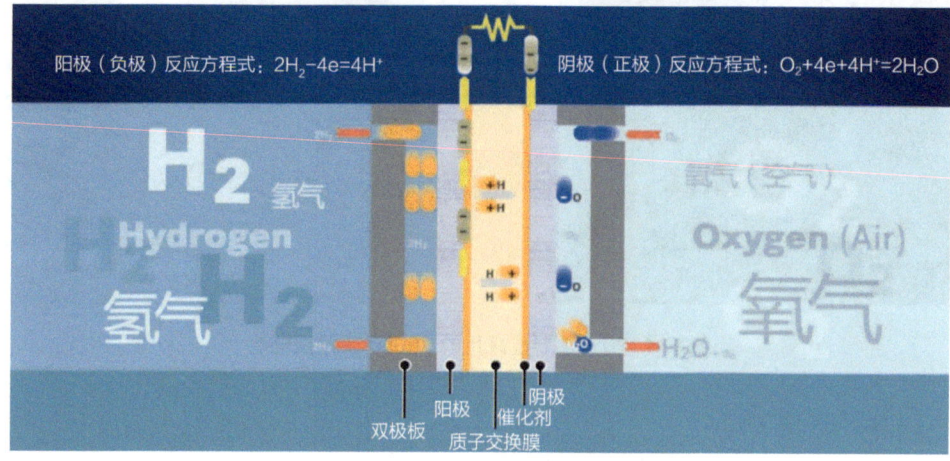

图 3-1-21　燃料电池外形及化学反应过程

引导问题三　动力电池有哪些参数？

新能源汽车及动力电池厂家在车辆的铭牌、技术资料等都会标注动力电池相关的参数。例如比亚迪 e5 动力电池的参数如下：

电池类型：环保型磷酸铁锂电池

单体电池电压：3.2V

动力电池组额定电压：633.6V（3.2V×198 节 = 633.6V）

完全充放电次数：2000 次

动力电池组容量：75 A·h（47.5 kW·h）

工作温度：–20~60℃

储存温度 / 时间 /SOC：

–40~40℃，短期储存（3 个月）20% ≤ SOC ≤ 40%

–20~35℃，长期储存（＜ 1 年）30% ≤ SOC ≤ 40%

重量：≤ 490kg

需要说明的是，不同汽车厂家公布的参数以及同一参数的名称可能有所不同，请参照厂家的技术资料。以下介绍动力电池常用的参数。

1. 电压

电动汽车需要提高输出电压来降低从动力电池到驱动电机之间电能的损耗，并减小传递电能导线的尺寸。

电压在新能源汽车中主要指的是整个动力电池组的电压。这个参数用于衡量电动汽车采用的导线质量以及电池自身容量的大小。

电压的指标有电动势、端电压、开路电压、工作电压、额定电压、放电电压、终止电压和电压效率等。

（1）电动势

电池的电动势，又称电池标准电压或理论电压，为组成电池的两个电极的平衡电位之差。

（2）端电压

电池的端电压是指电池正极与负极之间的电位差。

（3）开路电压

电池的开路电压是无负荷情况下的电池端电压。开路电压不等于电池的电动势。电池的电动势是从热力学函数计算而得到的，而电池的开路电压则是实际测量出来的。

（4）工作电压

电池在某负载下实际的放电电压，通常是指一个电压范围。例如，铅酸蓄电池的工作电压为1.8~2V，镍氢电池的工作电压为1.1~1.5V，锂离子电池的工作电压为2.75~3.6V。

（5）额定电压

额定电压也称"标称电压"，指在规定条件下电池工作的标准电压。例如比亚迪e5纯电动汽车动力电池的额定电压633.6V，比亚迪秦混合动力汽车动力电池额定电压是460.8V。

（6）终止电压

终止电压指放电终止时的电压值，根据放电电流大小、放电时间、负载和使用要求的不同而不同。以铅酸蓄电池为例，电动势为2.1V，额定电压为2V，开路电压接近2.1V，工作电压为1.8~2V，放电终止电压为1.5~1.8V。放电终止电压根据放电率的不同，其终止电压也不同。

（7）充电电压

充电电压指外电源的直流电压对电池充电的电压。一般的充电电压要大于电池的开路电压，通常在一定的范围内。例如，镍镉电池的充电电压为1.45~1.5V，锂离子电池的充电电压为4.1~4.2V，铅酸蓄电池的充电电压为2.25~2.7V。

（8）电压效率

电压效率指电池的工作电压与电池电动势的比值。电池放电时，由于存在内阻等因素，使电池的工作电压小于电动势。

2. 内阻

内阻是指电池在工作时，电流流过电池内部所受到的阻力，电池在短时间内的稳态模型可以看作一个电压源，其内部阻抗等效为电压源的内阻，内阻大小决定了电池的使用效率。

内阻是电池最为重要的特性参数之一，绝大部分老化的电池都是因为内阻过大而造成无法继续使用。通常电池的内阻阻值很小，一般用毫欧来度量。

电池的内阻可以用内阻测试仪测量，如图 3-1-22 所示是两种不同型号的内阻测试仪。

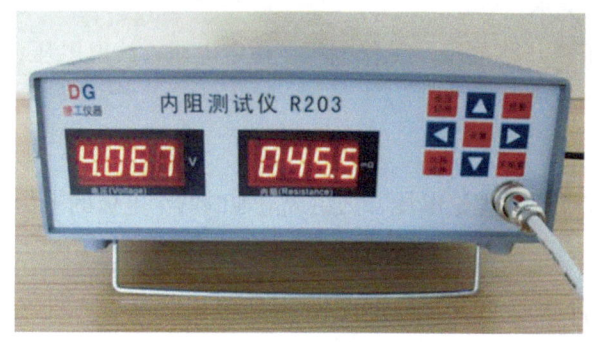

图 3-1-22　测量电池内阻的仪器

3. 容量和比容量

（1）容量

容量指电池在充足电以后，在一定的放电条件下（放电率、温度、终止电压等）所能释放出的电量，表征电池储存能量的能力，其单位为安时（A·h）或毫安时（mA·h）。例如，比亚迪 e5 纯电动汽车动力电池容量为 75A·h，比亚迪秦混合动力汽车动力电池的额定容量为 33 A·h。

（2）比容量

为了比较不同系列的电池，常用比容量的概念。比容量是指单位质量或单位体积的电池所能给出的电量，相应地称为质量比容量或体积比容量。例如磷酸铁锂电池的比容量为 130 mA·h/g。

4. 能量和比能量

（1）能量

能量是指在一定放电条件下，电池所能输出的电能，通常用瓦时（W·h）表示。电池的能量，即储存电量的大小，直接影响电动汽车的续驶里程。

（2）比能量

比能量也称能量密度，分质量比能量和体积比能量。

质量比能量是指单位质量电池所能输出的能量，也称质量能量密度，单位常用 W·h/kg。

体积比能量是指单位体积电池所能输出的能量，也称体积能量密度，单位常用 W·h/L。常用比能量来比较不同的电池系列。

提示：

针对电动汽车整个动力电池组，一般不会参考单个电池容量 "A·h" 这个单位，原因是 "A·h" 很难给我们直观的动力电池 "工作能力" 大小。比如 150 A·h 的动力电池到底能行驶多少千米呢？

一般情况下，我们利用 kW·h（千瓦时）这个单位去衡量动力电池组容量的大小。

kW·h 这个单位也就是我们生活中常说的"度",比如 10 kW·h 就是指 10 度电。我们将这个"度"结合到我们的实际生活中去,1 度电就是 100 W 灯泡点亮 10h 的电量。衡量电动汽车时,如果一辆电动汽车动力电池容量标注了 47.5 kW·h(比亚迪 e5 为例),可以粗略判断它可以给车辆提供约 300km 的续驶里程(纯电动汽车百公里电耗在 13~15kW·h 左右)。

5. 功率和比功率

电池的功率是指电池在一定放电条件下,单位时间内输出的能量,单位为瓦(W)或千瓦(kW)。

单位质量或单位体积电池输出的功率称为比功率,单位为 W/kg 或 W/L。如果一个电池的比功率较大,则表明在单位时间内,单位重量或单位体积中给出的能量较多,即表示此电池能用较大的电流放电。因此,电池的比功率也是评价电池性能优劣的重要指标之一。

对于纯电动汽车,其电能储存装置应具有尽可能高的比能量,以保证汽车的续驶里程。对于混合动力汽车,其电能储存装置则应具有尽可能高的比功率,以保证汽车的动力性。

6. 荷电状态 SOC

荷电状态(state-of-charge,SOC),是指电池放电后剩余容量与全荷电容量的百分比。荷电状态是人们在使用中最关心的、也是最不易获得的参数数据,因为荷电状态是非线性变化的。SOC 测量方法有开路电压法、安时计量法、内阻法、卡尔曼滤波法、模糊逻辑和神经网络法等。

7. 电池寿命

电池的寿命分储存寿命和使用寿命。

储存寿命有"干储存寿命"和"湿储存寿命"两个概念。对于在使用时才加入电解液的电池储存寿命,习惯上也称为干储存寿命。干储存寿命可以很长。而对于出厂前已加入电解液的电池储存寿命,习惯上称为湿储存寿命。湿储存时自放电严重,寿命较短。

使用寿命是指电池实际使用的时间长短。对一次电池而言,电池的寿命是表征给出额定容量的工作时间(与放电倍率大小有关)。对二次电池而言,电池的寿命分充放电循环寿命和湿搁置使用寿命两种。

充放电循环寿命是衡量二次电池性能的一个重要参数。在一定的充放电制度下,电池容量降至某一规定值之前,电池能耐受的充放电次数,称为二次电池的充放电循环寿命。充放电循环寿命越长,电池的性能越好。

二次电池的充放电循环寿命与放电深度、温度、充放电制式等条件有关。减少放电深度(即"浅放电"),二次电池的充放电循环寿命可以大大延长。

电池循环寿命测试方法基本上就是容量测试充放电过程的循环,直到电池实际容量小于额定容量的 80% 终止试验,记录循环次数。

8. 各类型的动力电池参数对比

表 3-1-2 是常见类型动力电池参数对比。由于电池制造技术的发展,相应的参数和性能也不断变化,以厂家提供的实际数据为准。

表 3-1-2　常见类型动力电池参数对比

电池类型	比能量/（W·h/kg）	比功率/（W/kg）	能量效率（%）	循环寿命/次
铅酸蓄电池	35~50	150~400	80	500~1000
镍镉电池	30~50	100~150	75	1000~2000
镍氢电池	60~80	200~400	70	1000~1500
锂电池	100~200	200~350	>90	1500~3000
锂聚合物电池	150~200	300~400	>90	2000~3000

9. 电池的一致性检测

在现有的动力电池技术水平下，电动汽车必须使用多个电池单元构成的电池组来满足使用要求。由于同一类型、同一规格、同一型号电池间在开路电压、内阻、容量等方面的参数值存在差别，即电池性能存在不一致性，使动力电池组在电动汽车上使用时，性能指标往往达不到电池单元原有水平，使用寿命缩短，严重影响其在电动汽车上的应用，有必要对电池组的一致性进行测试与评价。

电池开路电压间接地反映了电池的某些性能，保证电池开路电压的一致，是保证性能一致的一个重要方面。一般采用的方法是将电池静置数十天，测其满电荷电状态下贮存的自放电率以及满电状态下不同贮存期内电池的开路电压，通过观察自放电率和电压是否一致来对电池的一致性进行评价。根据静态电压配组的方法最简单，但准确度较差，仅考虑带负载时电压的情况，未考虑带电荷时间和输出容量等参数，往往需要结合其他方法一起使用。

容量是体现电池性能的一个重要参数。可按标准的容量测试流程计算容量，再根据容量及分布对一致性进行评价。这种方法具有操作简单、设备便宜、厂家易于实施等特点；但工作状态和使用环境不同，都会引起电池电压、容量特性的变化，在指定条件下的容量一致，并不能保证电池在实际充放电过程中保持一致。如图 3-1-23 是电池容量检测分容柜。

图 3-1-23　电池容量检测分容柜

电池的内阻可以快速地测量，因此被广泛用于评价电池的一致性。准确测量内阻数值也有较大的难度，在目前仅能作为定性参考，很难作为定量、精确的依据。

引导问题四　动力电池组由哪些结构组成？

1. 动力电池的结构组成

动力电池是由很多的单个电池单元进行并、串联组成的，这样用于提高整个动力电池组的容量和输出电压。

（1）电池的串联、并联和复联

1）电池的串联：电池串联的目的是增加电池的电压。

2）电池的并联：电池并联的目的是增加电池的容量（电流）。

3）电池的复联：电池复联即同时采用串联和并联的方式，可同时增加电池的电压和容量。

（2）动力电池内部结构的名称

以下名词通常用于描述动力电池的内部结构部件（不同品牌厂家的名称可能有差异）：

1）电池单元：电池单元是构成动力电池的最小单元，也称电芯或单体电池，即常说的一节电池，如图3-1-24所示。

2）电池单元组：电池单元组指一组并联的电池单元组合，该组合额定电压与电池单元的额定电压相等，是电池单元在物理结构和电路上连接起来的最小分组，如图3-1-25所示。

3）电池模块：电池模块也称电池模组，由多个电池单元组或单体电池串联组成的一个组合体，如图3-1-26所示。

图 3-1-24　各种类型的电芯

图 3-1-25　电池单元组

图 3-1-26　电池模块

4）动力电池组：动力电池组即整个动力电池总成。一般情况下（如图3-1-27所示），

单个电池单元并联后形成电池单元组,再由几个电池单元组串联成电池模块,再由几个电池模块串联成动力电池组。如图3-1-28所示的动力电池组就是由8个电池模块进行串联而成的。

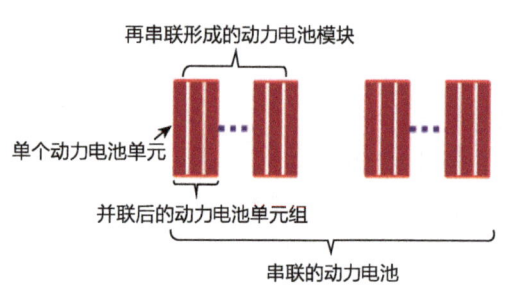

图 3-1-27 动力电池组的构成方式

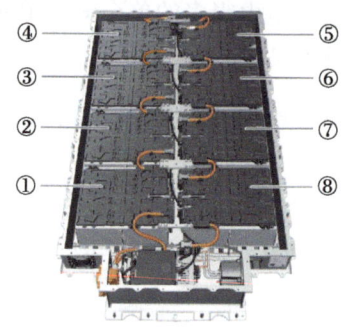

图 3-1-28 由8个电池模块构成的动力电池组

2. 常见车型动力电池结构组成

以下简要介绍常见的纯电动汽车和混合动力汽车动力电池的结构组成。

警告:动力电池的分解和组装必须由生产厂家或专业技术人员完成!

提示:
- 分解动力电池模块或电池监控模块前必须打印元件位置图供参考;
- 工位保持洁净、干燥;
- 工位上没有工具或其他物体;
- 使用独立空间与其他工位隔开或使用隔离带进行空间隔离;
- 附近没有飞溅火花,否则应竖起相应隔板。

拆卸动力电池总成   安装动力电池总成

(1) 上汽荣威纯电动汽车

荣威e50纯电动汽车采用磷酸铁锂电池,额定电压300V,能量18kW·h,容量60A·h,重量230kg,充电时间慢充约6h,快充约30min。

荣威e50动力电池组结构组成如图3-1-29所示,包含5个模块,其中3个大的电池模块(即图中的1,共3个)分别由27个单元组串联起来的,2个小的电池模块(图中的2和7)又分别由6个单元组串联的,共计组成了93个电压3.2V的电池单元组(每个由3个单体电池并联)串联,实现约300V的输出电压。

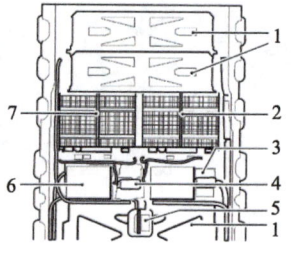

1—大电池模块(3个)
2、7—小电池模块
3—电池管理控制器与电池采集和均衡模块
4—电池检测模块
5—手动维修开关
6—电池高压电力分配单元与电池采集和均衡模块

图 3-1-29 荣威e50动力电池的结构组成

（2）北汽新能源纯电动汽车

北汽新能源纯电动汽车采用磷酸铁锂电池的单体电池额定电压3.2V，工作电压范围为2.7~3.7V；三元材料电池的单体电池额定电压3.6V，工作电压范围为3.1~4.1V。整个动力电池组（北京普莱德公司产品为例）的额定电压320V，能量25.6kW·h，重量295kg。

如图3-1-30所示，北汽新能源EV200的动力电池组主要由电池箱（电池壳体）、电池模组（模块）、电池管理系统、辅助元器件等组成。

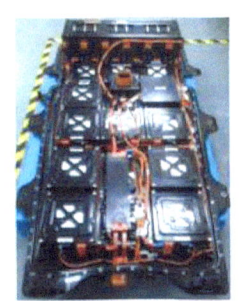
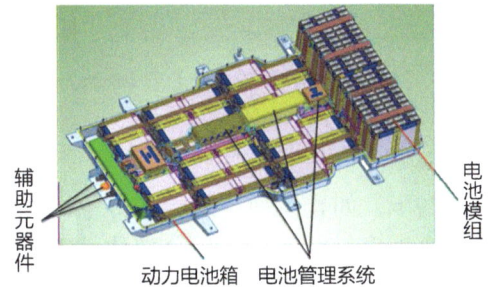

图3-1-30　北汽新能源EV200动力电池组外形和结构组成示意图

（3）比亚迪纯电动汽车

1）比亚迪e6：比亚迪e6纯电动汽车采用磷酸铁锂电池，单体电池额定电压是3.3V，终止充电电压是3.6V，终止放电压是2.0V。动力电池组由11个电池模组，共96个电池单元串联后，可以形成约316.8V左右的总电压。

如图3-1-31所示，11个电池模组从A1-E分别标记为A1、A2、B1、B2、C1、C2、D1、D2、D3、D4和E。

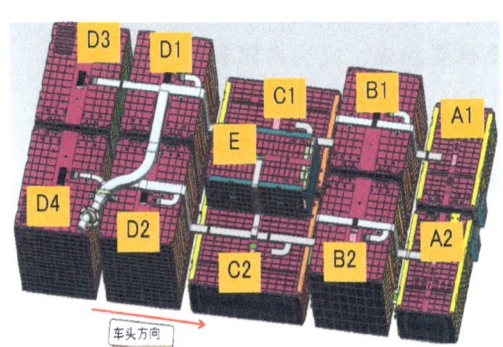

图3-1-31　比亚迪e6动力电池的结构组成

A1、A2、E：每个电池模组有4个电池单元串联；
B1、B2——每个电池模组有10个电池单元串联；
C1、C2——每个电池模组有8个电池单元串联；
D1、D2、D3、D4——每个电池模组有12个电池单元串联。

2）比亚迪e5：比亚迪e5纯电动汽车采用磷酸铁锂电池，单体电池额定电压3.3V，由198个电池单元串联成额定电压653.4V的电池组，总容量65A·h，总能量42.47kW·h。如图3-1-32所示。

图 3-1-32 比亚迪 e5 动力电池的结构组成

（4）丰田混合动力汽车

丰田混合动力汽车，如普锐斯、凯美瑞等车型采用的动力电池为镍氢电池，丰田公司称"HV蓄电池"，通常装在后排座椅后靠行李舱的位置，由电池壳体、电池模块、电池管理系统、接线盒总成、接触器等组成，如图3-1-33所示。

HV蓄电池的分解图如图 3-1-34 所示。

1）HV蓄电池内部结构组成：如图 3-1-35 所示，HV蓄电池构成及说明如下。

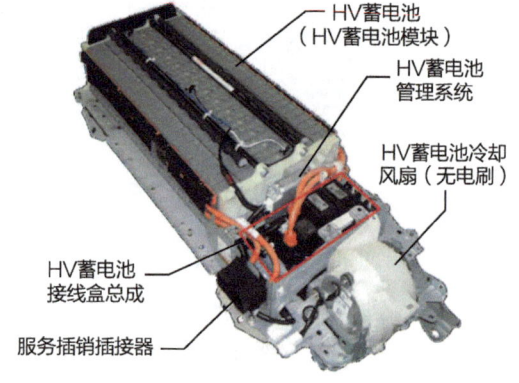

图 3-1-33 丰田混合动力汽车 HV 蓄电池的结构组成

- 有 34 个电池模块
- 每个电池模块均由 6 个电池单元组成
- 每个电池单元在 2 个位置相连，减少内阻和提高效率
- 单体电池额定电压 1.2 V
- 总额定电压 244.8V
- 能量密度约 80 W·h/kg

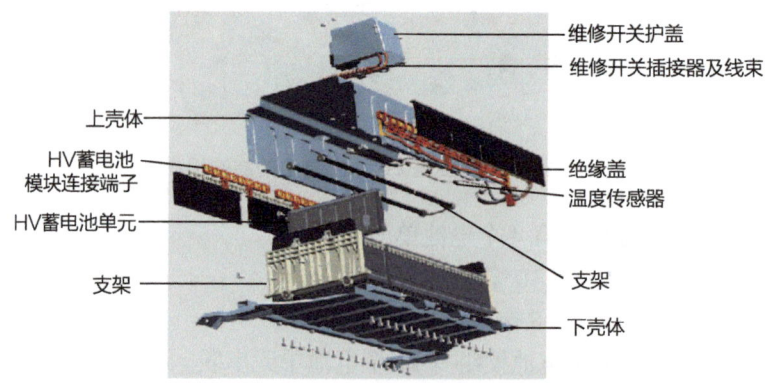

图 3-1-34 丰田混合动力汽车 HV 蓄电池的分解图

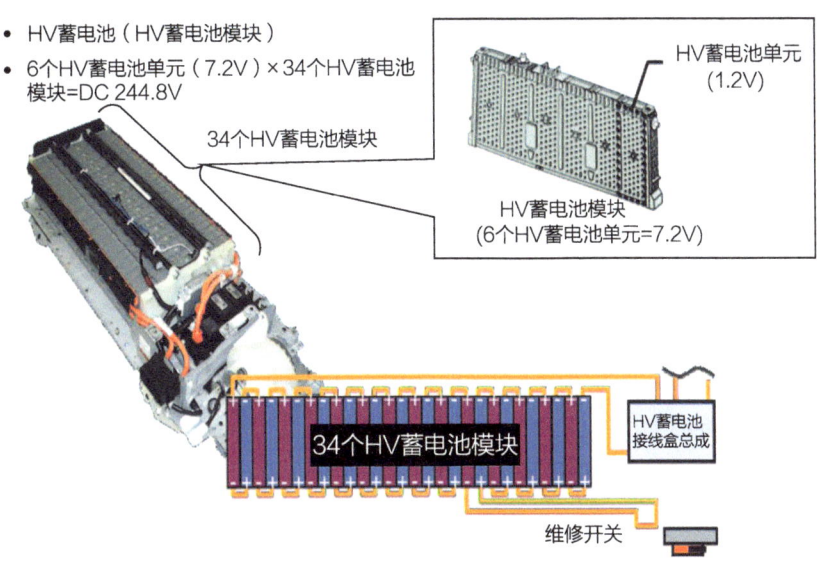

图 3-1-35　丰田混合动力汽车 HV 蓄电池的内部结构组成

2）电池温度传感器：如图 3-1-36 所示，电池温度传感器安装在 HV 蓄电池上部 3 个部位，检测电池的温度。

3）电池电流传感器：如图 3-1-37 所示，电池电流传感器检测电池的电流强度。

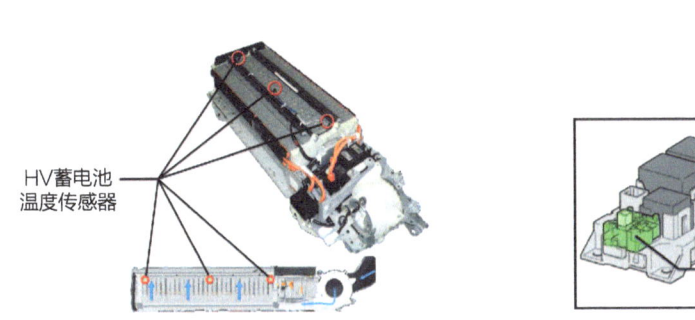
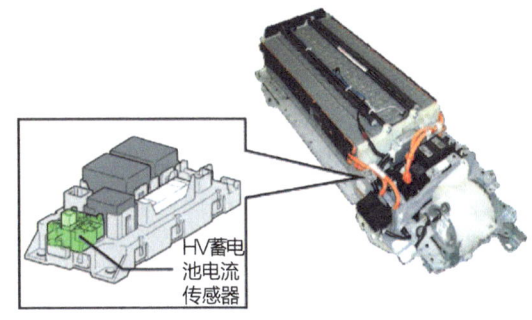

图 3-1-36　丰田混合动力汽车 HV 蓄电池的温度传感器　　图 3-1-37　丰田混合动力汽车 HV 蓄电池的电流传感器

4）高压接触器和预充电阻：如图 3-1-38 所示，电池高压接触器（SMR）由正极接触器 B、

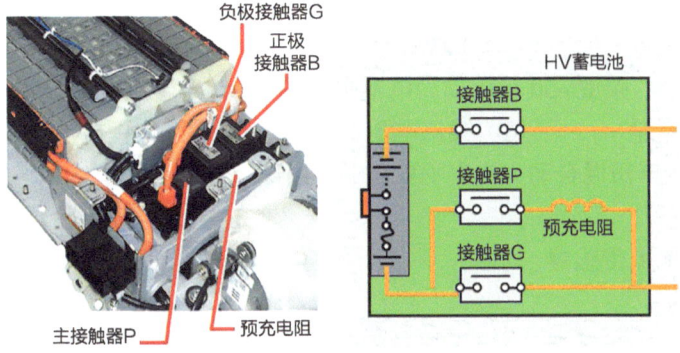

图 3-1-38　丰田混合动力汽车 HV 蓄电池的高压接触器和预充电阻

负极接触器 G 和主接触器 P 组成，连接和断开 HV 蓄电池和高压线束；预充电阻（也称电抗器）用于避免接触器闭合瞬间的强大电流损坏电子元件。

5）维修开关：如图 3-1-39 所示，丰田混合动力汽车的维修开关也称为服务插销或维修塞，串联在电池模块之间，用于手动关闭高压电路。

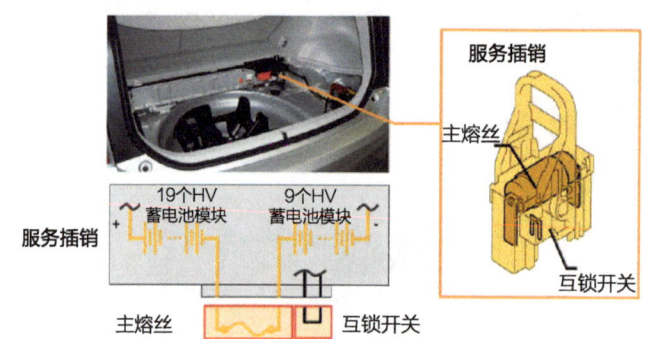

图 3-1-39　丰田混合动力汽车 HV 蓄电池的维修开关（服务插销）

自我测试

1. 判断题

（1）动力电池在汽车上安装的位置有环境要求、安全要求以及便于拆装等要求。　　　　　　　　　　　　　　　　　　　　（　　）
（2）绝大部分老化的电池都是因为内阻过低而造成无法继续使用。（　　）
（3）荷电状态（SOC）是线性变化的。　　　　　　　　　　　（　　）
（4）电池串联的目的是增加电池的电流。　　　　　　　　　　（　　）
（5）动力电池的高压接触器用于接通和断开高压电路。　　　　（　　）

2. 单选题

（1）以下行为会缩短动力电池寿命的是（　　）
　　A. 过度充电　　　B. 过度放电　　　C. 充电不足　　　D. 以上都是
（2）以下不属于新能源汽车动力电池类型的是（　　）
　　A. 镍氢电池　　　B. 铅酸蓄电池　　C. 锂电池　　　　D. 燃料电池
（3）镍氢电池单体额定电压是（　　）。
　　A. 1.2V　　　　 B. 3.2V　　　　　C. 3.7V　　　　　D. 12V
（4）比亚迪 e5、荣威 e50 采用动力电池类型是（　　）。
　　A. 镍氢电池　　　B. 镍铬电池　　　C. 磷酸铁锂电池　D. 三元锂电池
（5）以下属于丰田混合动力汽车 HV 蓄电池内部结构组成的是（　　）。
　　A. 电池模块　　　　　　　　　　　　B. 电池温度传感器
　　C. 电池电流传感器　　　　　　　　　D. 以上都是

任务二　动力电池管理系统结构原理与检修

学习目标

知识目标

1. 能够描述动力电池管理系统的安装位置和功能。
2. 能够描述动力电池管理系统的结构组成。
3. 能够描述动力电池管理系统的控制参数。
4. 能够描述动力电池热管理系统的作用、类型和结构组成。

技能目标

1. 能够认识动力电池管理系统的结构。
2. 能够进行动力电池管理系统的检测。

任务导入

一辆纯电动汽车红色动力电池故障指示灯点亮,你的主管初步判断是电池管理系统方面的问题,要求你利用诊断仪器进行进一步诊断,你能完成这项任务吗?

获取信息

❓ 引导问题一　什么是动力电池管理系统?

动力电池的能量储存与输出都需要控制模块来进行管理,即动力电池能量管理模块,一般称为动力电池管理系统 BMS(图 3-2-1),或动力电池能量管理系统。

图 3-2-1　动力电池管理系统 BMS（控制模块）

1. 动力电池管理系统的安装位置

BMS 位于动力电池组总成内部或附近,如图 3-2-2 是丰田混合动力汽车 HV 蓄电池 BMS(也称 ECU)的安装位置。

如图 3-2-3 所示,通常纯电动或混合动力汽车内的 BMS 控制模块只有一个,但是由于动力电池内部由多个电池组串联而成,因此 BMS 还会在每个电池组上设计一个接口模块,BMS 最后通过管理每个接口模块来实现对整个动力电池组的管理。

2. 动力电池管理系统的控制功能

动力电池管理系统控制功能主要包括:数据采集、电池状态计算、能量管理、安全管理、热管理、均衡控制、通信功能和人机接口等。控制方式如图 3-2-4 所示。

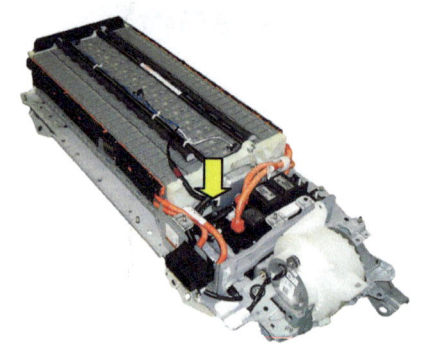

图 3-2-2 丰田混合动力汽车 BMS 的安装位置

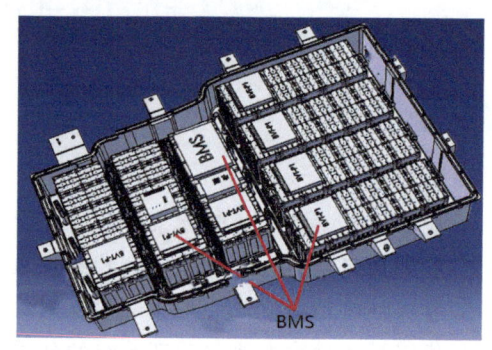

图 3-2-3 动力电池内部的 BMS

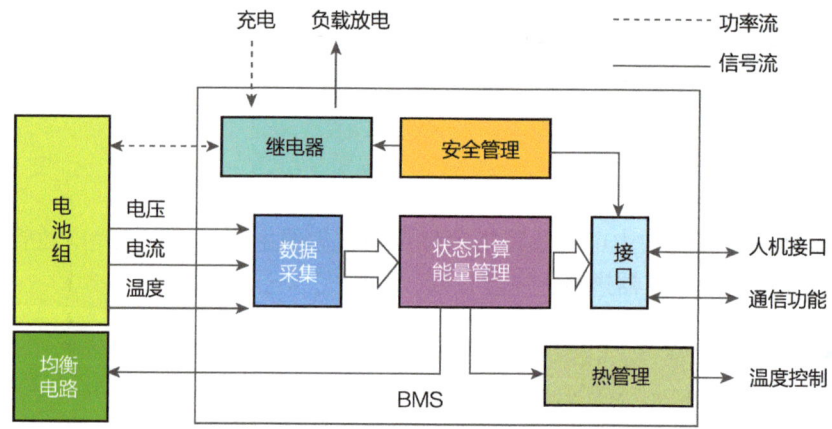

图 3-2-4 动力电池管理系统的控制方式

（1）数据采集

BMS 采集的动力电池数据，包括电压、电流、温度、绝缘性能等重要指标。

（2）电池状态计算

电池状态计算包括电池组荷电状态（State of Charge，SOC）和电池组健康状态（State of Health，SOH）两方面。SOC 用来提示动力电池组剩余电量，是计算和估计电动汽车续驶里程的基础。SOH 用来提示电池技术状态，预计可用寿命等健康状态的参数。

（3）能量管理

能量管理主要包括以电流、电压、温度、SOC 和 SOH 为输入进行充电过程控制，以 SOC、SOH 和温度等参数为条件进行放电功率控制两个部分。

（4）安全管理

安全管理监控电池电压、电流、温度是否超过正常范围，防止电池组过充、过放。在对动力电池组进行整组监控的同时，大部分车型的 BMS 已经发展到对极端单体电池进行过充电、过放电、过热等安全状态管理。

(5) 热管理

热管理指在电池工作温度超高时进行冷却，低于适宜工作温度下限时进行电池加热，使电池处于适宜的工作温度范围内，并在电池工作过程中总保持电池单体间温度均衡。对于大功率放电和高温条件下使用的电池，电池的热管理系统尤为必要。

(6) 均衡控制

由于电池的一致性差异导致电池组的工作状态是由最差单体电池决定的。在电池组各个电池之间设置均衡电路，实施均衡控制是为了使各单体电池充放电的工作情况尽量一致，提高整体电池组的工作性能。

(7) 通信功能

通过 BMS 实现电池参数和信息与车载设备或非车载设备的通信，为充放电控制、整车控制提供数据依据是 BMS 的重要功能之一，根据应用需要，数据交换可采用不同的通信接口，如模拟信号、脉冲（PWM）信号、CAN 总线或串行接口。

(8) 人机接口

根据设计的需要设置显示信息以及车辆控制面板的按键、旋钮等。BMS 的主要工作原理可简单归纳为：数据采集电路采集电池状态信息数据后，由电子控制单元（ECU）进行数据处理和分析，然后 BMS 根据分析结果对系统内的相关功能模块发出控制指令，并向外界传递参数信息。

如图 3-2-5 是丰田混合动力汽车 HV 蓄电池 BMS 控制示意图。

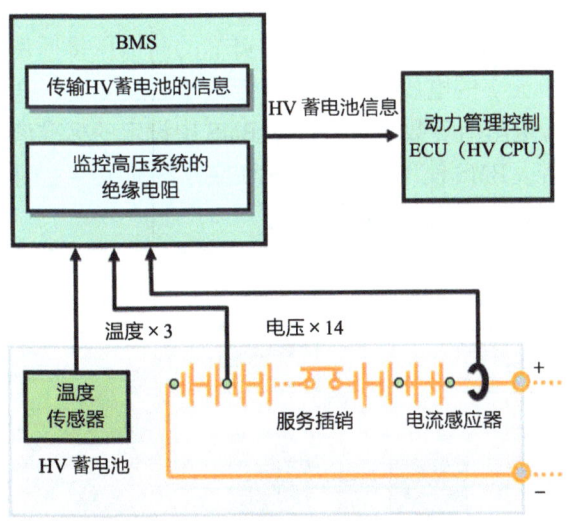

图 3-2-5　丰田混合动力汽车 HV 蓄电池 BMS 控制示意图

图 3-2-6 是丰田混合动力汽车 BMS 监控 HV 蓄电池单元电压的原理图。HV 蓄电池总成中的电池模块是通过母线串联连接。HV 蓄电池管理系统（BMS）在 17 个位置上监控蓄电池单元电压。

提示：图中绿线为监控电池单元电压的信号线，34 个电池单元 2 个一组监控。

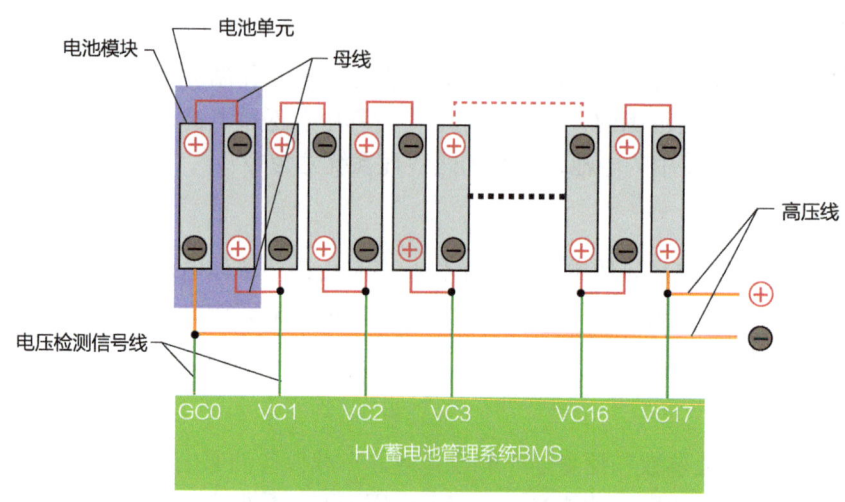

图 3-2-6　丰田 BMS 监控 HV 蓄电池单元电压的原理

❓ 引导问题二　动力电池管理系统由哪些结构组成？

动力电池管理系统 BMS 的结构分为硬件和软件。硬件包括各控制模块，还包括采集电压、电流、温度等数据的电子器件；软件则用于监测动力电池的电压、电流、SOC 值、绝缘电阻值和温度值等参数，通过与整车控制器 VCU、车载充电器的通信，来控制动力电池组的充放电。

如图 3-2-7 是北汽新能源早期的纯电动汽车动力电池管理系统结构组成示意图。BMS 放置在一个密封并且屏蔽的动力电池箱里面，使用可靠的高低压接插件与整车进行连接。BMS 实时采集各电芯（电池单元）的电压值、各温度传感器的温度值、电池系统的总电压值和总电流值，电池系统的绝缘电阻值等数据，并根据 BMS 中设定的标准值判定电池系统工作是否正常，并对故障实时监控。BMS 使用 CAN 与 VCU 或车载充电器之间进行通信，对动力电池组进行充放电等综合管理。

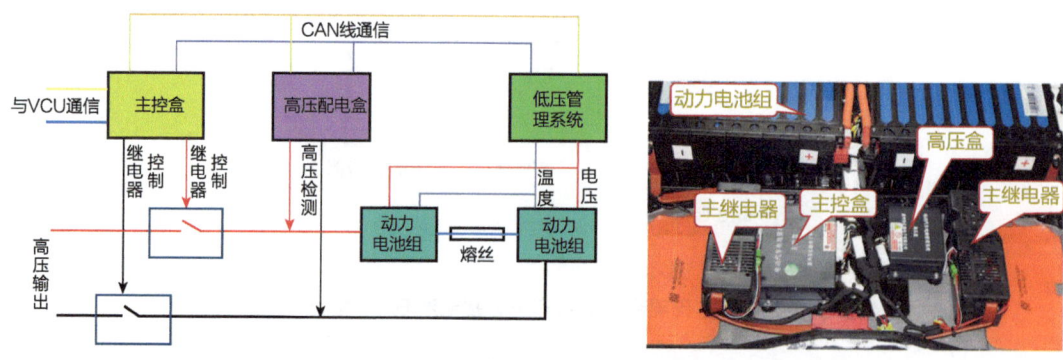

图 3-2-7　北汽新能源动力电池管理系统结构组成示意图

随着电子技术的发展，目前的纯电动汽车和混合动力汽车的动力电池管理系统都已经把主控盒、高压盒和电池低压管理系统集成到一个 BMS 模块内。图 3-2-8 是吉利帝豪 EV450 纯电动汽车的 BMS 模块，位于动力电池内部。

项目三 动力电池与管理系统检修

图 3-2-8 吉利帝豪 EV450 BMS 模块

❓ 引导问题三 动力电池管理系统需要采集哪些控制参数？

以下以北汽新能源纯电动汽车为例，介绍动力电池管理系统采集的主要控制参数，其他车型可以参考。

1. 充电温度与电流

采用车载充电器充电时（慢充），充电温度与充电电流的关系见表 3-2-1。

表 3-2-1 慢充时充电温度与充电电流的关系

温度	小于 0℃（加热）	0~55℃	大于 55℃
可充电电流	0 A	10A	0 A
备注	当单体最高电压高于额定电压 0.4V 时，降低充电电流到 5A，当单体电压高于额定电压 0.5V 时，充电电流为 0A，请求停止充电		

采用非车载充电器充电时（快充），充电温度与充电电流的关系见表 3-2-2。

表 3-2-2 快充时充电温度与充电电流的关系

温度	小于 5℃（加热）	5~15℃	15~45℃	大于 45℃
可充电电流	0 A	20A	50 A	0 A
备注	恒流充电至单体电压高于额定电压 0.3V 以后转为恒压充电方式			

2. 充电加热与保温

对于有加热功能的动力电池，充电加热与保温的要求如下。

（1）充电加热

充电加热温度要求见表 3-2-3。

表 3-2-3 充电加热温度要求

充电状态	车载充电器（慢充）	非车载充电器（快充）
温度	小于 0℃（加热）	小于 5℃（加热）

1)慢充时低于0℃,启动加热模式:闭合加热片,待所有电芯温度高于5℃,停止加热,启动充电程序。如果过程中出现电芯温度差高于20℃,则间歇停止加热,待加热片温度差低于15℃,则重启加热片。

2)加热过程中,正常情况下充电桩电流显示为4~6A。

3)充电过程中充电桩电流显示为12~13A。

4)如果单体压差大于300mV,则停止充电,报充电故障。

5)快充时低于等于5℃,启动加热模式:电芯温度数据与慢充相同;如果充电过程中最低温度低于等于5℃,则停止充电模式,也不重新启动加热模式。

(2)保温策略

1)充电保温只发生在车载充电完成后。

2)充电完成后,电池温度≤5℃时,进入保温模式;若电池温度>5℃,电池进入静置状态。

3)保温策略以保温2h为唯一截止条件。

4)保温过程中:电池温度上升至≥8℃时,电池进入静置状态。

5)保温过程中,如果电池温差超过20℃,电池进入静置状态直至温差低于10℃,再次启动加热。

3. 放电状态具备的条件

动力电池管理系统对动力电池放电的控制,需同时满足以下条件。

(1)动力电池内部条件

1)储电能量>10%(SOC)。

2)电池温度在-20~45℃。

3)单体电芯温度差<25℃。

4)实际单体最低电压不小于额定单体电压0.4V。

5)单体电压差<300mV。

6)绝缘性能>500Ω/V。

7)动力电池内部低压供电、通信正常。

8)动力电池监测系统工作正常(电压、电流、温度、绝缘)。

(2)动力电池外部条件

1)BMS常电供电正常(12V正、负极)。

2)点火开关ON信号正常。

3)VCU唤醒信号正常。

4)CAN线通信正常(新能源CAN线)。

5)高压线束连接正常。

6)高压线束及电气设备绝缘性能>500Ω/V。

7)充电连接确认信号线或充电唤醒信号无短路断路(CC、CP,VCU到车载充电器或充电连接线束正常)。

提示：需要特别注意的是，当动力电池报一级故障时无法放电。

4. 充电状态具备的条件

动力电池管理系统对动力电池充电的控制，需同时满足以下条件。

（1）车载充电器（慢充）

1）BMS 常电供电正常（12V 正、负极）。
2）点火开关 ON 信号正常。
3）充电唤醒信号正常。
4）CAN 线通信正常（新能源 CAN 线）。
5）高压线束连接正常。
6）高压线束及电气设备绝缘性能 > 500Ω/V。
7）动力电池温度高于 0 ℃。
8）动力电池内部无故障。

（2）非车载充电器（快充）

1）BMS 常电供电正常（12V 正、负极）。
2）点火开关 ON 信号正常。
3）充电唤醒信号正常。
4）CAN 线通信正常（新能源 CAN 线）。
5）高压线束连接正常。
6）高压线束及电气设备绝缘性能 > 500Ω/V。
7）动力电池温度高于 5 ℃。
8）动力电池软件版本与充电桩软件版本匹配。
9）动力电池与充电桩通信不超时。
10）动力电池内部无故障。

引导问题四　什么是动力电池热管理系统？

1. 动力电池热管理系统的作用

电动汽车的动力电池、电机、电机控制器等部件在工作中会产生大量的热量，部件的过热会严重影响其工作性能。以镍氢电池为例，由表 3-2-4 可以看出，电池经过放电工况后，电池的最高温度和最低温度与电池平均温度之差在 4.2 ℃左右，电池的最高温度在 35.5℃ 左右。

表 3-2-4　镍氢电池放电前后电池箱电池温度测试对照

工况	最高温度	最低温度	平均温度
放电前	30.2℃	29.2℃	29.7℃
放电后	35.5℃	32.3℃	33.9℃

1）电池组在充放电时会释放一定的热量，故需要对电池组进行冷却。
动力电池作为电动汽车的动力能源，其充电、放电的发热一直阻碍着电动汽车的发展。

动力电池的性能与电池温度密切相关。40~50℃以上的高温会明显加速电池的衰老，更高的温度（如120~150℃以上）则会引发电池热失控。

2）在低温环境下，需要对电池组进行加热处理，以提高运行效率。

动力电池组最佳工作温度约23~24℃，温度并非越低越好，在低温的环境下需要对动力电池组进行加热，保持合适的工作温度。

综上，动力电池组不仅仅需要冷却，还需要加热，需要专门的"热管理系统"对动力电池组冷却或加热控制，保持动力电池组较佳的工作温度，以改善其运行效率并提高电池组的寿命。

需要说明的是，目前国内常见的绝大多数电动汽车的电机及控制器都采用冷却系统，但动力电池的冷却系统除了少数车型（如荣威汽车）以外，很多没有专门的冷却系统，因为：一方面，冷却系统增加了电池组的体积，或会消耗了电池的一部分能量；另一方面，通过对动力电池的材料进行改进，以及利用控制程序进行修正，对电池工作环境要求不高。当然，这是以损耗电池寿命为代价的。

2. 动力电池热管理系统的形式

目前应用在动力电池上热管理系统的冷却方式有水冷和风冷两种。

（1）水冷式的结构和工作原理

采用水冷的动力电池，会设计一套较为复杂的冷却回路。如图3-2-9所示是水冷式动力电池热管理系统结构，主要部件包括散热器、膨胀壶、电动水泵（冷却液泵）、冷却液控制阀、加热器和冷却管路，以及相关的控制模块（VCU、BMS和空调控制模块）等。

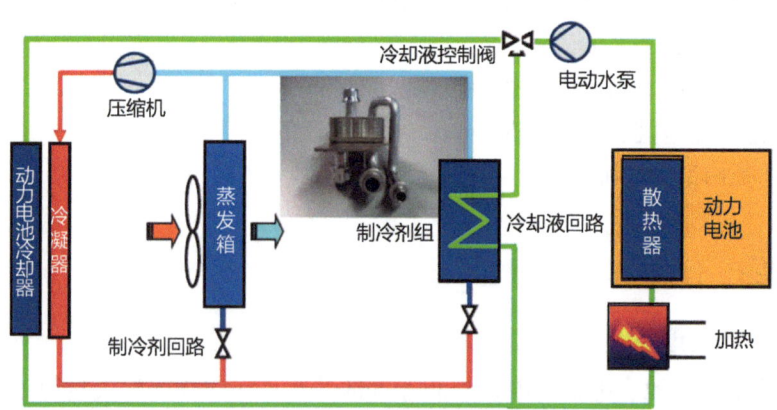

图3-2-9 水冷式动力电池热管理系统结构

当电池组温度过高时，利用空调系统运行先对电池组的冷却液进行降温，再冷却电池组；当电池组温度过低时，通过加热电池组内的冷却液来让电池组升温。需要注意的时，整个电池组的冷却液都是由电动水泵来让电池组内冷却液保持循环的。

水冷动力电池冷却系统优点是：电池平均能量效率高，电池模块结构紧凑，冷却效果好，能集成电池加热组件，解决了在环境温度很低的情况下，加热电池的问题。

缺点是：系统复杂，多了很多部件，如电动水泵、控制阀、冷却液循环管路等，成本增加。以下介绍冷却系统关键部件电动水泵和电子风扇。

电动水泵如图 3-2-10 所示，冷却液循环的动力元件对冷却液加压，促使冷却液在冷却系统中循环，带走系统散发的热量。

电子风扇如图 3-2-11 所示，作用是提高流经散热器、冷凝器的空气流速和流量，以增强散热器的散热能力，并冷却机舱其他附件。

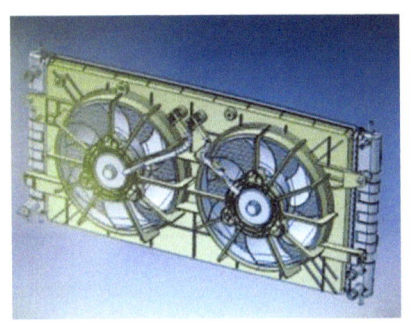

图 3-2-10　电动水泵　　　　图 3-2-11　电子风扇

以下介绍动力电池热管理系统在不同条件下的冷却和加热控制方法。

1）常规冷却控制：如图 3-2-12 所示，冷却液控制阀控制冷却液循环不经过空调系统，对动力电池进行常规冷却。

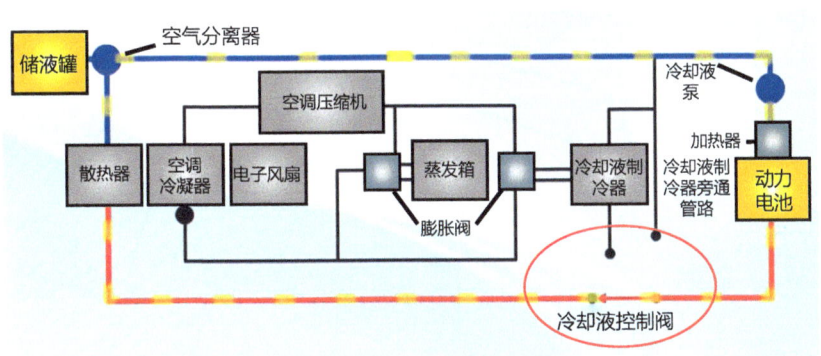

图 3-2-12　动力电池常规冷却

2）增强冷却控制：如图 3-2-13 所示，冷却液控制阀控制冷却液循环经过空调系统，冷却液通过冷却液制冷器对动力电池进行增强冷却。

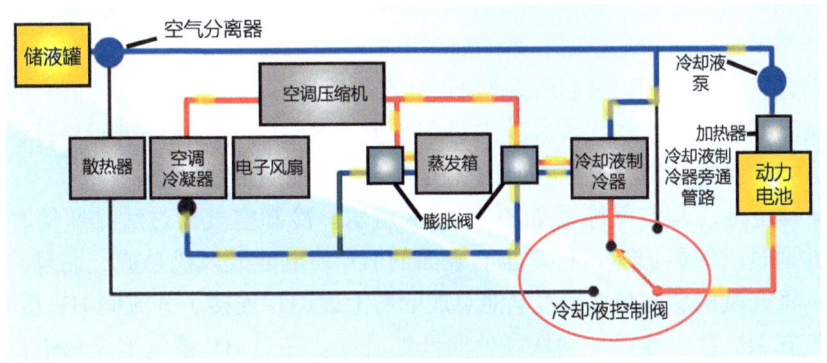

图 3-2-13　动力电池增强冷却

3)加热控制:如图 3-2-14 所示,冷却液控制阀控制冷却液循环经过加热器加热冷却液,对动力电池进行加热。

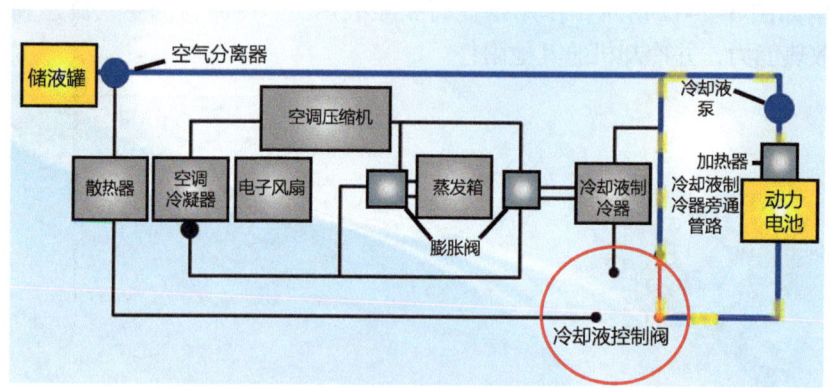

图 3-2-14　动力电池加热

(2) 风冷式的结构和工作原理

以丰田混合动力汽车为例,介绍风冷式动力电池热管理系统。

丰田混合动力汽车 HV 蓄电池热管理系统结构如图 3-2-15 所示。

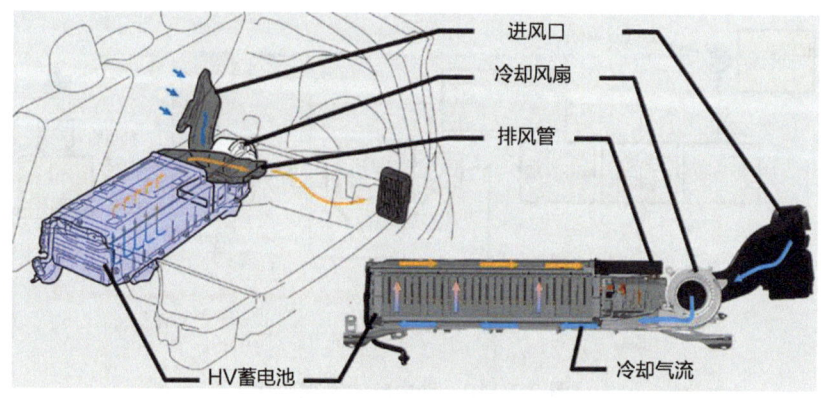

图 3-2-15　丰田混合动力汽车 HV 蓄电池热管理系统结构

1)冷却风扇控制:HV 蓄电池装备有一个冷却风扇和冷却通风导管,BMS 使用温度传感器探测电池温度和空气温度,根据温度信号,BMS 通过 PWM 脉冲信号来调节风扇转速。HV 蓄电池组工作温度超出正常范围时,系统启动电池冷却风扇(图 3-2-16)。

2)冷却气流控制:冷却系统的进风口设计在后排乘客座椅的右侧,如图 3-2-17 所示。在 HV 蓄电池温度较高时,利用乘客舱内空调产生的冷空气对电池组进行冷却;当环境温度较低时,也会利用在低温情况下乘客舱内暖的空气对电池组进行保温。

风冷 HV 蓄电池冷却空气流动如图 3-2-18 所示。冷却空气通过后排座椅右侧的进气口管道流入,并通过进气风道进入行李舱右表面的 HV 蓄电池鼓风机总成,而且,冷却空气流过进气风道(将鼓风机总成与 HV 蓄电池总成的右上表面相连接)并流向 HV 蓄电池总成。

冷却空气在 HV 蓄电池模块间从高处向低处流动。在对 HV 蓄电池模块进行制冷后,它从 HV 蓄电池总成的底部右侧表面排出。

图 3-2-16　HV 蓄电池冷却风扇

图 3-2-17　进风口在后排乘客座椅的右侧

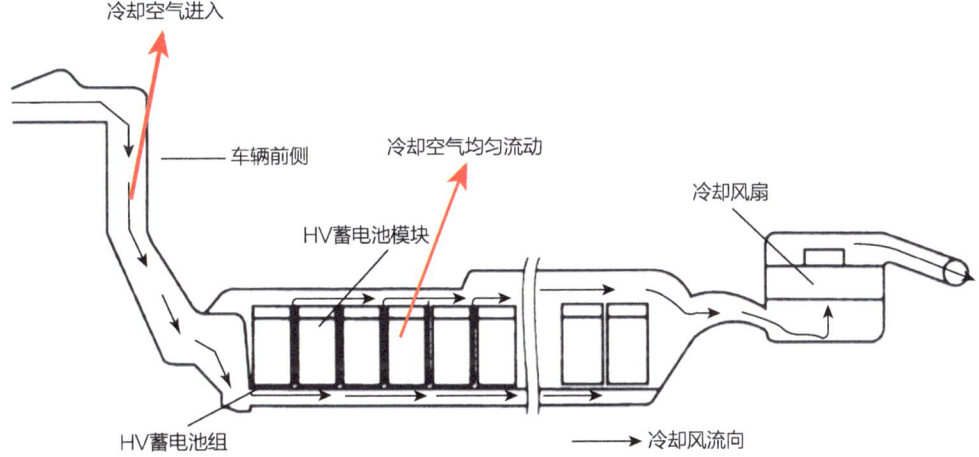

图 3-2-18　风冷系统气流流向

自我测试

1. 判断题

（1）BMS 是动力电池保护和管理的核心部件。（　　）

（2）动力电池组的工作状态是由最好电池单体决定的。（　　）

（3）动力电池充电时，恒压充电至单体电压高于额定电压 0.3V 以后转为恒流充电。（　　）

（4）充电时，如果单体电池电压差大于一定的数值，则停止充电，报充电故障。（　　）

（5）动力电池组仅仅需要冷却，不需要加热。（　　）

2. 单选题

（1）以下属于动力电池管理系统控制功能的是（　　）。
　　　A. 电池状态计算　　　B. 能量管理　　　　C. 安全管理　　　　D. 以上都是

（2）BMS 采集的动力电池数据，包括（　　）等重要指标。
　　　A. 电压、电流　　　　B. 温度　　　　　　C. 绝缘性能　　　　D. 以上都是

（3）北汽新能源纯电动汽车，当单体电压高于额定电压（　　）时，BMS 请求停止充电。
　　　A. 0.3V　　　　　　　B. 0.5V　　　　　　C. 0.8V　　　　　　D. 以上都不对

（4）动力电池热管理系统在不同条件下的冷却和加热控制方法包括（　　）。
　　　A. 常规冷却　　　　　B. 增强冷却　　　　C. 加热控制　　　　D. 以上都是

（5）丰田汽车混合动力汽车 HV 蓄电池冷却系统类型是（　　）
　　　A. 水冷　　　　　　　　　　　　　　　　B. 风冷
　　　C. 水冷和风冷结合　　　　　　　　　　　D. 不需要冷却系统

项目四 驱动电机与控制器检修

项目描述

驱动电机是纯电动汽车的唯一动力源,是混合动力汽车辅助动力源。驱动电机输出转矩驱动汽车行驶;在减速、制动等工况下,驱动电机也可以作为发电机发电,实现制动能量回收。本项目主要介绍驱动电机与控制器的结构原理与检修,包含以下2个任务:

任务一 驱动电机结构原理与检修。
任务二 驱动电机控制器结构原理与检修。

通过以上2个任务的学习,你能够学习驱动电机和控制器的类型、工作原理和结构组成,掌握驱动电机与控制器的检修方法。

任务一 驱动电机结构原理与检修

学习目标

知识目标

1. 能够描述驱动电机及变速驱动单元的作用、类型与结构。
2. 能够描述驱动电机与控制器冷却系统的功能、类型与结构。

技能目标

1. 能够进行驱动电机总成的拆卸与安装。
2. 能够进行电机冷却系统主要部件的拆卸与安装。

任务导入

一辆纯电动汽车的驱动电机发生故障,你的主管让你更换驱动电机总成,你能完成这个任务吗?

获取信息

? 引导问题一 什么是驱动电机?有哪些类型和结构组成?

1. 驱动电机的作用

驱动电机是一种将电能转化成机械能,用来驱动其他装置的电气设备。

驱动电机是新能源汽车驱动系统的核心部件之一。驱动电机为整车提供动力，通过电机的正转来实现整车加速、减速；通过电机的反转来实现倒车。在进行能量回收时，例如在下坡、高速滑行以及制动过程中把动能通过驱动电机转化为电能。

北汽 EV160 电机的认知

一般来说，纯电动汽车和混合动力汽车采用的驱动电机所起的作用都相同，即作为驱动电机使用，也同时作为发电机使用。纯电动汽车的驱动功率唯一的来源是驱动电机，对驱动电机在功率和稳定性上有更高的要求。

如图 4-1-1 所示是北汽能源汽车 EV200 采用的三相永磁同步电机的外观和在车辆上的位置。

驱动电机的功率和转矩关系到汽车的动力性能，输出功率的大小就类似于传统汽车发动机的输出功率。输出功率越大，车辆能够行驶的最高车速越高；输出转矩越大，加速性能越好。驱动电机的参数会在铭牌上标识出来，如图 4-1-2 所示是北汽新能源纯电动汽车的驱动电机铭牌。

图 4-1-1　驱动电机在车辆上的位置

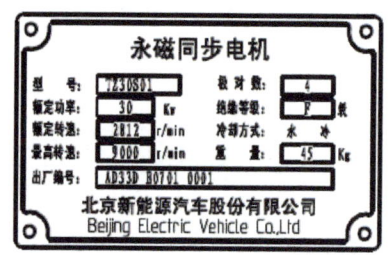
图 4-1-2　驱动电机的铭牌

2. 驱动电机的类型、参数与结构组成

电机的技术已经很成熟了，并且产品种类、形式也越来越丰富。如表 4-1-1 所示，应用在新能源汽车（电动汽车）上的驱动电机主要有直流电机、异步电机（三相交流）、永磁同步电机（三相交流）和开关磁阻电机 4 种形式。

表 4-1-1　典型驱动电机性能特征对比

性能/类型	直流电机	异步电机	永磁同步电机	开关磁阻电机
转速范围/(r/min)	4000~6000	12000~20000	4000~10000	>15000
功率密度	低	中	高	较高
电动机重量	重	中	轻	轻
电动机体积	大	中	小	小
可靠性	一般	好	优良	好
结构坚固性	差	好	好	好
控制器成本	低	高	高	一般

从市场上的应用情况来看，大多数纯电动汽车和油电混合动力汽车使用的电机都是三相交流永磁同步电机。以下介绍三相交流永磁同步电机的工作原理。

同步电机是指转子转速与定子旋转磁场的转速同步的电机，如图 4-1-3 所示是三相交流同步电机的结构。

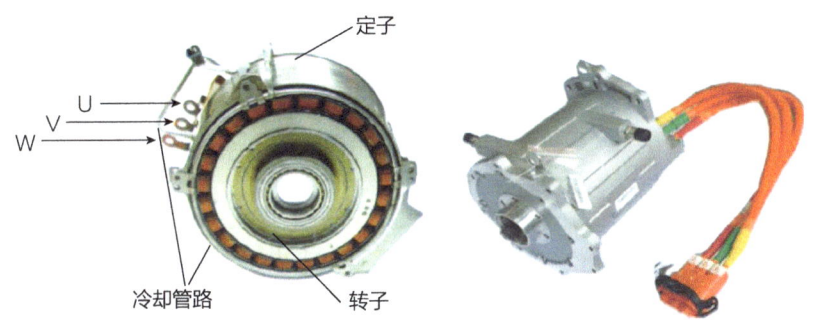

图 4-1-3 三相交流同步电机结构

如图 4-1-4 所示，用于汽车驱动的同步电机几乎都为旋转磁极式，转子使用永磁体，与变速驱动单元输出齿轮机构连接，是旋转输出部分。电机定子是缠绕三相线圈的部分，与变速驱动单元壳体固定。转子磁体的 N 极、S 极随定子绕组的旋转磁场磁极的移动而旋转。磁场产生磁通量，电枢完成电能与机械能的转换。

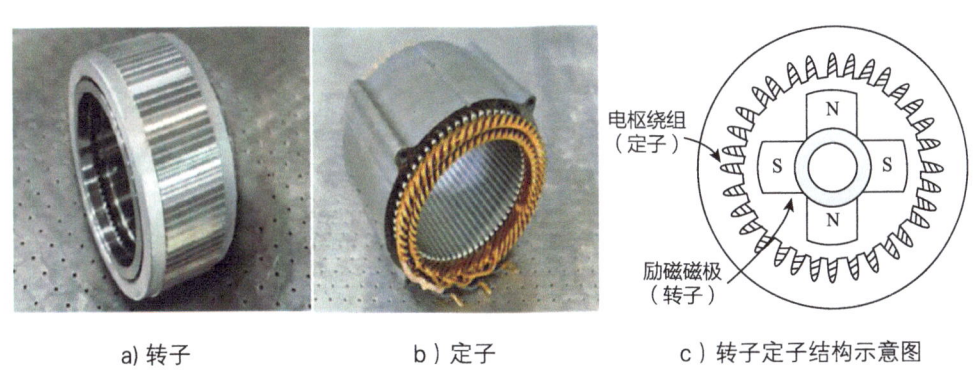

a) 转子　　　　　　b) 定子　　　　　　c) 转子定子结构示意图

图 4-1-4 同步电机的定子和转子

驱动电机的工作主要根据驱动电机控制器（逆变器）发出指令执行。控制器将输入的直流电逆变成电压、频率可调的三相交流电，供给配套的三相交流永磁同步电机使用。

以下介绍典型纯电动汽车与混合动力汽车电机及变速驱动单元的结构和性能参数。

（1）纯电动汽车电机及变速驱动单元结构和性能

以比亚迪纯电动汽车为例，比亚迪 e5、e6 使用的驱动电机为三相交流永磁同步电机，具有高密度、小型轻量化、高效率、高可靠性、高耐久性及强适应性等特点，驱动电机与单档变速器组成的动力总成技术参数见表 4-1-2。

拆卸驱动电机总成

安装驱动电机总成

表 4-1-2 比亚迪 e5 纯电动汽车动力总成技术参数

动力总成	技术参数
电动机最大输出转矩	310N·m（0~4929 r/min）
电动机额定转矩	160N·m（0~4775 r/min）
电动机最大输出功率	160kW（4929~12000 r/min）
电动机额定功率	80kW（4775~12000 r/min）
电动机最大输出转速	12000 r/min
动力总成重量	103kg
总减速比	9.342
变速器润滑油量	1.8L
变速器润滑油类型	齿轮油 SAE 80W-90（冬季环境温度低压 -15℃的地区推荐换用 SAE 75W-90）

驱动电机运转时，输出的动力经过动力总成（即变速驱动单元）的齿轮减速机构（即单档变速器）直接传递给传动轴。动力总成安装在前机舱内，如图 4-1-5 所示。

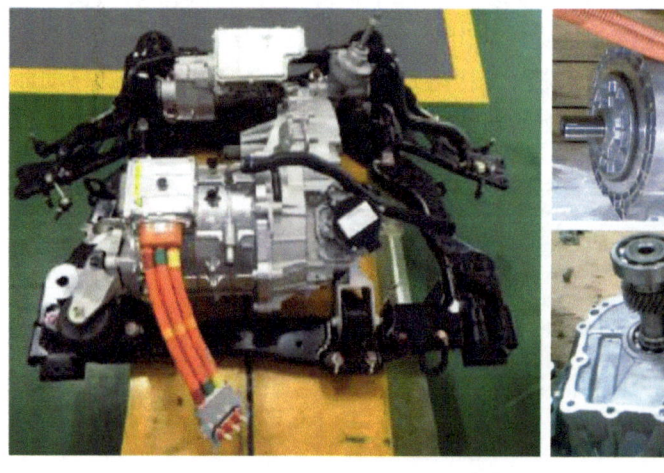

图 4-1-5 比亚迪动力总成（电机及变速驱动单元）

动力总成的结构如图 4-1-6 所示。动力总成的分解如图 4-1-7 所示。

图 4-1-6 动力总成的结构

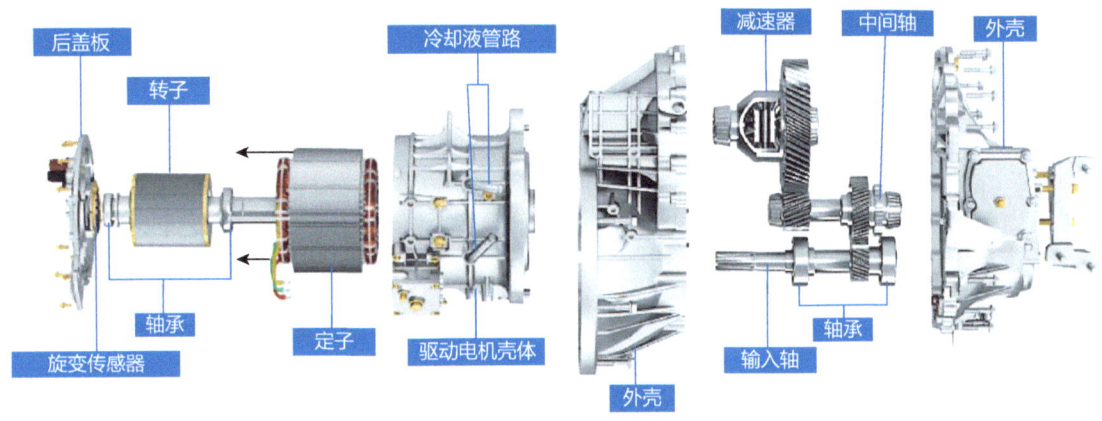

图 4-1-7　动力总成的分解图

（2）混合动力汽车电机及驱动单元结构组成和性能特点

以丰田混合动力汽车的变速驱动单元（驱动桥）为例。

1）结构特点：丰田混合动力变速驱动桥由发电机 MG1、驱动电机 MG2 和行星齿轮组成（图 4-1-8）。其中，MG1、MG2 定子绕组采用三相 Y 形连接，每相由 4 个绕组并联，可以在给电机输入较大电流时，获得最大转矩和最小转矩脉动。此外，MG1、MG2 均采用永磁体转子，安装在转子铁心内部。转子内的永磁铁呈 V 形，这样永磁体既有径向充磁，又有横向充磁，有效集中了磁通量，提高电机的转矩（图 4-1-9）。

图 4-1-8　丰田混合动力汽车驱动桥与驱动电机

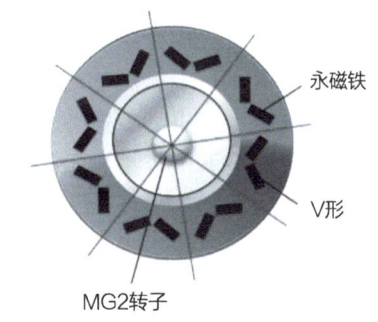

图 4-1-9　驱动电机转子永磁体结构形式

由于丰田混合动力汽车的驱动电机与发动机并列布置在车辆上，因此对驱动电机的小型化要求十分严格，实现了混合动力系统所要求的电机性能，也就是已经实现小型化、低损耗以及小型化所带来的冷却与绝缘性能改善。图 4-1-10 是丰田混合动力汽车驱动电机的外形。

2）冷却润滑性能特点：丰田混合动力汽车变速驱动桥利用变速器内部齿轮润滑的润滑油 ATF（Automatic Transmission Fluid）实现绕组的冷却，将驱动电机的热量传导到壳体上。

如图 4-1-11 所示，ATF 存留于变速器的最低位置（油箱），通过差速齿轮与塔轮的旋转，将 ATF 从油箱搅起，临时储存于位于上部的 ATF 采集箱中，ATF 受重力作用填充到定子与壳体之间的间隙中，实现定子到壳体的热传递。ATF 吸收绕组端部的热量，将其传递到油箱，再传递到壳体。

  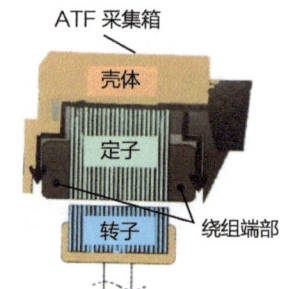

图 4-1-10　丰田混合动力汽车驱动电机外形　　图 4-1-11　丰田混合动力汽车驱动电机润滑冷却系统示意图

3）绝缘性能特点：丰田混合动力汽车将驱动电机的电源电压从 500 V 提高到 650 V 之后，逆变器启动和停止切换时电机受到的冲击电压也提高了近 30%，最容易受切换冲击影响的是三相绕组 U、V、W 间的各个相之间绝缘性与对地绝缘性。为了确保其绝缘性能，如图 4-1-12 所示，增加插入相间绝缘纸，以提高耐冲击性能。

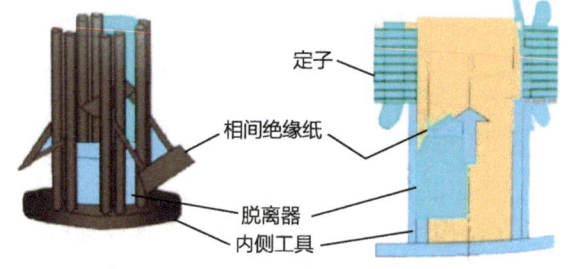

图 4-1-12　驱动电机绝缘性能示意图

引导问题二　为什么驱动电机需要冷却系统？如何进行冷却？

电动汽车在驱动与回收能量的工作过程中，驱动电机定子铁心、定子绕组在运动过程中都会产生损耗，这些损耗以热量的形式向外发散，需要有效的冷却介质及冷却方式来带走热量，以保证电机在一个稳定的冷热循环平衡的通风系统中安全可靠地运行。特别说明的是，对于采用永磁同步电机的变速驱动单元，由于车辆在大负荷低速运行时，极容易使电机产生高温，在高温状态下很容易导致永磁转子产生退磁现象，因此需要借助冷却系统对电机的温度进行控制。

另外，驱动电机控制器（逆变器）在工作过程中也会产生大量的热，会影响其工作性能，因此同样需要借助电机冷却系统进行冷却。驱动电机与控制器冷却系统设计的好坏将直接影响电机的安全运行和使用寿命。

认识冷却系统

1. 驱动电机与控制器冷却系统的功能

如图 4-1-13 所示，驱动电机与控制器冷却系统的功能是将驱动电机、驱动电机控制器及其他部件（如车载充电器等）产生的热量及时散发出去，保证其在要求的温度范围内稳定高效地工作。

2. 驱动电机与控制器冷却系统的类型

驱动电机的冷却方式主要有风冷和水冷。

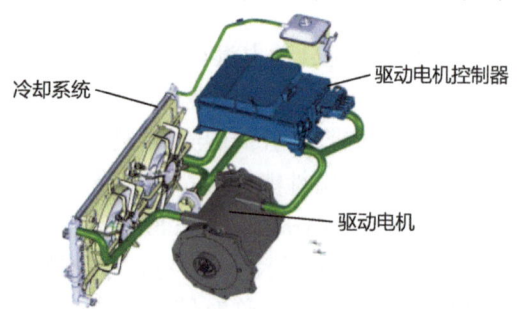

图 4-1-13　驱动电机与控制器冷却系统

(1) 风冷

风冷可以依靠车辆行驶时自然风冷却，依靠电机铁心自身的热传递，散去电机产生的热量，热量通过封闭的机壳表面传递给周围介质，其散热面积为机壳的表面，为增加散热面积，机壳表面可加冷却筋或散热片。

风冷也可以由电机自带同轴风扇来形成内风路循环或外风路循环，通过风扇产生足够的风量，带走电机所产生的热量。风冷介质为电机周围的空气，空气直接送入电机内，吸收热量后向周围环境排出。

风冷结构相对简单，电机冷却成本较低，适用于与成本较低且功率较小的纯电动汽车。采用风冷系统的驱动单元总成外形如图4-1-14所示。

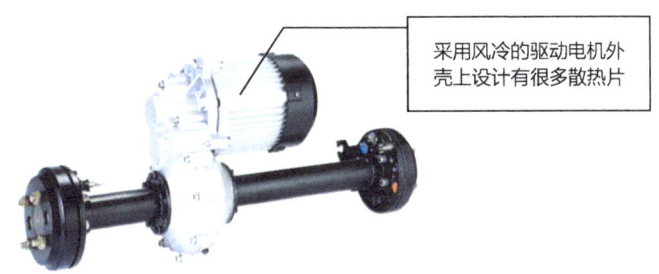

图4-1-14 风冷驱动单元总成（含驱动桥）

(2) 水冷

水冷是将水（冷却液）通过管道和通路引入定子或转子空心导体内部，通过循环水不断的流动，带走电机转子和定子产生的热量，达到对电机冷却的目的。

水冷的冷却效果比风冷更显著，但是，系统需要良好的机械密封装置，水循环系统结构复杂，存在渗漏隐患。如果发生渗漏，会造成电机绝缘破坏，甚至烧毁电机；水质需要特殊处理，其电导率、硬度和PH值都有一定的要求。

目前绝大部分的纯电动汽车都采用水冷型的驱动电机。如图4-1-15所示是比亚迪水冷型电机。

图4-1-15 采用水冷型的电机（比亚迪）

3. 驱动电机与控制器冷却系统的结构

以下介绍北汽新能源纯电动汽车驱动电机与控制器冷却系统的结构，其他车型可参考相应的技术资料。

(1) 驱动电机与控制器冷却系统工作原理

以北汽新能源纯电动汽车的C33DB驱动电机为例，冷却系统由两个体系构成：冷却水回路和冷却风道。

冷却液在流经驱动电机控制器MCU、车载充电机和驱动电机等热源时，热源通过热传导将热量传递给冷却液，高温冷却液通过电动水泵提供的动力流经散热器时将热量通过热传导传递给散热器芯体，冷却空气通过热对流将热量带走，完成换热过程，如图 4-1-16 所示。

膨胀箱在冷却系统中起提高冷却液沸点和提供冷却液加注口两大作用。

北汽驱动电机冷却系统控制策略如下：

冷却系统电动水泵与散热器风扇由整车控制器 VCU 控制，根据整车热源（电机、电机控制器和车载充电机）温度进行控制。

1）水泵控制：起动车辆时电动水泵开始工作（即仪表显示 READY）。

2）电机温度控制：当控制器监测到驱动电机温度 45~50℃时，冷却风扇低速启动；温度 ≥ 50℃时，冷却风扇高速启动；温度降至 40℃时冷却风扇停止工作。120℃ ≤温度 < 140℃时，降功率运行；温度 ≥ 140℃时，降功率至 0，即停机。

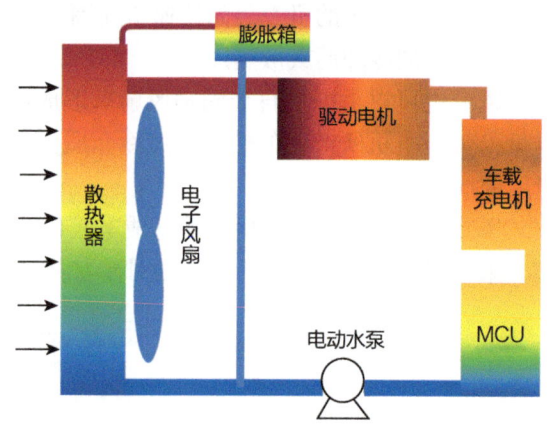

图 4-1-16 北汽新能源纯电动汽车的冷却系统结构示意图

3）电机控制器温度控制：当控制器监测到散热基板温度 ≥ 75℃时，冷却风扇低速启动；温度 ≥ 80℃时，冷却风扇高速启动；温度降至 75℃时冷却风扇停止工作。温度 ≥ 85℃时，超温保护，即停机。当控制器监测到散热基板温度为：75℃ ≤ 温度 ≤ 85℃时，降功率运行。

（2）驱动电机与控制器冷却系统主要部件

以下介绍驱动电机与控制器冷却系统的主要部件。

1）电动水泵：电动水泵的作用是冷却液循环的动力元件，对冷却液加压，促使冷却液在冷却系统中循环，带走系统散发的热量。电动水泵安装在车身右纵梁前部下方，位于整个冷却系统较低的位置。水泵自带橡胶支架，起到降低噪声的作用。

电动水泵安装位置如图 4-1-17 所示，外形如图 4-1-18 所示。

图 4-1-17 北汽新能源电动水泵安装位置

图 4-1-18 北汽新能源电动水泵

图 4-1-19 是电动水泵的剖面图。电动水泵采用的是永磁无刷直流电机，浮动式转子与叶轮注塑成一体。严禁电动水泵在没有冷却液的情况下空载运行，否则将导致转子、定子的磨损，将最终导致水泵的损坏。

电动水泵的接插件位于后盖上,接插件为两线,分别为正极和负极,如图 4-1-20 所示。

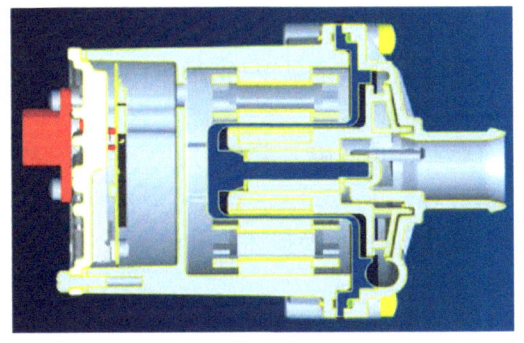

图 4-1-19　电动水泵剖面图　　　　图 4-1-20　电动水泵接插件

2)电子风扇：电子风扇的作用是提高流经散热器、冷凝器的空气流速和流量,以增强散热器的散热能力,并冷却机舱其他附件。

电子风扇的结构特性：C33DB 采用左右双风扇构架,采用半径为 R125mm、6 叶不对称结构的扇叶,双风扇分别由整车电源提供输入,根据电机、控制器、空调压力等参数由 VCU 控制双风扇运行,电子风扇采用为两档调速风扇,如图 4-1-21 所示。

拆卸电子风扇　　安装电子风扇

电子风扇接插件为 4 线,高速：两个"+"接正极,两个"-"接负极;低速：两个"+"接正极,一个"-"接负极,如图 4-1-22 所示。

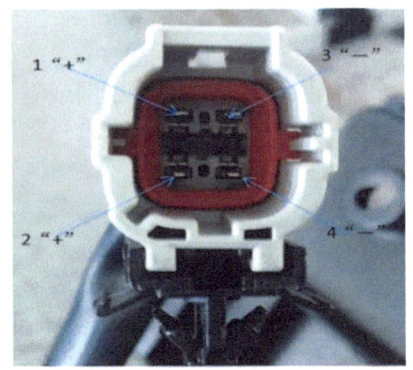

图 4-1-21　北汽新能源汽车电子扇　　　　图 4-1-22　电动风扇接插件

4. 驱动电机与控制器温度过高故障与排除方法

驱动电机与控制器冷却系统工作不良时,会导致电机与控制器温度过高的故障。故障部位与检修方法如下：

（1）冷却液缺少

1)故障原因 1：未按保养手册添加冷却液,导致冷却液缺少。

检修方法：在膨胀箱处添加冷却液。

2)故障原因 2：冷却液泄漏,导致冷却液缺少。

检修方法：检查泄漏部位，如管路环箍、水管、散热器等，维修或更换损坏部件。

（2）电动水泵工作不良

1）故障原因1：冷却液杂质导致电动水泵堵转；电动水泵泵盖/密封圈/泵轮等部位损坏。

检修方法：清洁并更换冷却液；更换损坏的电动水泵。

2）故障原因2：电动水泵线路不良，如：整车线束故障，虚接/短路/断路等故障；水泵控制器熔丝熔断/继电器损坏/插接件针脚退针等。

检修方法：查找线束故障，依据线束维修手册处理；更换损坏的电动水泵。

（3）散热器电子风扇工作不良

1）故障原因1：风扇控制器/继电器/插接件针脚退针，整车线束故障，虚接/短路/断路等故障。

检修方法：更换损坏的部件；查找线束故障，依据线束维修手册处理。

2）故障原因2：电子风扇损坏，扇叶破损/断裂，扇叶不工作。

检修方法：更换电子风扇。

3）故障原因3：电机/控制器温度传感器故障，电子风扇不工作。

检修方法：测量电机/控制器温度传感器是否正常；更换损坏的温度传感器或线束。

（4）散热器工作不良

故障原因：芯体老化，芯管堵塞；散热翅片倒伏，影响进风量；水室堵塞，影响冷却液循环。

检修方法：更换散热器。

（5）进风量不足

故障原因：前保险杠中网或下格栅进风口堵塞。

检修方法：查找原因并排除。

自我测试

1. 判断题

（1）纯电动汽车的驱动功率唯一的来源是驱动电机。　　　　　　　　（　　）

（2）汽车上的驱动电机都在有限的转矩输出下，设计成高速电机。　　（　　）

（3）丰田混合动力车型的电机MG1是驱动车辆使用。　　　　　　　　（　　）

（4）纯电动汽车驱动电机与控制器冷却系统冷却液和传统汽车可以通用。（　　）

（5）北汽新能源纯电动汽车冷却系统电动水泵与散热器风扇由整车控制器
　　　VCU控制。　　　　　　　　　　　　　　　　　　　　　　　（　　）

2. 单选题

（1）大多数纯电动汽车和油电混合动力汽车驱动电机类型是（　　）。

　　A. 直流电机　　　　　　　　　　　　B. 三相交流异步电机

　　C. 三相交流永磁同步电机　　　　　　D. 开关磁阻电机

（2）丰田混合动力变速驱动桥由（　　）组成。

　　A. 发电机MG1　　B. 驱动电机MG2　　C. 行星齿轮机构　　D. 以上都是

（3）北汽新能源汽车驱动电机冷却系统冷却的部件包括（　　）组成。
  A．驱动电机　　　　　　　　　　B．电机控制器
  C．车载充电机　　　　　　　　　　D．以上都是
（4）以下是电机冷却系统冷却液减少原因的是（　　）。
  A．未按保养手册要求添加冷却液　　B．冷却液泄漏
  C．A 和 B 都是　　　　　　　　　　D．A 和 B 都不是
（5）以下是电机冷却系统电动水泵工作不良原因的是（　　）。
  A．冷却液混有杂质　　　　　　　　B．电动水泵控制电路不良
  C．水泵本体机械损坏　　　　　　　D．以上都是

任务二　驱动电机控制器结构原理与检修

学习目标

知识目标
1. 能够描述驱动电机控制器的安装位置、功能和结构组成。
2. 能够描述驱动电机控制器的故障检测方法。

技能目标
1. 能够进行驱动电机控制器的更换。
2. 能够进行驱动电机温度传感器、旋变变压器的检测。
3. 能够进行驱动电机控制器高压线电流检测。

任务导入

  一辆纯电动汽车无法运行，你的主管初步判断驱动电机控制器发生故障，让你进一步检测，你能完成这个任务吗？

获取信息

引导问题一　驱动电机控制器有什么功能？由哪些结构组成？

1. 驱动电机控制器的功能

认识电机控制器

  大多数电动汽车将驱动电机的逆变器与控制模块集成在一起，称为驱动电机控制器（MCU）。MCU 通常位于驱动电机的上部，作用是利用 IGBT 将动力电池的直流电转化为交流电，然后输出给电机，用于控制电机的运转速度、运转方向（前进及倒车）以及将电机作为逆变电机发电（减速及制动时）进行能量回收。
  MCU 是电机的主控制模块，通过接收整车控制器 VCU 的车辆行驶控制指令，还会利用

各种传感器采集信息,并将运行状态的信息发送给整车控制器 VCU。

目前应用在电动汽车上的驱动电机控制器主要有两种类型:

一种是仅用于控制驱动电机,图 4-2-1 是北汽 EV200 驱动电机控制器 MCU。

另一种是具有集成控制功能的驱动电机管理模块,即集成 MCU 与 DC/DC 变换器及其他功能,这类的驱动电机管理模块也被称为 PEB(电子电力箱)。图 4-2-2 是上汽荣威 e50 电子电力箱 PEB。

图 4-2-1　北汽 EV200 驱动电机控制器 MCU

图 4-2-2　荣威 e50 电子电力箱 PEB

如图 4-2-3 所示,荣威 e50 驱动电机控制器 PEB 的特点是同时具有控制电机和 DC/DC 变换器的组合功能,此外在控制器内部还会并联一条高压线路给空调压缩机供电。PEB 控制器一端连接来自动力电池的直流高压电,另一端连接驱动电机的三相交流电缆。PEB 将来自动力电池的直流电转换为可用于驱动电机的 U、V 和 W 三相交流电,同时在制动能量回收时,也将来自电机产生的交流电转换成直流电,反馈给动力电池充电。

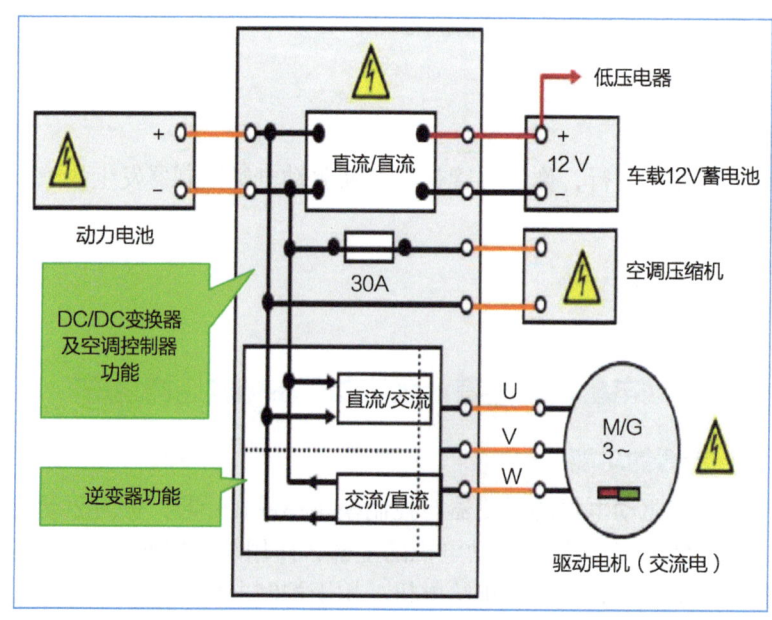

图 4-2-3　上汽荣威 e50 PEB 内部结构和工作原理图

将驱动电机控制器 MCU 与 DC/DC 变换器集成化是目前纯电动汽车与混合动力汽车驱动电机控制器发展的一个趋势，集成度更高的系统既节省了成本，也利于系统之间信息的共享与车辆部件位置的布置设计。如图 4-2-4 所示，比亚迪 e5 甚至将驱动电机控制器、DC/DC 变换器、车载充电器及高压配电箱（BDU）集成一体，即"四合一"的高压电控总成。

提示： IGBT（Insulated Gate Bipolar Transistor，绝缘栅双极型晶体管）的控制原理

IGBT 被认为是电动汽车的核心技术之一。它的作用是将动力电池的直流电转化为交流电，同时还承担电压的高低转换功能。另外也将电机回收的交流电转换成可供动力电池充电的直流电。IGBT 的结构如图 4-2-5 所示。

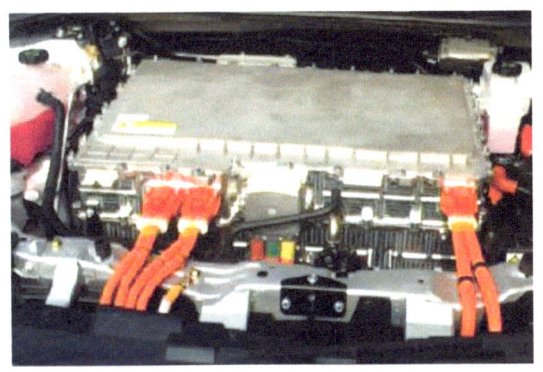

图 4-2-4　比亚迪 e5 高压电控总成

图 4-2-5　IGBT 结构

如图 4-2-6 所示，动力电池组和驱动电机分别与 IGBT 模块的输入端及输出端连接，IGBT 的输出电压由驱动电机控制器向其输入的 PWM 脉冲信号控制。在运行过程中，驱动电机控制器通过采集分析加速踏板、制动踏板、车速等传感器信号来进行电机电压的输出控制，输出方式是将 PWM 信号传递到 IGBT 模块，通过采集电机电压、电机电流、电机和 IGBT 模块的温度等反馈信号进行系统的过流、过压、过热保护。

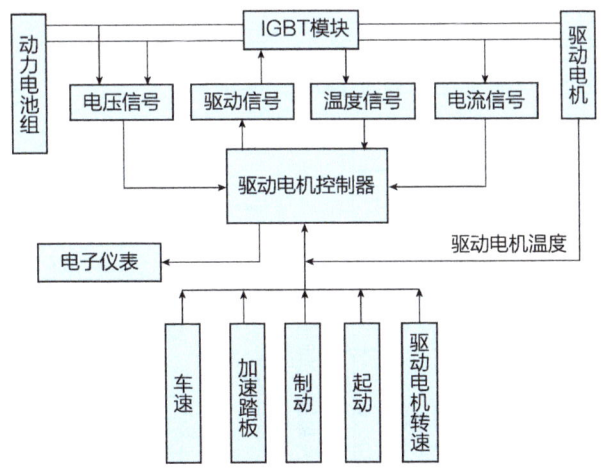

图 4-2-6　驱动电机控制系统控制框图

2. 驱动电机控制器的结构

下面以比亚迪 e6 纯电动汽车和比亚迪秦混合动力汽车为例，介绍驱动电机控制器的结构，其他车型可以参照相应的技术资料。

拆卸电机控制器　安装电机控制器

（1）比亚迪 e6 纯电动汽车驱动电机控制器的结构

比亚迪 e6 的驱动电机控制器安装在前机舱内右侧，靠近 DC/DC 变换器的位置，如图 4-2-7 所示。

比亚迪 e6 的驱动电机控制器总成包含上、中、下三层，上、下层为电机控制单元，中层为水道冷却单元，还包括低压信号插接件、2 根动力电池正负极插接件、3 根电机三相（U、V、W）动力输出线和 2 个水套接管接头及其他周边附件，如图 4-2-8 所示。

 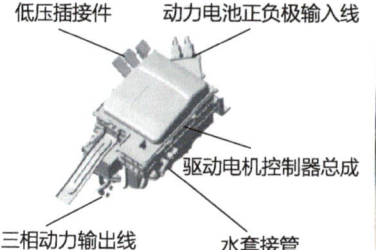 

图 4-2-7　比亚迪 e6 驱动电机控制器　　　图 4-2-8　驱动电机控制器主要接口

驱动电机控制器利用 IGBT 将动力电池的直流电转换为交流电，并控制驱动电机工作，驱动电机控制器的主要功能有：

1）控制电机正向驱动、反向驱动、正转发电、反转发电；
2）控制电机的动力输出，同时对电机进行保护；
3）通过 CAN 与其他控制模块通信，接收并发送相关的信号，间接地控制车上相关系统正常运行；
4）制动能量回馈控制；
5）自身内部故障的检测和处理。

如图 4-2-9 是比亚迪 e6 驱动电机控制器的控制框图。

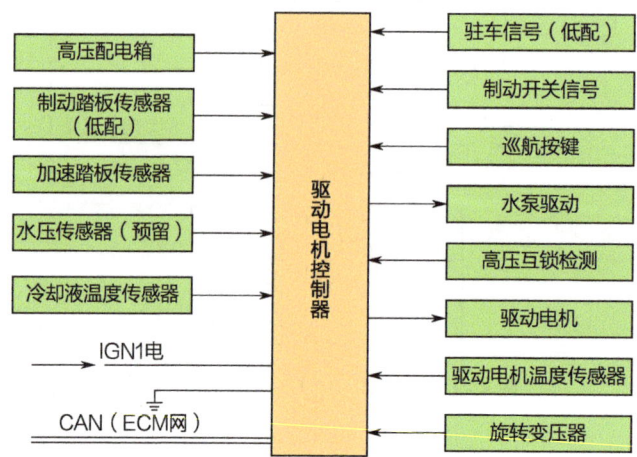

图 4-2-9　比亚迪 e6 驱动电机控制系统框图

驱动电机控制器输入的高压电是来自高压配电箱（BDU）的动力电池直流电，输出到驱动电机的是三相交流电；输入的低压电源是来自 DC/DC 变换器和低压蓄电池的 12V 电源，并进行冷却水泵驱动；驱动电机控制器还采集 CAN 通信线、制动踏板传感器（制动开关）、加速踏板传感器、驻车（档位）信号、冷却液温度传感器、电机温度传感器、旋转变压器（电机角度传感器）等信号。

由于三相永磁同步电机开环控制容易产生脱离同步运转的情况，因此需要对转子的磁极位置进行检测，根据磁极的变化改变定子三相电缆电流的供给。除了对电压、电流、温度的监控以外，驱动电机控制器需要持续检测电机转子位置。

比亚迪 e6 驱动电机检测电机转子旋转的角度和位置传感器采用旋转变压器来实现。

旋转变压器，简称旋变器，也称旋变传感器或角度传感器，是一种输出电压随转子转角变化的信号元件，其安装位置和结构如图 4-2-10 所示。

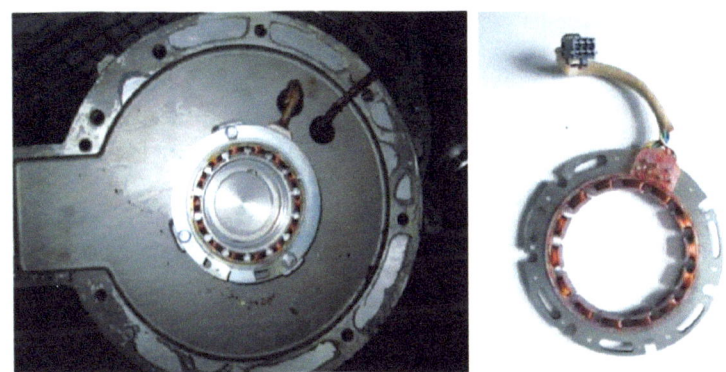

图 4-2-10 旋转变压器（角度传感器）安装位置及结构

驱动电机控制器根据旋转变压器检测电机的角度位置、转速和方向。如图 4-2-11 所示，旋转变压器包含一个励磁线圈（线圈 C）、两个驱动线圈（正旋 +S、余旋 -S）和一个不规则形状的金属转子。金属转子以机械方式固定在电机轴上，当点火开关 ON 时，驱动电机控制器输出一个 5 V 交流电、一定频率的励磁信号至驱动线圈。驱动线圈励磁信号生成一个环绕两个从动线圈和不规则形状转子的磁场。然后驱动电机控制器监测两个从动线圈电路，以获

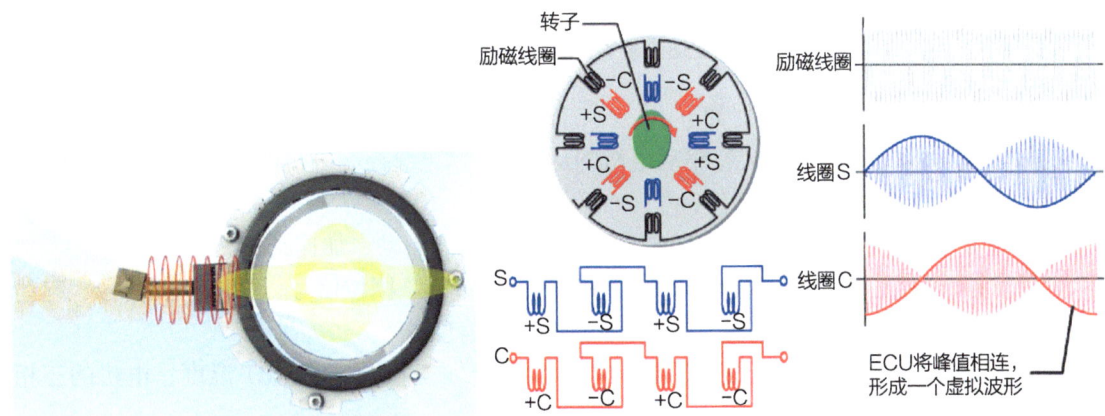

图 4-2-11 旋转变压器结构示意图及信号波形

得一个返回信号。不规则形状金属转子的位置引起从动线圈的磁感应返回信号发生大小和形状的变化，通过比较两个从动线圈信号，驱动电机控制器能确定电机的确切角度、转速和方向。

旋转变压器的线束连接器如图 4-2-12 所示，线圈测试规格如下：

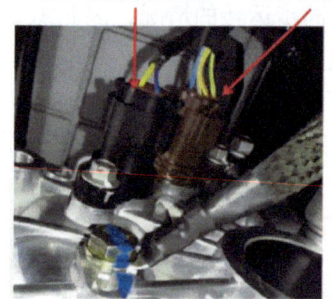
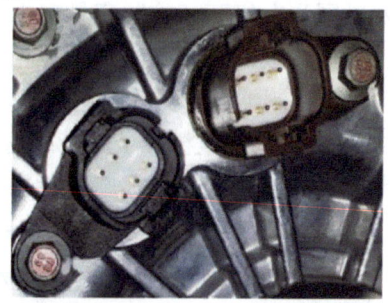

图 4-2-12　旋转变压器的线束连接器

正旋阻值：16Ω；余旋阻值：16Ω；励磁阻值：8Ω；误差：1Ω。

（2）比亚迪秦驱动电机控制器的结构

1）安装位置及控制功能：比亚迪秦驱动电机控制器与 DC/DC 变换器集成一体，安装位置如图 4-2-13 所示。

图 4-2-13　比亚迪秦驱动电机控制器与 DC/DC 变换器位置

驱动电机控制器的控制功能如下：

①作为动力系统的总控中心，驱动电机的运行，根据工况控制电机的正反转、功率、扭矩、转速等，协调发动机管理系统工作；

②硬件采集（直接通过传感器）电机的旋变、温度、制动、加速踏板开关信号；

③通过 CAN 通信采集制动踏板深度（制动踏板位置）、档位信号、驻车开关信号、起动命令、动力电池管理控制器相关数据、控制器的故障信息；

④内部处理的信号有直流侧高压母线电压、交流侧三相电流、IGBT 温度、电机的三相绕组阻值。

2）结构：比亚迪秦驱动电机控制器与 DC/DC 变换器总成结构如图 4-2-14 所示。

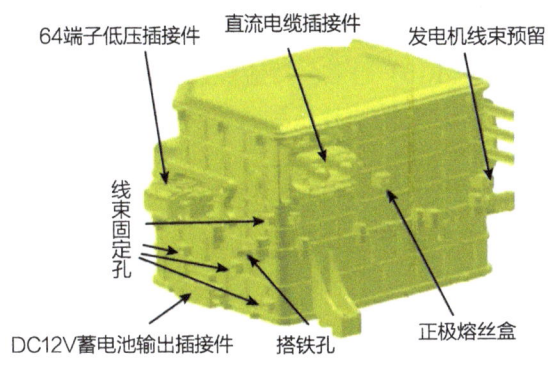
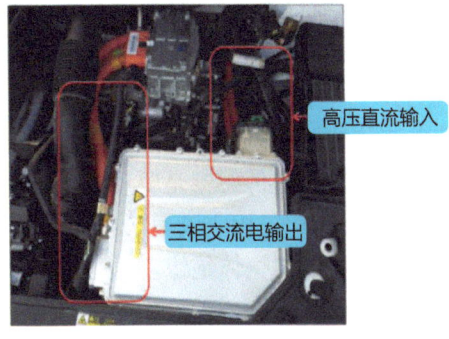
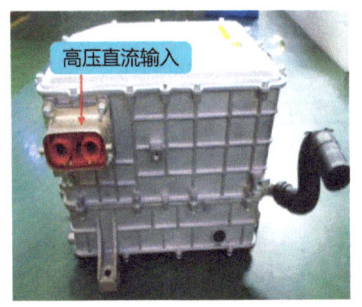

图 4-2-14　比亚迪秦驱动电机控制器与 DC/DC 变换器结构

引导问题二　驱动电机控制器如何进行故障检测？

1. 驱动电机控制器自检

驱动电机控制器在控制驱动电机的同时，还会对驱动电机、相关的传感器以及自身控制模块进行实时自检。大多数纯电动汽车或混合动力汽车的驱动电机控制器主要在以下方面进行自检。

（1）控制器供电和软件检测

1）供电检测：驱动电机控制器需要来自车辆低压蓄电池的 12 V 参考电源，当连接的参考电源电压过低或过高时，控制器将会实行自我关闭，并对外输出诊断故障码。

2）内部软件检测：驱动电机控制器内部包括电机控制单元、逆变器控制单元等，这些部件都有集成电路及 CPU，在正常运行过程中，系统会进行自我读、写存储器的能力监测，这属于控制器的内部故障检测，一般不能进行故障维修处理，只能重新编程或更换。

（2）IGBT 性能检测

驱动电机控制器会根据整车控制器 VCU 的指令，控制 IGBT 的接通和断开，从而实现驱动电机的输出或作为发电机工作。在对电机逆变的过程中，通过顺序启动 IGBT 的高电流开关晶体管，控制其相应的驱动电机或发电机的速度、方向和输出扭矩。同时，控制器会检测每个 IGBT 的故障情况，当发现相应故障后，会关闭逆变器功能。

（3）驱动电机 U-V-W 相电流检测

由于驱动电机或发电机使用三相交流电运行，且 IGBT 通常会对应控制驱动电机或发电机的其中一个相，各相分别标识为 U、V、W。控制器通过监测连接到各驱动电机或发电机相的电流传感器，以便检测逆变器是否存在电流过大故障。

大多数电流传感器是驱动电机控制器总成内部的一部分，无法单独维修。

U、V、W 三相应该不缺相，不漏电。驱动电机三相线圈绕组的电阻两两之间小于 1 Ω，并且分别与电机壳体绝缘。

（4）电机温度检测

除了安装在驱动电机上的温度传感器外，在大多数的驱动电机控制器内部也会设置有温度传感器，用于检测连接电机电缆的温度，以及自身集成电路的温度。温度传感器是一个负温度系数的热敏电阻，随着温度升高，电阻减小；随着温度降低，电阻增大。

驱动电机控制器向温度传感器提供一个 5 V 参考电压信号，并测量电路中的电压降。当被检测的电缆或集成电路温度低时，传感器电阻大，控制器检测到高电平信号电压。当温度升高时，传感器电阻减小，信号电压也降低。

当驱动电机控制器检测到温度异常时，会输出故障码，并根据故障情况采取限速甚至停止电机工作等措施。

（5）驱动电机位置的检测

驱动电机控制器根据旋转变压器的信号，监测驱动电机转子角度位置、转速和方向。

当驱动电机控制器检测到电机位置异常时，会输出故障码，并根据故障情况采取限速甚至停止电机工作等措施。

（6）驱动控制器高压绝缘检测

驱动电机控制器利用若干内部传感器检测来自动力电池的高电压。

驱动电机控制器测试高电压正极电路或高电压负极电路和车辆底盘之间是否存在失去隔离的情况，当检测到电机控制器或者相关电路在动力电池输出高电压后，存在对车辆底盘的电阻过低情况，系统将会将这一情况反馈给整车控制器 VCU，并与 VCU 一起切断车辆的高电压，避免发生事故。

2. 驱动电机控制器的检测方法

驱动电机控制器或整个系统发生故障时，可以利用故障检测仪器进行检测，包括故障码读取及数据流分析。故障诊断仪器操作时请同时参阅对应厂家诊断仪器的操作说明书。

测量电机控制器高压线 U 线的电流

如图 4-2-15 所示是荣威 e50 驱动电机控制器的数据流。从图中可以看出驱动电机相关参数数据流，如驱动电机的三个相位 U、V、W 电流值、驱动电机温度等，维修技师可以与维修手册相关的参考值进行对比，以判断驱动电机的工作运行状态。

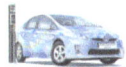

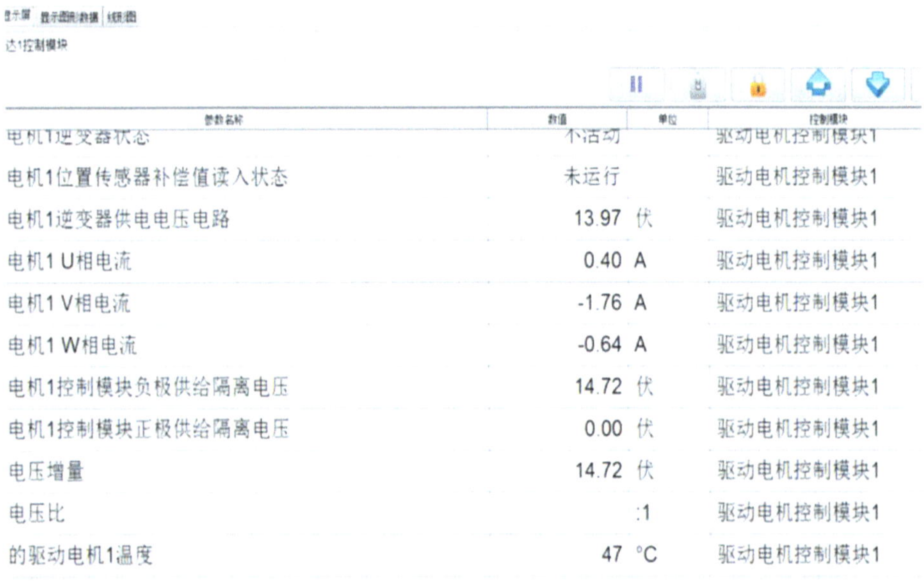

参数名称	数值	单位	控制模块
电机1逆变器状态	不活动		驱动电机控制模块1
电机1位置传感器补偿值读入状态	未运行		驱动电机控制模块1
电机1逆变器供电电压电路	13.97	伏	驱动电机控制模块1
电机1 U相电流	0.40	A	驱动电机控制模块1
电机1 V相电流	-1.76	A	驱动电机控制模块1
电机1 W相电流	-0.64	A	驱动电机控制模块1
电机1控制模块负极供给隔离电压	14.72	伏	驱动电机控制模块1
电机1控制模块正极供给隔离电压	0.00	伏	驱动电机控制模块1
电压增量	14.72	伏	驱动电机控制模块1
电压比	:1		驱动电机控制模块1
的驱动电机1温度	47	°C	驱动电机控制模块1

图 4-2-15　荣威 e50 驱动电机控制器数据流

自我测试

1. 判断题

（1）IGBT 的作用是将交流电转化为直流电，同时还承担电压的高低转换功能。（　　）

（2）驱动电机控制器不需要持续检测电机转子位置。（　　）

（3）当驱动电机控制器检测到电机位置异常时，会限速甚至停止电机工作。（　　）

（4）驱动电机控制器的 12V 电源电压过低或过高时，控制器将会实行自我关闭，并对外输出诊断故障码。（　　）

（5）可以利用故障检测仪器进行驱动电机控制器的故障码读取及数据流分析。（　　）

2. 单选题

（1）驱动电机控制器 MCU 接受（　　）的控制指令工作。

A. 动力电池管理系统 BMS　　B. 整车控制器 VCU

C. DC/DC 变换器　　D. 高压控制盒 BDU

（2）控制制动能量回收系统的模块是（　　）。

A. 动力电池管理系统 BMS　　B. 整车控制器 VCU

C. 驱动电机控制器　　D. ABS 控制模块

（3）上汽荣威 e50 驱动电机控制器 PEB 的功能包括（　　）。

A. 逆变器功能　　B. DC/DC 功能　　C. 空调驱动器功能　　D. 以上都是

（4）驱动电机控制器根据旋转变压器检测电机的（　　）。

A. 角度位置　　B. 转速　　C. 旋转方向　　D. 以上都是

（5）驱动电机三相线圈绕组的电阻两两之间应（　　）。

A. 小于 1 Ω　　B. 大于 1 Ω　　C. 断开　　D. 以上都错误

项目五 充电及辅助系统检修

项目描述

新能源汽车（纯电动汽车与插电式混合动力汽车），由于能源提供方式及驱动系统与传统汽车不同，因此需要专门的充电系统，其他辅助系统（制动、转向、空调系统）结构也与传统汽车有所不同。

本项目介绍新能源汽车充电及其他的辅助系统结构原理与检修，分为2个工作任务，任务一充电系统结构原理与检修，任务二新能源汽车辅助系统结构原理与检修。通过2个工作任务的学习，你能够掌握纯电动汽车与混合动力汽车低压电源与充电、暖风与空调、制动等系统的结构原理，能够进行这些系统的检修。

任务一 充电系统结构原理与检修

学习目标

知识目标

1. 能够描述新能源汽车充电系统的结构组成、工作原理。
2. 能够描述新能源汽车充电系统故障与检修方法。

技能目标

1. 能够进行新能源汽车充电口识别与检测。
2. 能够进行新能源汽车充电电流检测。

任务导入

一辆纯电动汽车不能正常充电，你的主管让你确认故障原因，你能完成这个任务吗？

获取信息

? 引导问题一　新能源汽车充电系统由哪些结构组成？

1. 充电系统总体结构组成

纯电动汽车与插电式混合动力汽车充电系统包括充电桩（含充电枪）、充电口（交、直流）、车载充电器（充电机）、高压配电箱（即高压控制盒 BDU）、动力电池（含电池管理系统 BMS）、DC/DC 变换器以及各种高压线束和低压控制线束等组成。

认识慢充零件组成　认识快充零件组成

图 5-1-1 是吉利帝豪 EV450 充电系统组成部件安装位置示意图，其中驱动电机控制器集成了 DC/DC 变换器的功能。

图 5-1-1　吉利帝豪 EV450 充电系统组成部件的安装位置
1—车载充电器　2—驱动电机控制器　3—交流充电接口应急解锁
4—交流充电接口　5—直流充电接口

以交流慢充充电方式为例，如图 5-1-2 所示，充电电流（交流）通过充电桩→充电电缆（含充电枪）→充电线束（含车辆的充电口）→车载充电器→高压控制盒（即 BDU）→动力电池，完成整个慢充充电过程。对于低压 12V 蓄电池的充电，是由动力电池直流高电压经高压控制盒、DC/DC 变换器完成的。

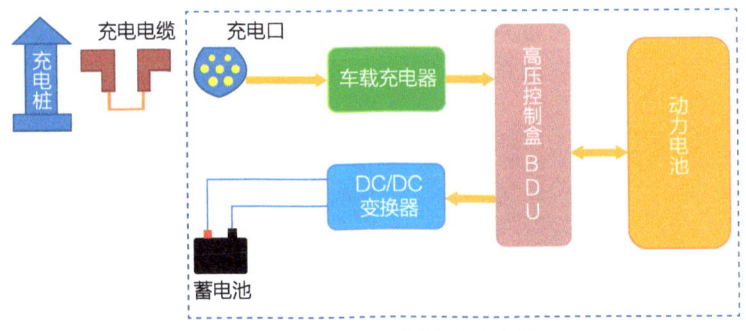

图 5-1-2　交流慢充充电过程示意图

交流慢充充电方式必须通过车载充电器进行，直流快充则不经过车载充电器直接为动力电池充电。

2. 充电口

（1）充电口的组成与功能

充电口也称充电接口或充电插口，是指用于连接活动的充电电缆（含充电枪）和电动汽车的充电部件，主要由充电插座与充电插头两部分组成，如图 5-1-3 所示。我国的国

检查车辆充电口

标 GB/T20234 规定了交流与直流接口的标准，交流接口采用的是 7 针的设计，直流接口采用 9 针的设计。

除了充电连接功能外，有些电动车辆（如比亚迪）的充电口具有锁止功能和放电功能。

1）锁止功能：当交流充电电流大于 16A 时，供电接口和车辆接口应具有锁止功能。供电插头和车辆插座应安装电子锁止装置，防止充电过程中的意外断开。当电子锁未可靠锁止时，供电设备或电动汽车应停止充电或不启动充电。图 5-1-4 是电子锁外形。

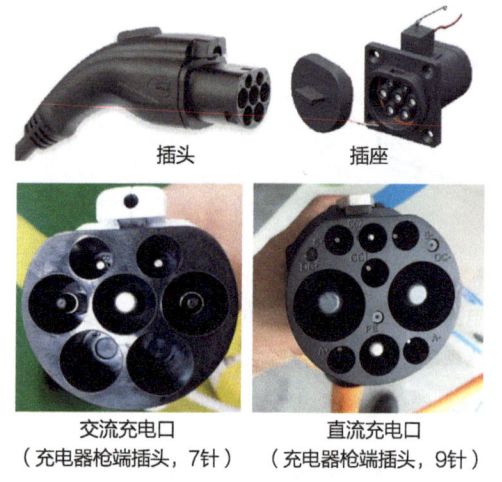

图 5-1-3 充电口的组成

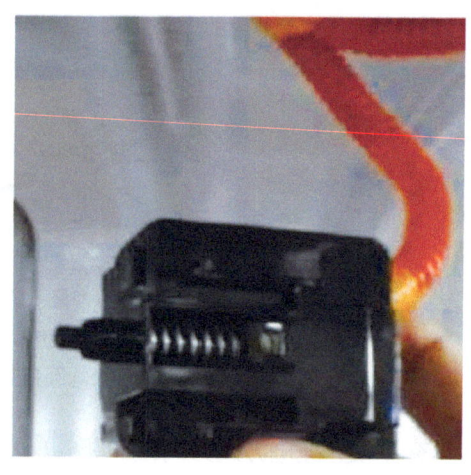

图 5-1-4 电子锁外形

当直流充电时，车辆接口应具有锁止功能。车辆插头端应安装机械锁止装置，供电设备应能判断机械锁是否可靠锁止。有的车辆插头也安装电子锁止装置，电子锁处于锁止位置时，机械锁应无法操作，供电设备应能判断电子锁是否可靠锁止。当机械锁或电子锁未可靠锁止时，供电设备应停止充电或不启动充电。图 5-1-5 是充电接口锁止功能示意图。

图 5-1-5 充电接口锁止功能示意图

电锁开启的条件如下：

a. 仪表设置启用电锁（图 5-1-6）。
b. 插上充电枪。
c. 闭锁车门或充电启动中。

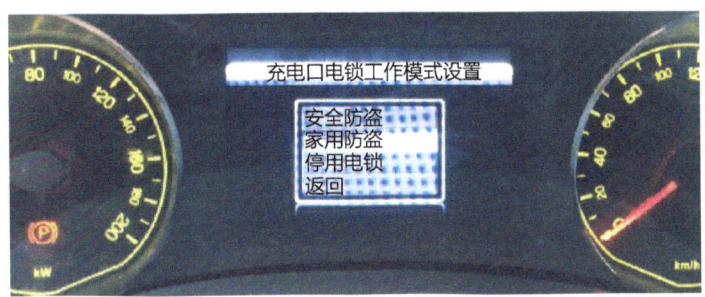

图 5-1-6　充电口电锁工作模式设置

2）放电功能：比亚迪的大部分车型可以利用充电口对外放电，为车外其他用电设备供电。如图 5-1-7 所示是比亚迪纯电动（EV）车型对外放电的操作，在点火开关 OFF 档时，按"放电"按键即可对外放电。

 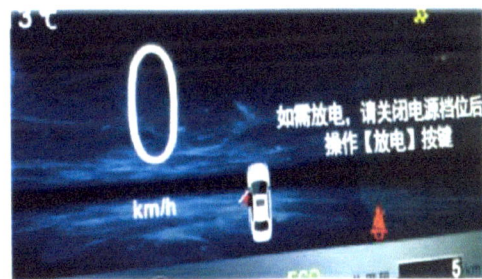

图 5-1-7　比亚迪纯电动车型对外放电

如图 5-1-8 所示是比亚迪双模混合动力（DM）车型无须设置即可直接为功率 ≤ 3kW 的家用电器供电。

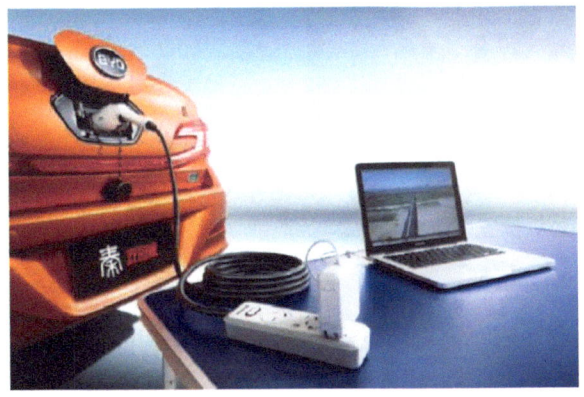

图 5-1-8　比亚迪 DM 车型直接为家用电器供电

其他车型可以通过仪表设置等方式对外放电，请参阅相关车型使用说明书及技术资料。

(2) 充电口的位置

充电口包括交流（慢充）口和直流（快充）口，通常位于电动汽车的侧后方（即传统燃油车型油箱盖位置）和前部或后部车标的位置。

图 5-1-9 是北汽新能源纯电动汽车充电口位置，在传统汽车油箱盖位置的是慢充充电口，车辆正前方车标位置的为快充充电口。

图 5-1-10 是比亚迪 e6 纯电动汽车充电口位置，位于左侧的是快充充电口（图中正在充电的接口），右侧是慢充充电口。

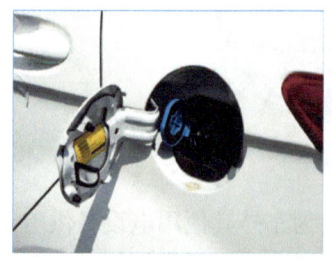
慢充口

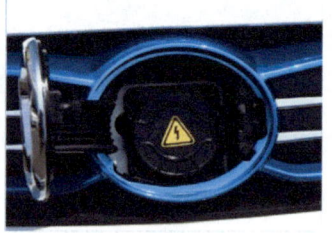
快充口

图 5-1-9　北汽新能源纯电动汽车充电口位置

图 5-1-10　比亚迪 e6 纯电动汽车充电口位置

如图 5-1-11 所示，比亚迪 e5 纯电动汽车充电口隐藏在中央格栅车标的后面，充电接口有照明灯，打开盖锁后点亮。图 5-1-12 是吉利帝豪 EV450 纯电动汽车充电口位置。

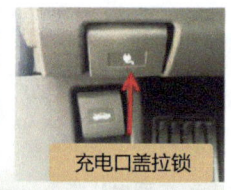

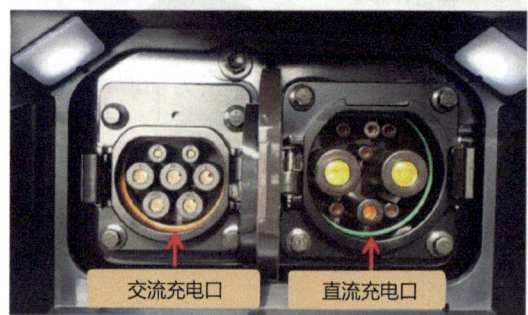

图 5-1-11　比亚迪 e5 纯电动汽车充电口及充电口盖拉锁位置

图 5-1-12　吉利帝豪 EV450 纯电动汽车充电口位置

(3) 充电口的端子说明

目前市场上主流的电动汽车充电口端子的数量和定义为国际标准，各种车型都一致。

1）慢充口端子：图 5-1-13 是比亚迪 e5 慢充口车辆端（插座），分为单相和三相两种类型。慢充充电口各端子的定义说明如图 5-1-14 所示。

  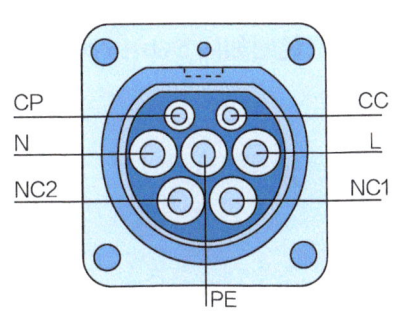

图 5-1-13　慢充口的实物（比亚迪 e5）　　　图 5-1-14　慢充（交流）口端子说明

① CC 端子为充电连接确认，规格：0~30V、2A。

车辆充电系统通过 CC 与 PE（车身地）之间的电阻来判断充电枪插头是否与车辆插座完全连接，并根据电阻值确认充电枪的功率。

CC 与 PE 之间的电阻值对应充电枪功率见表 5-1-1（比亚迪车型为例）。

表 5-1-1　比亚迪 CC 与 PE 电阻值对应充电枪功率

充电枪（充电器）功率	CC 与 PE 电阻值
3.3kW 及以下	680Ω
7kW	220Ω
40kW	100Ω
VTOL（预留）	2kΩ
VTOV（预留）	100Ω

② CP 端子为充电控制确认，规格：0~30V、2A。

车辆充电系统通过 CP 的 PWM 脉冲占空比信号确认当前供电设备支持的最大充电电流。

③ L 端子为交流电源（单相、三相），规格：单相 250V 10A / 16A / 32A，三相 440V、16A / 32A / 63A。

④ NC2 端子为交流电源（三相），规格：三相 440V、16A / 32A / 63A。

⑤ NC3 端子为交流电源（三相），规格：三相 440V、16A / 32A / 63A。

⑥ N 端子为中线（单相、三相），规格：单相 250V、10A / 16A / 32A，三相 440V、16A / 32A / 63A。

⑦ PE 端子为保护接地（搭铁）线。

提示：当出现慢充无法充电时，进行以下故障判定。

车载充电器故障判定：

CP 与 PE 之间的电阻应在 0.7~0.8MΩ 之间，如果测量电阻为 2.7kΩ，说明车载充电器内部二极管可能损坏。

交流充电枪故障判定：

CC 与 PE 之间的电阻在锁止开关按下时应测量到 680Ω 的电阻，否则充电枪故障。

2）快充口端子：图 5-1-15 是比亚迪 e5 快充口车辆端（插座）的实物图。快充充电口各端子的定义说明如图 5-1-16 所示。

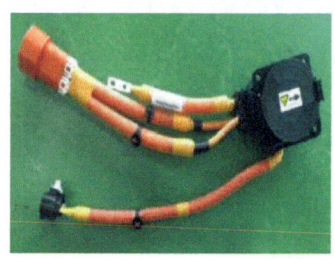

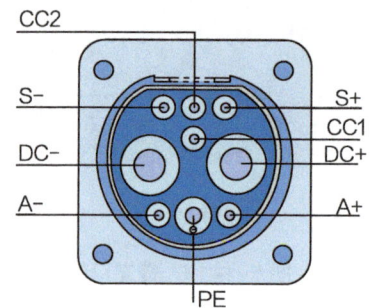

图 5-1-15　快充口的实物图（比亚迪 e5）　　　图 5-1-16　快充（直流）口端子说明

① DC+ 端子为直流电源正，规格：750/1000V、80A/125A/200A/250A。
② DC- 端子为直流电源负，规格：750/1000V、80A/125A/200A/250A。
③ S+ 端子为充电通信 CAN-H，规格：0~30V、2A。
④ S- 端子为充电通信 CAN-L，规格：0~30V、2A。
⑤ CC1 端子为充电确认线，充电桩（直流充电柜）确认充电枪是否插好（充电口端与车身地 1kΩ±30Ω），规格：0~30V、2A。
⑥ CC2 端子为充电确认线，车辆确认充电枪是否插好（充电口端与车身地导通），规格：0~30V 2A。
⑦ A+ 端子为低压辅助电源正，规格：0~30V、2A。
⑧ A- 端子为低压辅助电源负，规格：0~30V、2A。
⑨ PE 端子为保护接地（搭铁）线。

3. 车载充电器

车载充电器（On-Board Charger，OBC）也称车载充电机，车载充电器是充电系统的重要组成部件，慢充（交流）充电必须经过车载充电器完成。

（1）车载充电器的安装位置

早期的电动汽车车载充电器通常单独设计。如图 5-1-17 所示，北汽 E150 EV 纯电动汽车的车载充电器安装在前机舱。如图 5-1-18 所示，吉利帝豪纯电动汽车车载充电器（充电机）也安装在前机舱。如图 5-1-19 所示，比亚迪 e6 车载充电器位于车辆后部。

图 5-1-17　北汽新能源 E150 EV 纯电动汽车车载充电器安装位置

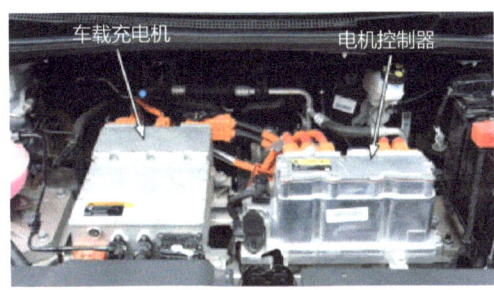
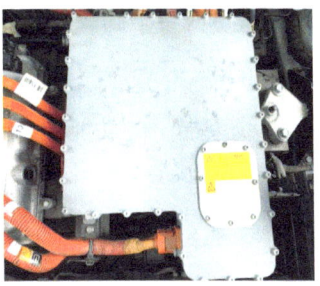

图 5-1-18　吉利帝豪纯电动汽车车载充电器（充电机）安装位置

目前常见电动汽车大部分将车载充电器与其他部件集成一体，如图 5-1-20 所示，北汽新能源的 EV160/EV200 等，将车载充电器、DC/DC 变换器、高压控制盒集成为一体（称 PDU 或 PEU）。如图 5-1-21 所示，比亚迪 e5 纯电动汽车"四合一"高压电控总成集成了车载充电器的功能。

图 5-1-19　比亚迪 e6 纯电动汽车车载充电器安装位置

图 5-1-20　北汽新能源的 PDU 集成了车载充电器功能

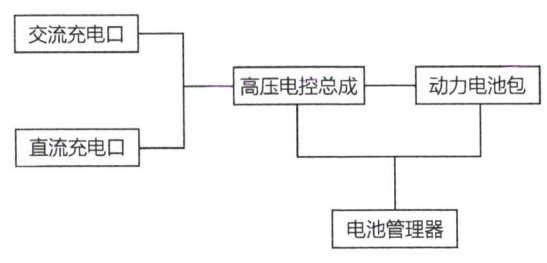

图 5-1-21　比亚迪 e5 的高压电控总成集成了车载充电器功能

（2）车载充电器的功能

车载充电器具备如下的功能：

① 将慢充充电口输入的 220V 交流电转换成直流电输出，为动力电池充电。
② 车载充电器工作过程需要与充电桩、BMS、VCU 等部件进行通信。
③ 车载充电器根据动力电池需求可调节充电输出功率。
④ 软关断功能。为了保证电源切断时，避免立即断电对电器模块造成大电压的冲击，软

关断控制器给高压负载一个卸载时间。在点火开关从 ON 档关闭时，高压电源会延迟 3s 断电。

（3）车载充电器的线束端子功能

车载充电器线束端子的功能以比亚迪 e6 为例介绍，其他车型参照维修手册及其他技术资料。图 5-1-22 是比亚迪 e6 车载充电器的线束功能，图 5-1-23 是比亚迪 e6 车载充电器接线端子功能。

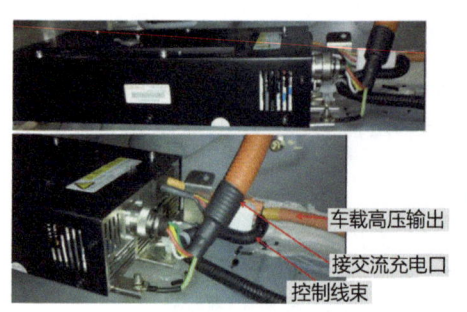

图 5-1-22　比亚迪 e6 车载充电器线束功能

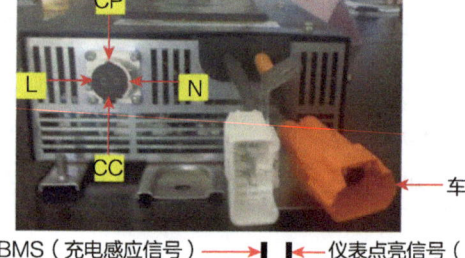

图 5-1-23　比亚迪 e6 车载充电器接线端子功能

（4）车载充电器技术参数

比亚迪 e6 车载充电器的技术参数见表 5-1-2，北汽新能源纯电动汽车车载充电器的技术参数见表 5-1-3。

表 5-1-2　比亚迪 e6 车载充电器技术参数

项　目	参　数	备　注
输入电压	220V/AC	
输入电流	交流额定 14A	满功率充电：使用 16A 以上充电桩或类似设备
高压输出	200~400V/DC	给高压动力电池充电
低压输出	12V/DC	给低压电池充电

表 5-1-3　北汽新能源纯电动汽车车载充电器的技术参数

项　目	参　数	备　注
输入电压	220V/AC	
输出电压	240~410V/DC	
功率	3.3kW	
输入电流	12A	
输出电流	8A	

引导问题二 新能源汽车充电系统是如何工作的？

要进行新能源汽车充电系统的检修，必须先掌握其工作原理。以下以北汽新能源纯电动汽车为例，介绍充电系统的工作原理，其他车型可以参考。

1. 充电系统工作条件要求

作为纯电动汽车的核心，动力电池的充电过程由 BMS 进行控制及保护。

车载充电器工作状态及指令均由 BMS 发出的指令进行控制，包括工作模式指令、动力电池允许最大电压、充电允许最大电流、加热状态电流值。

快充和慢充的流程均为：采用恒流－恒压充电方法，在不同温度范围内以恒定电流充电至动力电池组，总电压达到或最高单体电压达到此温度条件下的规定电压值，再以恒定电压充电至电流小于 0.8A 后停止充电。

（1）慢充充电条件要求

慢充充电条件要求如下：

① 充电线连接确认信号正常；
② 车载充电器供电电源正常（含 220V 和 12V）及充电器工作正常；
③ 充电唤醒信号输出正常（12V）；
④ 车载充电器、VCU、BMS 之间通信正常（主继电器闭合、发送电流强度需求）；
⑤ 单体电池（电芯）温度：0℃ < T < 45℃；
⑥ 单体电池最高电压与最低电压差 < 0.3V（300mV）；
⑦ 单体电池最高温度与最低温度差 < 15℃；
⑧ 绝缘性能 > 20MΩ；
⑨ 实际单体最高电压不大于额定单体电压 0.4V；
⑩ 高、低压电路连接正常。

慢充充电温度与充电电流要求见表 5-1-4。

表 5-1-4 北汽新能源慢充充电温度与充电电流要求

温度	小于 0℃	0~55℃	大于 55℃
可充电电流	0A	10A	0A
备注		当电芯最高电压高于 3.6V 时，降低充电电流到 5A，当电芯电压达到 3.70V 时，充电电流为 0，请求停止充电	

（2）快充充电条件要求

快充充电要求如下：

① 充电线连接确认信号正常；
② BMS 供电电源正常（12V）；
③ 充电唤醒信号输出正常（12V）；
④ 充电桩、VCU、BMS 之间通信正常（主继电器闭合、发送电流强度需求）；
⑤ 单体电池（电芯）温度：5℃ < T < 45℃；

⑥ 单体电池最高电压与最低电压差 < 0.3V（300mV）；
⑦ 单体电池最高温度与最低温度差 < 15℃；
⑧ 绝缘性能 > 20MΩ；
⑨ 实际单体最高电压不大于额定单体电压 0.4V；
⑩ 高、低压电路连接正常。

快充采用地面充电桩充电，快充充电温度与充电电流要求见表 5-1-5。

表 5-1-5　北汽新能源快充充电温度与充电电流要求

温度	小于 5℃	5~15℃	5~45℃	大于 45℃
可充电电流	0A	20A	50A	0A
备注	恒流充电至额定电压 343V/ 电芯电压 3.5V 以后转为恒压充电方式			

2. 充电系统控制原理

（1）慢充模式

如图 5-1-24 所示，在慢充模式下，充电系统由供电设备（充电桩）、慢充接口、车载充电器、高压控制盒 BDU、动力电池（含 BMS）、整车控制器 VCU、高压线束和低压控制线束等组成。

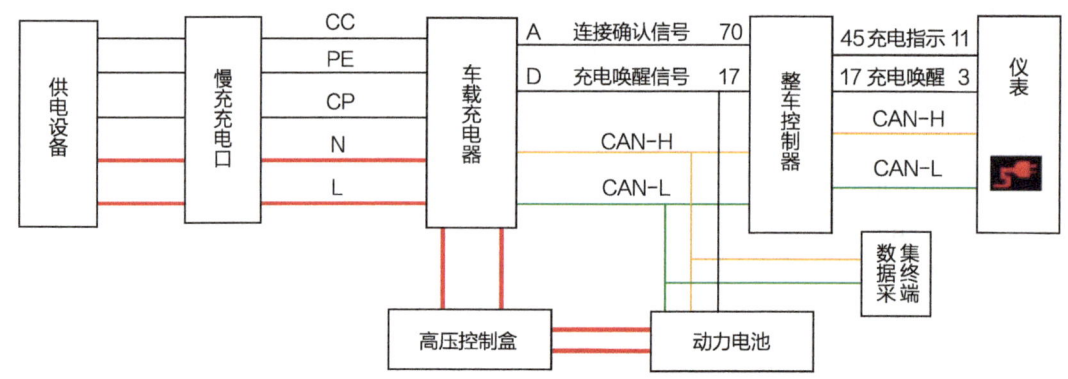

图 5-1-24　慢充模式充电系统结构原理

充电枪连接通过车载充电器反馈到整车控制器，再唤醒仪表显示连接状态（负触发）；车载充电器同时唤醒整车控制器和动力电池 BMS（正触发），整车控制器唤醒仪表启动显示充电状态（负触发）；正、负主继电器由整车控制器发出指令，由动力电池 BMS 控制闭合。

慢充的具体控制过程见表 5-1-6 和图 5-1-25。

表 5-1-6　慢充控制过程

车载充电器	动力电池及 BMS	VCU、仪表及数据采集终端
220V 交流上电	待机	待机
12V 低压供电等待指令	检测充电需求，充电唤醒	唤醒
接收指令并执行加热流程	BMS 检测电池状态并发送加热指令	
接收指令并停止工作	BMS 监控电池温度并发送停止指令	

（续）

车载充电器	动力电池及 BMS	VCU、仪表及数据采集终端
接收指令并执行充电流程	BMS 待充电器反馈后发送充电指令，并闭合继电器	唤醒
接收指令并停止工作	BMS 监控电池状态并发送完成指令，电池断开继电器	
完成后 1min 控制充电桩结算	待机	待机

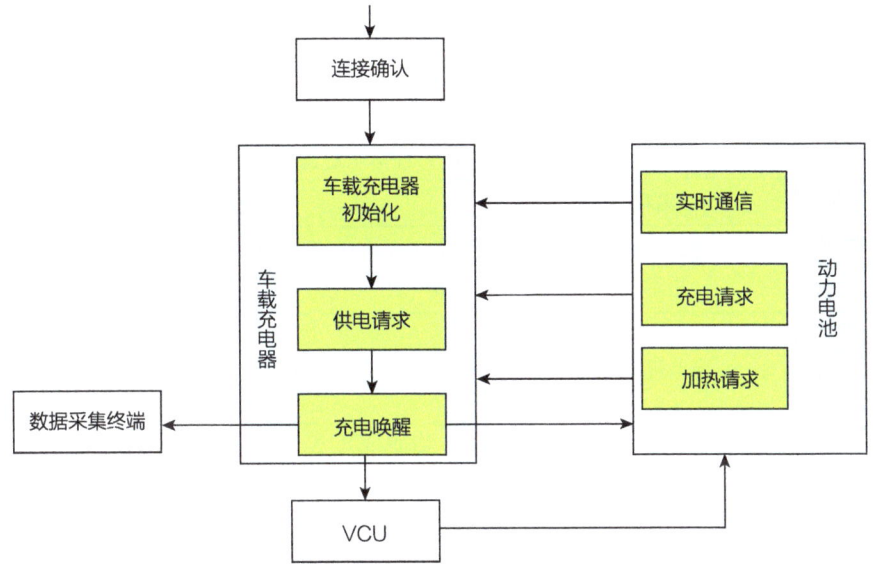

图 5-1-25　慢充模式充电控制过程

（2）快充模式

如图 5-1-26 所示，在快充模式下，充电系统主要由充电桩（直流快充桩）、快充接口、高压控制盒 BDU、动力电池（含 BMS）、整车控制器 VCU、高压线束和低压控制线束等组成。

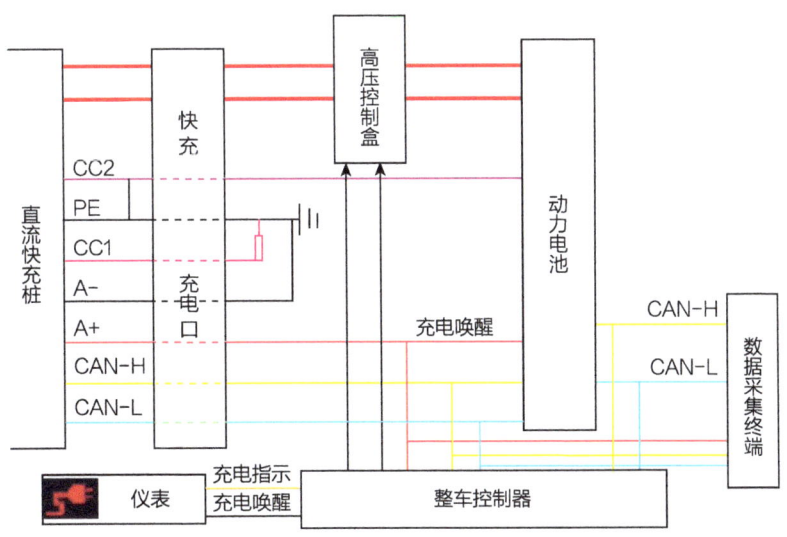

图 5-1-26　快充模式充电系统结构原理

整车控制器是快速充电功能的主控模块。将快速充电接口由充电桩连接至车辆快充接口以后,整车控制器通过 CC 线判断充电接口已经正确连接,并启用唤醒线路唤醒车辆内部充电系统电路及部件。整车控制器通过输出高压接触器接通指令至高压控制盒,实现快速充电桩与动力电池之间高压电路的接通。接通并实现充电时,整车控制器向仪表输出正在充电显示信息。

引导问题三　新能源汽车充电系统有哪些常见故障？如何检修？

1. 充电系统指示灯

以北汽新能源纯电动汽车为例,仪表充电系统相关的指示灯见表 5-1-7。

表 5-1-7　充电系统指示灯说明

序号	显示	名称	指示说明	
1		充电线连接指示灯	点亮表示充电线连接。信号来源是 VCU 给出的硬线信号,低有效	
2		充电提醒灯	电量过低时点亮,信号来自 VCU 的 CAN 信号	
3		剩余电量表	当前 SOC 范围	剩余电量表 LED 点亮数目
			SOC>82%	5
			82% ≥ SOC>62%	4
			62% ≥ SOC>42%	3
			42% ≥ SOC>22%	2
			22% ≥ SOC>5%	1
			SOC ≤ 5%	0

2. 车载充电器常见的故障与检修

车载充电器故障信息将通过 CAN 总线报至总线各模块(BMS、VCU)上,通过诊断仪器可以读出的故障信息。

车载充电器常见的故障如下:

(1) 12V 低压供电异常

当充电器 12V 电源异常时,BMS、仪表等由于没有唤醒信号唤醒,无法与充电器进行通信。

当 12V 电源未上电,最简单的判断方式就是交流上电的时候,动力电池没有发出继电器闭合的声音,一般都是 12V 电源异常,需要检查低压熔丝盒内充电唤醒的熔丝及继电器,以及充电器端子是否出现退针的情况。

(2) 充电器检测的电池电压不满足要求

在充电过程中,BMS 可以正常工作,但充电器工作开始前需要检测动力电池电压,当动力电池电压在工作范围内,车载充电器可以正常工作,否则充电器认为电池不满足充电的要求。此情况常见的为高压插接件端子退针或高压熔丝熔断，或者电池电压超过工作范围。

（3）充电器检测与充电桩通信不正常

充电器工作过程中会检测与充电桩之间的通信信号，当判断到 CC 信号断开，充电器认为此时将要拔掉充电枪，会停止工作，防止带电插拔，提升充电枪端子寿命。当充电枪未插到位时，可能出现此情况。

（4）充电桩输入电压正常，由于施工时电源线不符合标准所引起的无法充电故障

车辆在低温环境下，充电桩开始时与充电器连接正常，由于车辆动力电池低温下需将电芯加热至 0~5℃时，才能进行正常充电。加热过程时，负载较小，电压下降并不多；进入充电过程时，负载加大，输入电压下降；充电桩为充电器提供的电源电压低于 187V 时，充电器无法正常工作；充电器停止工作后，负载减小，测量时电压又恢复正常。这种情况一定要在充电器进入充电过程时测量当时准确电压，来找到故障所在。

另外，外接的充电电源接地线线路不良，是造成新能源汽车无法充电的常见原因。

3. 慢充常见的故障与检修

下面以北汽新能源纯电动汽车实例介绍慢充常见的故障诊断与排除方法。

（1）车辆无法充电

故障现象：
车辆在使用充电桩充电时，充电桩指示灯亮，充电器电源工作灯亮，车辆无法充电。

可能原因：
BMS 故障、动力电池故障、通信故障。

故障诊断与排除：
根据上述故障现象充电桩和充电器工作指示灯正常，第一个检查对象应该放在通信和动力电池内部。用故障检测仪检测故障码及数据流，读出故障码：P1048（SOC 过低保护故障）、P1040（电池单体电压欠压故障）、P1046（电池电压不均衡保护故障）、P0275（电池电压不均衡保护故障）；读出数据流：动力电池单体电芯最低电压为 2.56 V、动力电池单体电芯最高电压为 3.2V。单体电芯电压差大于 500mV 时，BMS 启动充、放电保护而无法充电，经过更换产生故障的动力电池单体电芯，动力电池故障解除，车辆恢复充电。

故障分析：
通过以上故障诊断与排除过程，总结一下动力电池具备充电的条件：

- 充电桩与车载充电器通信正常。
- 车载充电器要能正常工作，无故障。
- 整车控制器与充电器、BMS 通信要正常。
- 唤醒信号要正常。
- 单体电芯之间电压差小于 500mV。
- 高压电路无绝缘故障。
- 动力电池内部温度在充电的温度范围内。

(2) 充电时充电桩跳闸

故障现象：

车辆在使用充电桩慢充充电时充电桩跳闸，充电器无法充电。

可能原因：

充电器内部短路。

故障诊断与排除：

检查充电桩交流 220V 电压、充电桩 CP 线与充电器连接均正常；再检查充电线束、高压线束、充电器、动力电池的绝缘均正常，更换充电器后，故障排除。

故障分析：

因为此车的故障现象是充电桩跳闸，说明 CC 连接信号和互锁电路正常，基本可以断定是充电器内部短路故障。

(3) 充电器指示灯不亮

故障现象：

车辆在使用充电桩慢充充电时，充电器指示灯不亮，车辆无法充电。

可能原因：

充电器内部故障、充电连接信号中断或互锁电路故障。

故障诊断与排除：

检查低压熔丝盒内的电池充电熔丝和充电器低压电源，将万用表旋到直流电压档测量充电器低压电源正常，再检查充电系统连接插件无退针、锈蚀现象，更换充电器后故障排除。

故障分析：

此故障经检查充电器低压供电正常，而充电工作指示灯都不亮，基本确定为充电器内部故障。

4. 快充常见的故障与检修

(1) 充电桩显示车辆未连接

检修方法如下：

- 检查快充口 CC1 端与 PE 端是否有 1000Ω 电阻。
- 检查快充口导电层是否脱落。
- 检查充电枪 CC2 与 PE 是否导通。

(2) 动力电池继电器未闭合

检修方法如下：

- 检查充电桩输出正极唤醒信号是否正常。
- 检查充电桩输出负极唤醒信号与 PE 是否导通。
- 检查充电桩 CAN 通信是否正常。

(3) 动力电池继电器正常闭合，但无输出电流

检修方法如下：

- 检查充电桩与动力电池 BMS 软件版本是否匹配。
- 检查高压连接器及线缆是否正确连接。
- 用诊断仪查看充电监控状态。

图 5-1-27 为比亚迪 e6 动力电池在充电时的监控状态数据流。

高压电池管理器	1/15
电池组当前总电压：	295V
电池组当前总电流：	1.0A
电池的健康指数：	100%
剩余电池电量：	60%
电池组最高温度：	28℃
标称容量：	232Ah
充电是否允许：	不允许
预充状态：	预充完成
DC 预充状态：	预充完成
放电主接触器状态：	吸合
预充接触器状态：	断开
充电接触器状态：	断开
按 [↑] 键上移 按 [↓] 键下移 按 [OK] 键进入下级菜单	

高压电池管理器	2/15
DC 预充接触器状态：	断开
DC 接触器状态：	吸合
放电是否允许：	允许
最低电压电池号：	12
最低单节电池电压：	3.17V
最高电压电池号：	25
最高单节电池电压：	3.18V
最低温度电池号：	7
最低单节电池温度：	27℃
最高温度电池号：	1
最高单节电池温度：	28℃
电池组充电状态：	正常
按 [↑] 键上移 按 [↓] 键下移 按 [OK] 键进入下级菜单	

图 5-1-27　比亚迪 e6 充电监控状态数据流

图 5-1-28 所示是吉利帝豪 EV450 动力电池充电监控状态数据流。

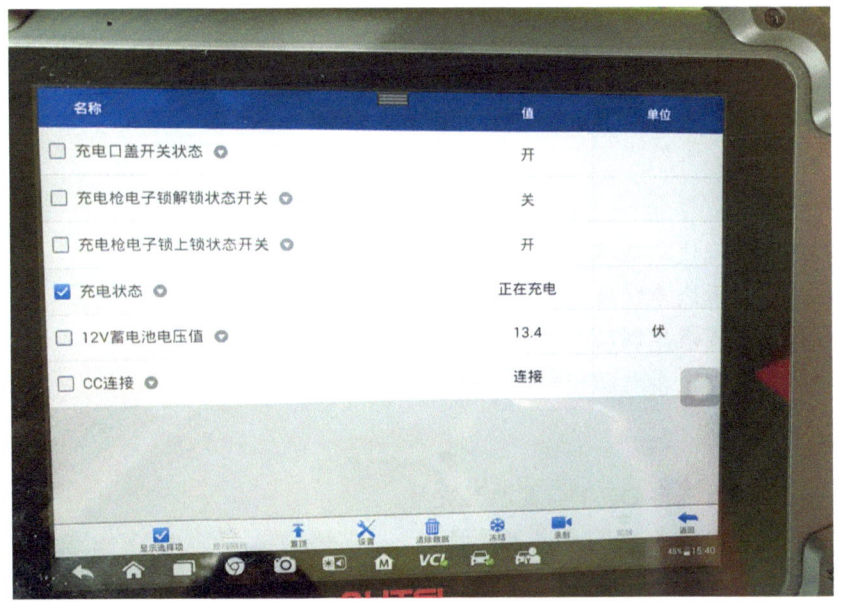

图 5-1-28　吉利帝豪 EV450 动力电池充电监控状态数据流

自我测试

1. 判断题

（1）交流慢充充电方式的通过车载充电器进行，直流快充则不经过车载充电器直接为动力电池充电。　　　　　　　　　　　　　　　　（　　）

（2）车辆慢充充电系统通过 CC 与 PE 之间的电阻值确认充电枪的功率。（　　）

（3）车辆慢充充电系统通过 CP 的信号确认供电设备支持的最大充电电压。（　　）

（4）快充充电口 S+、S− 端子分别为直流电源正负极。　　　　　　（　　）

（5）外接的充电电源接地线线路不良，会造成电动汽车无法充电。　（　　）

2. 单选题

（1）以下关于充电口的设计说法正确的是（　　　）。
　　A. 交流 9 针，直流 7 针　　　　　　B. 交流直流都是 7 针
　　C. 交流 7 针，直流 9 针　　　　　　D. 交流直流都是 9 针

（2）交流充电时，电流大于（　　　）时，供电接口和车辆接口应具有锁止功能。
　　A. 8 A　　　　　B. 16 A　　　　　C. 32 A　　　　　D. 64 A

（3）交流充电时，确认充电枪与车辆充电口连接的端子是（　　　）。
　　A. CC　　　　　B. CP　　　　　　C. L　　　　　　D. PE

（4）直流充电时，确认充电枪与车辆充电口连接的端子是（　　　）。
　　A. CC1　　　　　B. CC2　　　　　C. PE　　　　　　D. S

（5）以下关于充电系统快充和慢充流程正确说法是（　　　）。
　　A. 持续恒压　　　B. 持续恒流　　　C. 先恒压再恒流　　D. 先恒流再恒压

任务二　新能源汽车辅助系统结构原理与检修

学习目标

知识目标

1. 能够描述新能源汽车低压电源系统结构组成与检修方法。
2. 能够描述新能源汽车暖风与空调系统结构组成与检修方法。
3. 能够描述新能源汽车制动系统结构组成与检修方法。
4. 能够描述新能源汽车电动转向系统结构组成与检修方法。

技能目标

1. 能够进行新能源汽车 DC/DC 变换器更换。
2. 能够进行新能源汽车 PTC 加热器更换。
3. 能够进行新能源汽车制动真空泵、真空罐更换。

项目五　充电及辅助系统检修

任务导入

除了驱动系统外，新能源汽车在低压电源、暖风与空调、制动、转向等辅助系统和传统汽车也有所区别，如果这些系统出了故障，你能进行检修吗？

获取信息

❓ 引导问题一　新能源汽车低压电源系统与传统汽车有什么区别？如何检修？

1. 新能源汽车低压电源系统与传统汽车的区别

传统燃油汽车的交流发电机利用发动机的旋转发电，发出的电提供给用电器并为蓄电池充电。新能源汽车（电动汽车）低压电源供给是将动力电池的高压电源通过DC/DC变换器转变为12V低压电源，为车载12V蓄电池充电和车身电器部件提供工作电源；常规车身电器部件包括控制模块、灯光、中控门锁、信息娱乐系统、电动门窗等。

如图5-2-1所示是纯电动汽车DC/DC变换器为低压蓄电池充电示意图。

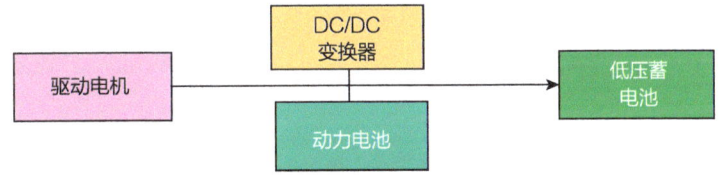

图 5-2-1　纯电动汽车DC/DC变换器为低压蓄电池充电

如图5-2-2所示是混合动力汽车DC/DC变换器为低压蓄电池充电示意图。

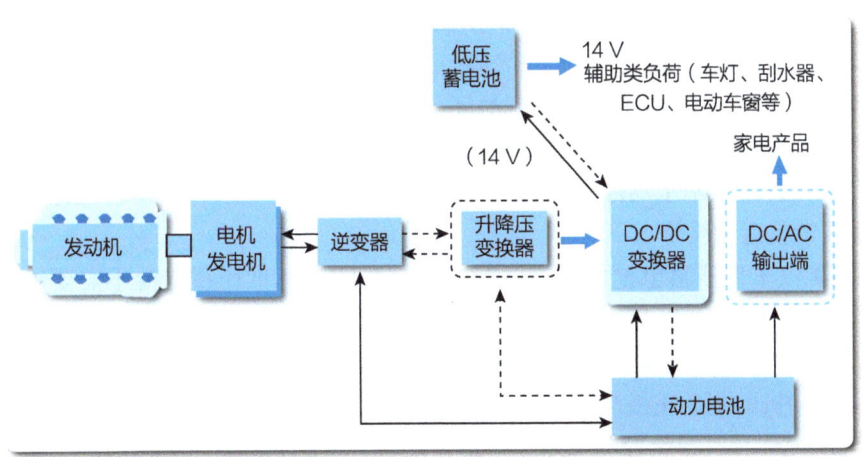

图 5-2-2　混合动力汽车DC/DC变换器为低压蓄电池充电

传统燃油汽车当发动机转速低时，如果同时使用空调、音响及车灯等，有时电池的电量会用尽。即使发动机仍在运行，有些条件下（如用电器全开）也会出现电力不足现象。而混合动力汽车和纯电动汽车使用动力电池和 DC/DC 变换器，便可不必考虑发动机的转速而使用电力。

纯电动汽车利用 DC/DC 变换器为低压蓄电池充电，从而可以省去原来的交流发电机。部分混合动力车型的发动机保留了发电机，低压电器系统由 12V 蓄电池、DC/DC 变换器和发电机三个电源共同提供，如图 5-2-3 所示是比亚迪秦混合动力汽车的低压电源系统。

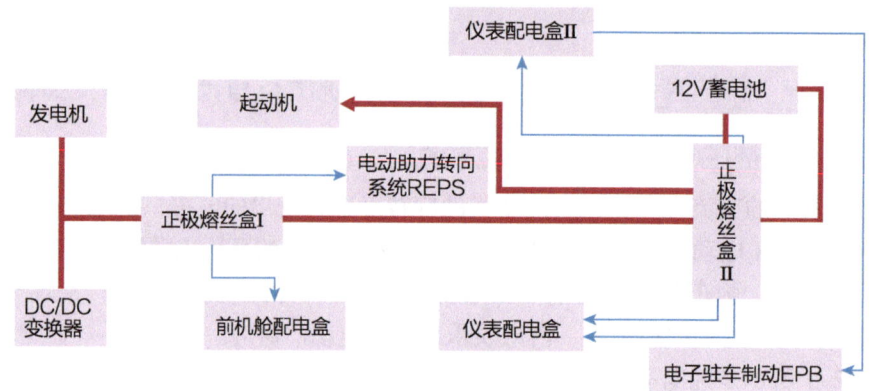

图 5-2-3　比亚迪秦混合动力汽车低压电源系统

2. 新能源汽车低压电源系统的结构组成

（1）低压蓄电池

1）新能源汽车保留低压蓄电池的原因：纯电动汽车和混合动力汽车理论上也可以省去低压蓄电池，但实际上还是保留了低压蓄电池。这样做有两个主要原因：

一是保留低压蓄电池能够降低车辆的成本。低压蓄电池能在短时间内向控制模块、刮水器及灯光等车身电器释放大电流。如果省去低压蓄电池而将高压动力电池的电力用于车身电器，DC/DC 变换器的尺寸势必就要增大，从而使整体成本增加。低压蓄电池价格便宜，因此目前将低压蓄电池取消还没有成本上的优势。

二是确保电源的冗余度。低压蓄电池还具有确保向辅助类电器供电的冗余度的作用。DC/DC 变换器出现故障停止供电时，如果没有低压蓄电池，辅助类电器就会立即停止运行。如夜间车灯不亮、雨天刮水器停止运行等，就会影响驾驶。如果有低压蓄电池，便能够将汽车开到家里或者就近的维修工厂。

2）新能源汽车低压蓄电池的特点：纯电动汽车的 12V 低压蓄电池不需要给起动机提供起动时的大电流，容量可以变小。混合动力汽车低压蓄电池结构和类型也与传统汽车有所区别。以比亚迪为例，比亚迪秦 12V 低压蓄电池与传统汽车的区别是：

① 用于发动机的起动正极与其他用电器的供电正极分开了。

② 蓄电池内部具有智能控制模块（BMS），用于对蓄电池进行智能控制。例如蓄电池电压低时，关闭多媒体系统的电源。

如图 5-2-4 所示是比亚迪秦 12V 蓄电池的外形，图 5-2-5 是蓄电池的注意事项说明，图 5-2-6 是 BMS 功能之一，当蓄电池电压低时，关闭多媒体系统。

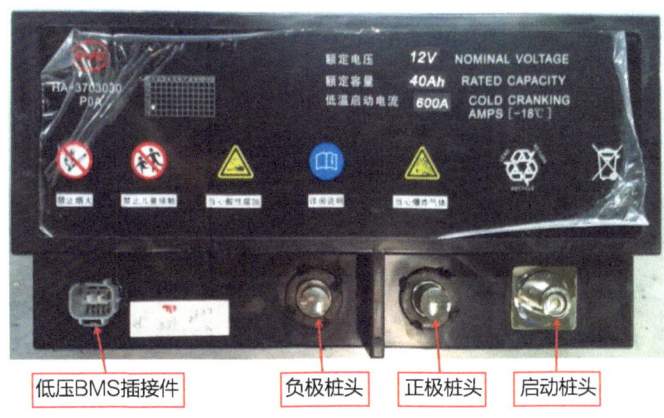

图 5-2-4　比亚迪秦低压蓄电池

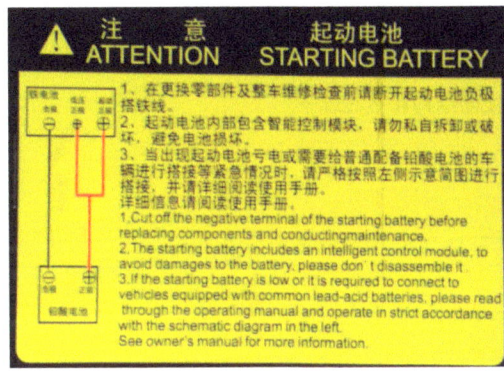

图 5-2-5　比亚迪秦低压蓄电池注意事项说明

图 5-2-6　BMS 在电源电压低时关闭多媒体

（2）DC/DC 变换器

以下介绍常见车型 DC/DC 变换器的功能和结构特点。

1）北汽新能源汽车 DC/DC 变换器：北汽新能源纯电动汽车的 DC/DC 变换器除了少数车型（如 E150EV、EV200、EC180 等）独立安装外，其他大部分车型集成在 PDU 内部。如图 5-2-7 所示，整车控制器 VCU 通过使能（提供 12V 电源）控制 DC/DC 变换器开关机，将动力电池直流高压转换成 12V 低压电源提供整车低压系统用电。VCU 同时监控 DC/DC 变换器是否存在故障。

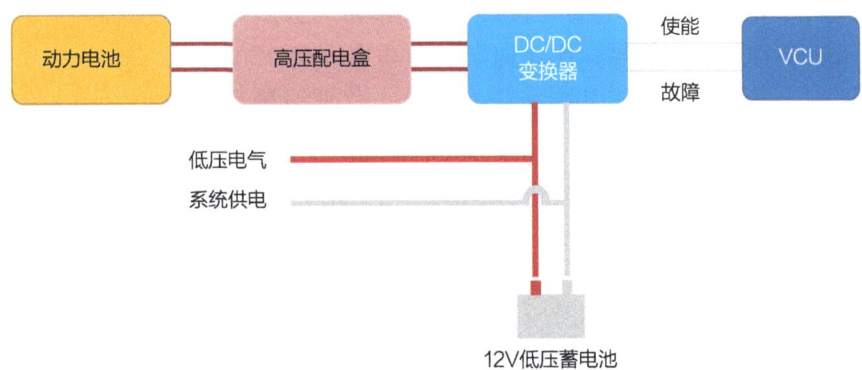

图 5-2-7　北汽新能源低压电源系统控制方式

北汽新能源 DC/DC 变换器结构和接线端子如图 5-2-8 所示。

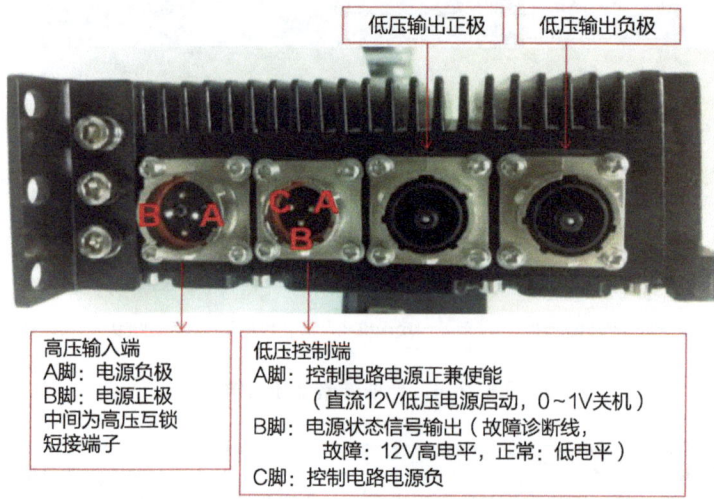

图 5-2-8　DC/DC 变换器结构和接线端子

DC/DC 变换器技术参数见表 5-2-1。

表 5-2-1　北汽新能源电动汽车 DC/DC 变换器技术参数

项目	参数
输入电压	240~410V DC
输出电压	14V DC
效率	峰值大于 88%
冷却方式	风冷
防护等级	IP67

2）比亚迪 e6 DC/DC 变换器：比亚迪 e6 的 DC/DC 变换器安装在前机舱内，与空调驱动器集成一体，即同时为空调压缩机和暖风 PTC 加热器提供高压电源。DC/DC 在主接触器吸合时工作，将动力电池 318V 的高压电转换成 12V 电源，供给整车用电器工作，并且在低压蓄电池亏电时给低压蓄电池充电。

比亚迪 e6 的 DC/DC 变换器位置与接口连接关系如图 5-2-9 所示。

3）比亚迪秦 DC/DC 变换器：比亚迪秦混合动力汽车 DC/DC 变换器与驱动电机控制器集成在一起，接口端子连接关系如图 5-2-10 所示。比亚迪秦 DC/DC 变换器的功能如下（图 5-2-11）：

① 纯电模式下，DC/DC 变换器的功能替代了传统燃油汽车的发电机，和 12V 低压蓄电池（铁电池）并联给各用电器提供低压电源。DC/DC 变换器在动力电池的高压直流输入端接触器吸合后便开始工作，输出的额定电压为 13.5V。

② 充电模式下，燃油发动机运转带动发电机发出 13.5V 直流电，经过 DC/DC 变换器升压转换为 500V 高压直流为动力电池充电。

项目五 充电及辅助系统检修　155

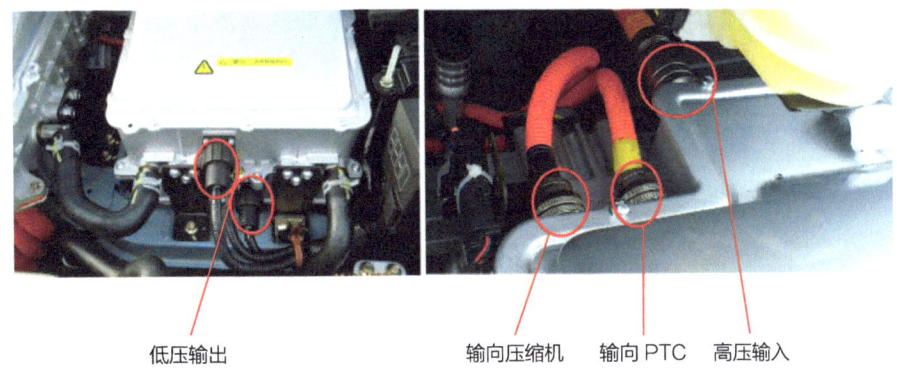

图 5-2-9　DC/DC 变换器位置与接口连接关系（比亚迪 e6）

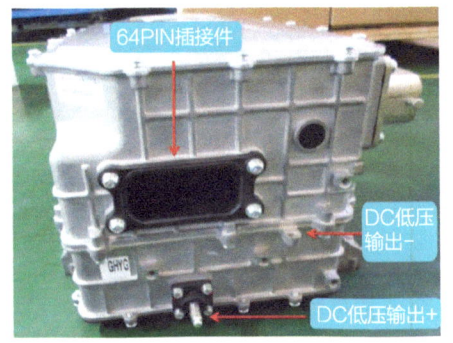

图 5-2-10　比亚迪秦 DC/DC 变换器
（与驱动电机控制器一体）

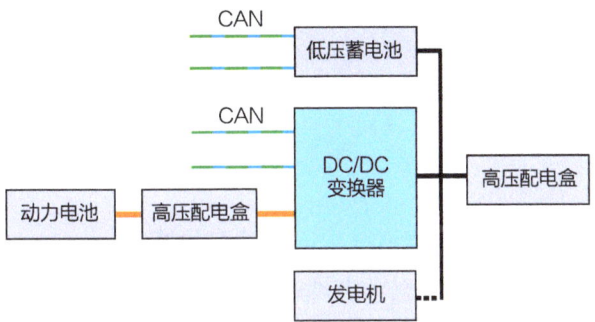

图 5-2-11　比亚迪秦 DC/DC 系统框图

从电压升降的角度，DC/DC 变换器具有降压和升压功能（图 5-2-12）：

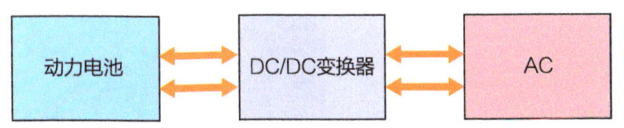

图 5-2-12　比亚迪秦动力电池、DC/DC 与用电器（空调）控制示意图

① 降压：将动力电池 480V 的高压电转换成 12V 电源。DC/DC 变换器在主接触器吸合时工作，输出的 12V 电源供给整车用电器工作，并且在低压蓄电池亏电时给低压蓄电池充电。

② 升压：当动力电池电量不足时，DC/DC 变换器将发电机发出的电供整车低压用电器用电后多余的量升压后给动力电池充电及空调（AC）压缩机用电。

4）丰田混合动力汽车 DC/DC 变换器：以普锐斯为例，丰田混合动力汽车的 DC/DC 变换器内置于变频器（驱动电机控制器）中，并用内部控制线路操控。图 5-2-13 是变频器（含 DC/DC 变换器）位置图。

普锐斯 DC/DC 变换器工作过程如图 5-2-14 所示。

图 5-2-13　丰田混合动力汽车变频器
（含 /DC/DC 变换器）位置图

HV 蓄电池的 288V 高压直流经 DC/DC 变换器转换成 12V 低压直流电为辅助蓄电池充电；驱动电机/发电机（MG1/MG2）发电及制动能量回收的电能经变频器升压成 500V 直流高压，经可变电压系统也可为低压蓄电池充电。

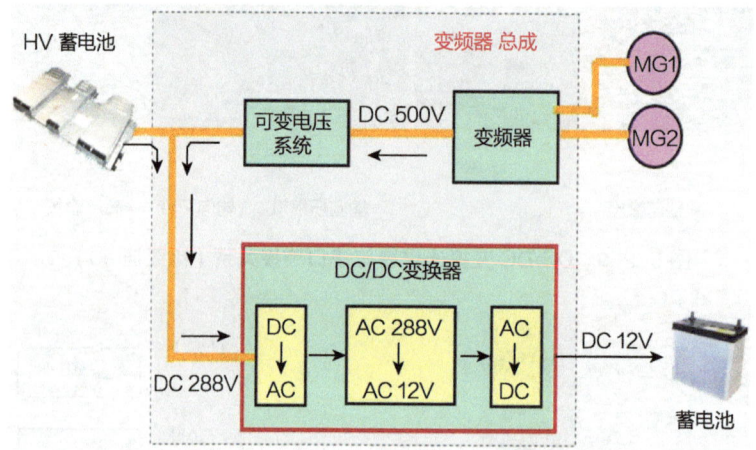

图 5-2-14　DC/DC 变换器工作过程示意图

3. 低压电源系统常见故障与检修

以下以北汽新能源纯电动汽车为例，介绍低压电源系统常见故障与检修方法，其他类型的车辆请参照相关的维修手册或资料。

（1）12V 蓄电池故障

1）故障现象：如图 5-2-15 所示，点火开关置于 ON 位置，仪表显示蓄电池故障，系统故障灯点亮。

2）可能原因：蓄电池本身故障、DC/DC 变换器故障或 DC/DC 变换器与蓄电池连接电路故障。

3）检查与排除方法：

图 5-2-15　蓄电池报警

- 检查蓄电池电压值是否正常。
- 检查低压熔丝盒内 DC/DC 变换器的熔丝是否正常。
- 检查 DC/DC 电源正负极供电电路是否正常。
- 检查高压控制盒 BDU 对接高压线束插件的电路是否正常。
- 检查 DC/DC 变换器输出端的搭铁线负极插件端子是否正常。

如果不正常，进行更换或检修。

4）故障分析：关于蓄电池故障主要有两个原因。

- 蓄电池本身故障导致储能下降；蓄电池的检测采用专用检测仪或高频放电计确定蓄电池性能。

- DC/DC 变换器系统故障无法为蓄电池充电。当整车电器使用的功率大于 DC/DC 输出功率时，蓄电池协助 DC/DC 变换器供电而满足电能的需求。

从以上检查过程可以看出，低压电源系统检查的主要是 DC/DC 变换器本身是否能正常工作，其次检查高压直流电源输入和低压输出的电路。

（2）DC/DC 变换器故障

DC/DC 变换器发生故障，利用故障检测仪器读取整车控制器 VCU 等其他控制模块存储的 DTC（故障码），会读取到"P1792 DC/DC 故障"和"P1796 DC/DC 驱动通道对电源短路故障"等故障码，可能原因见表 5-2-2。

表 5-2-2 DC/DC 变换器故障码说明

DTC	DTC 定义	DTC 检测条件	DTC	可能的故障原因
P1792	DC/DC 故障	点火开关 ON/START 位置	仪表蓄电池故障指示灯亮	DC/DC 故障
P1796	DC/DC 驱动通道对电源短路	点火开关 ON/START 位置	DC/DC 连接线束短路	DC/DC 线束与连接器故障

DC/DC 变换器快速检查诊断表见表 5-2-3。

表 5-2-3 DC/DC 变换器快速检查诊断

序号	检查步骤	检查结果		
0	初步检查	正常	有故障	操作方法
	检查熔丝是否熔断	检查第 1 步	熔丝熔断	更换熔丝
1	检查高压熔丝	正常	有故障	操作方法
	检查高压熔丝是否熔断	检查第 2 步	高压熔丝熔断	更换高压熔丝
2	检查继电器	正常	有故障	操作方法
	检查 DC/DC 继电器是否损坏	检查第 3 步	DC/DC 继电器损坏	更换 DC/DC 继电器
3	检查控制器（VCU）	正常	有故障	操作方法
	检查控制器（VCU）是否损坏	检查第 4 步	控制器（VCU）损坏	更换控制器（VCU）
4	检查 DC/DC 变换器电路	正常	有故障	操作方法
	检查 DC/DC 变换器供电是否正常	检查第 5 步	DC/DC 变换器短路或断路	维修供电线路
5	检查 DC/DC 变换器	正常	有故障	操作方法
	检查 DC/DC 变换器是否损坏	检查第 6 步	DC/DC 变换器损坏	更换 DC/DC 变换器
6	检查操作	正常	有故障	操作方法
	正确检修操作后，检查故障是否再出现	诊断结束	故障未消失	从其他症状查找故障原因

引导问题二　新能源汽车暖风与空调系统和传统汽车有什么区别？如何检修？

1. 新能源汽车暖风系统结构原理与检修

纯电动汽车没有传统汽车的燃油发动机，没有了稳定的热源。如果采用电器部件（如驱动电机）工作的热量来加热冷却液是远远不够的，无法给车内提供足够的热源。因此，纯电动汽车的暖风系统靠电加热器的热能来采暖。

（1）暖风形成方式

纯电动汽车暖风系统的结构组成和传统汽车类似，主要由鼓风机（空气净化风扇）、蒸发器、蒸发器温度传感器、热交换器（电加热器）和热交换器温度传感器组成，如图 5-2-16 所示。

新能源汽车上基本上采用 PTC 电加热器，有加热空气和加热冷却液两种加热方式。

1）加热空气方式：PTC 加热器（图 5-2-17）采用热敏陶瓷元件，由若干单片组合后与波纹散热铝条经高温胶粘结成，具有热阻小、换热效率高的显著优点。PTC 的最大特点在于其安全性，即遇风机故障堵转时，PTC 加热器因得不到充分散热，功率会自动急剧下降，此时加热器的表面温度维持限定温度（一般为 240℃ 左右），不致产生电热管类加热器表面的"发红"现象，排除了发生事故的隐患。

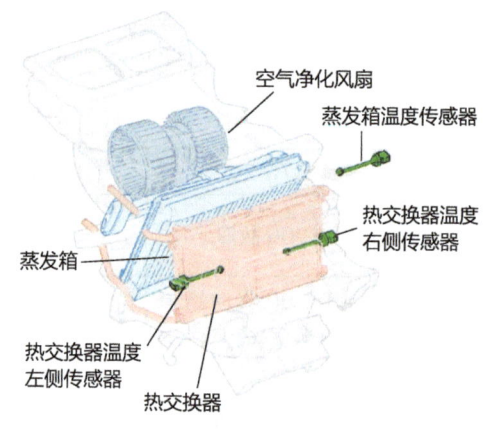

图 5-2-16　暖风系统的结构组成

PTC 加热器的结构组成（如图 5-2-18 所示）：

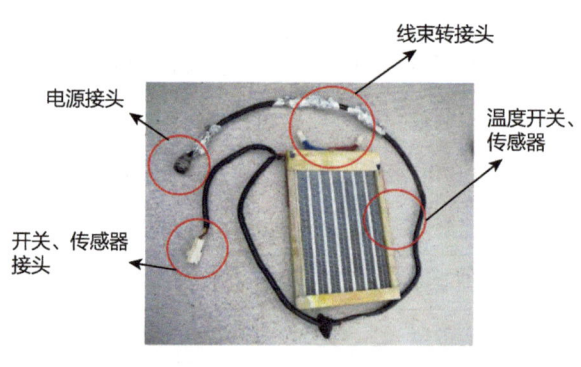

图 5-2-17　PTC 加热器

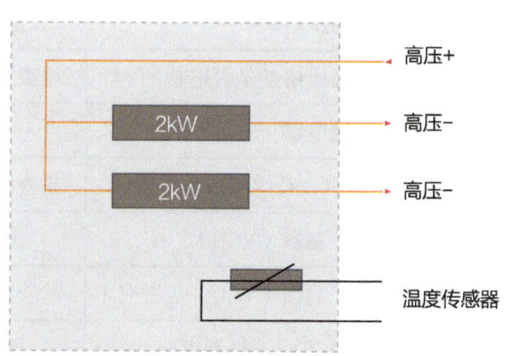

图 5-2-18　PTC 加热器结构示意图

① 加热器：由 2 组电热阻丝并联组成，单独控制。
② 温度传感器：检测加热器本体的温度，控制加热器导通和切断。
③ 熔断器：位于加热器底座，防止加热器失控发生火灾。

PTC 加热器参数见表 5-2-4。

表 5-2-4　PTC 加热器参数（北汽新能源）

项目	技术要求	试验条件
额定输入电压	随动力电池电压	336V
额定功率	3500W	环境温度：25±1℃ 施加电压：384±1V DC 风速：4.5m/s
功率偏差率	−10%~10%	
冷态最大起始电流	20A	环境温度：25±1℃ 施加电压：336±1V DC
单级冷态电阻	80~300Ω	在 25℃±1℃环境下，放置 >30min 后测量

PTC 加热器的控制原理如图 5-2-19 所示。点火开关打开后，空调继电器为压缩机控制器、PTC 控制器提供电源。PTC 控制器根据来自空调面板（空调控制器）的暖风请求信号（CAN-H 和 CAN-L）以及温度传感器信号，控制 PTC 加热器工作。

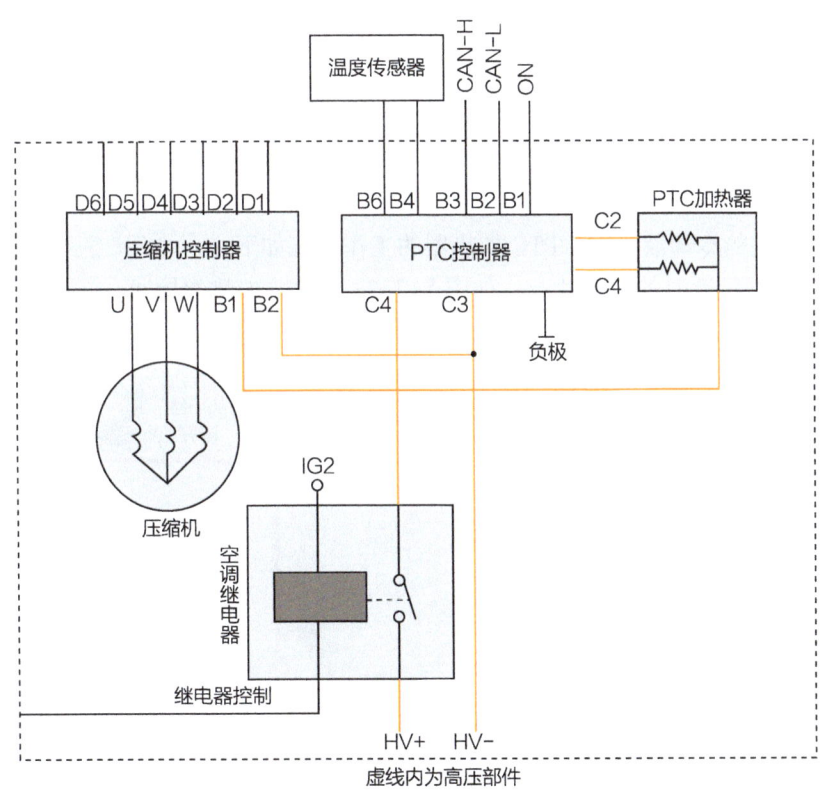

图 5-2-19　PTC 加热器的控制原理（北汽新能源）

鼓风机吹出的空气将 PTC 散发出的热量送到车厢内或风窗玻璃上，用以提高车厢内温度和除霜，如图 5-2-20 所示。

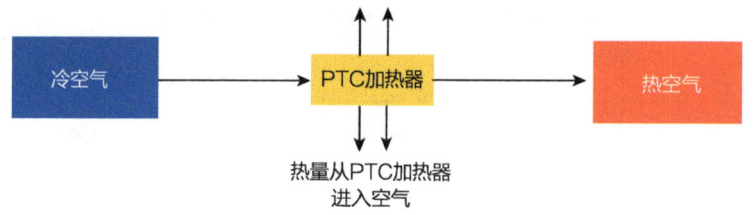

图 5-2-20 暖风形成方式

2）加热冷却液方式：为保证在温度较低的情况下，给车内提供足够的热源，有些类型的纯电动汽车在冷却液循环系统（图 5-2-21）上安装一个 PTC 加热器（图 5-2-22）。PTC 加热器加热冷却液，使冷却液的温度达到合适的温度，通过暖风芯体给车内提供足够的热源。

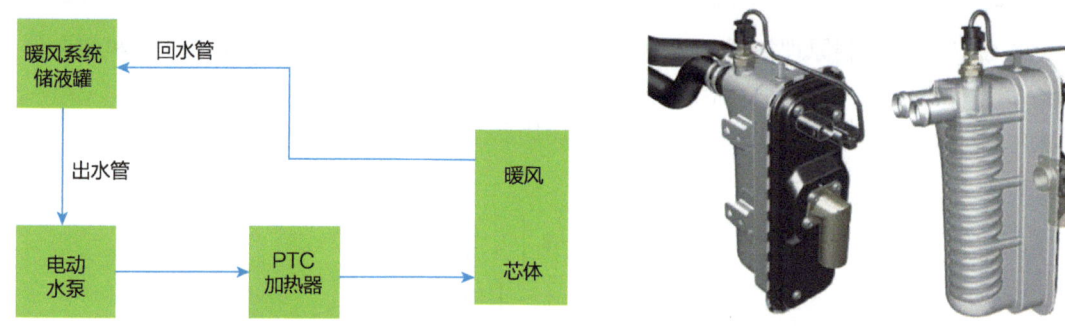

图 5-2-21 暖风冷却液循环系统组成示意图　　图 5-2-22 冷却液 PTC 加热器

为了控制合适的冷却液温度，PTC 加热器的工作状态如下：

① 冷却液温度较低时的工作状态：如图 5-2-23 所示，加热丝导通。

② 冷却液温度较高时工作状态：如图 5-2-24 所示，加热丝断开。

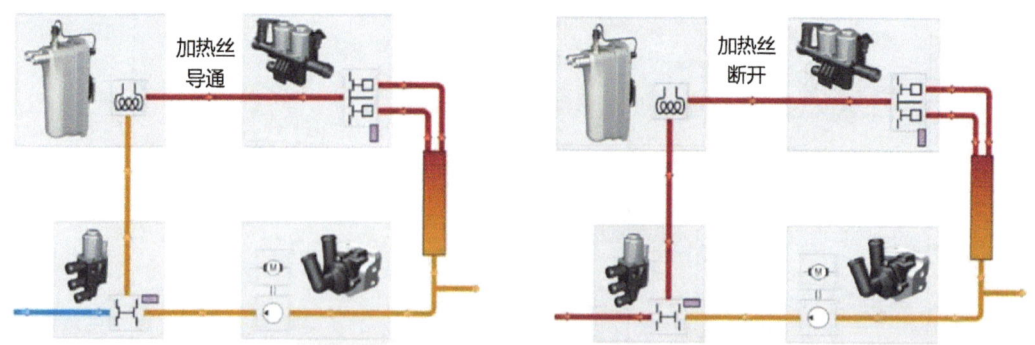

图 5-2-23 冷却液加热器工作状态（导通）　　图 5-2-24 冷却液加热器工作状态（断开）

比亚迪 e5 纯电动汽车采用独立的暖风水循环系统。图 5-2-25 是比亚迪 e5 的 PTC 加热器（比亚迪称"水加热模块"）和暖风储水壶，PTC 加热器额定功率为 6kW。图 5-2-26 是暖风系统电子水泵，安装在电动压缩机上端。

项目五 充电及辅助系统检修 161

图 5-2-25 比亚迪 e5 暖风系统部件位置

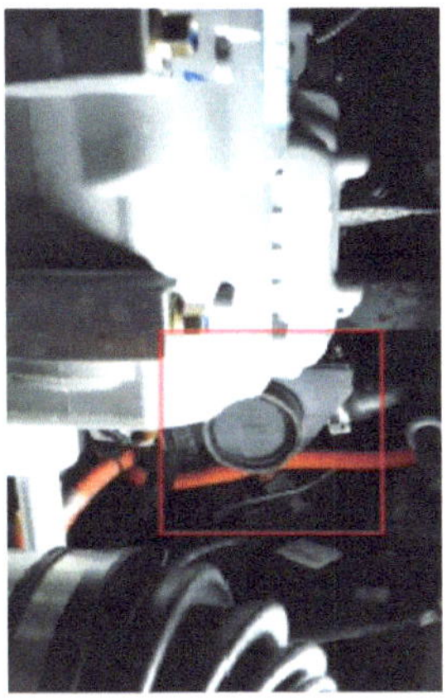

图 5-2-26 比亚迪 e5 暖风系统电子水泵

（2）送风系统

纯电动汽车送风系统的结构组成与传统汽车基本相同。如图 5-2-27 所示，在鼓风机驱动下，新鲜空气通过蒸发器和热交换器（PTC 加热器）形成冷风或暖风的风速，根据驾驶人的需求输送到指定风门。

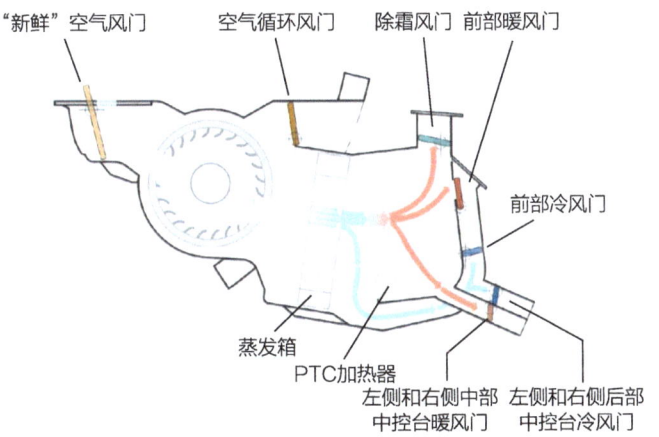

图 5-2-27 新能源汽车送风系统组成

（3）空调控制面板

大多数纯电动汽车的制冷、暖风开关设计都集中在一个控制面板上，这样不仅节省仪表台的空间而且有利于驾驶人来进行自主切换。新能源汽车的空调控制面板按钮功能如图 5-2-28 所示。

图 5-2-28 空调控制面板组成（比亚迪 e5）

（4）暖风系统检修

下面以比亚迪为例介绍暖风系统检修方法，其他车型可参考相应的技术资料。

暖风系统常见的故障是不供暖或供暖不足，故障检修的流程如图 5-2-29 所示。

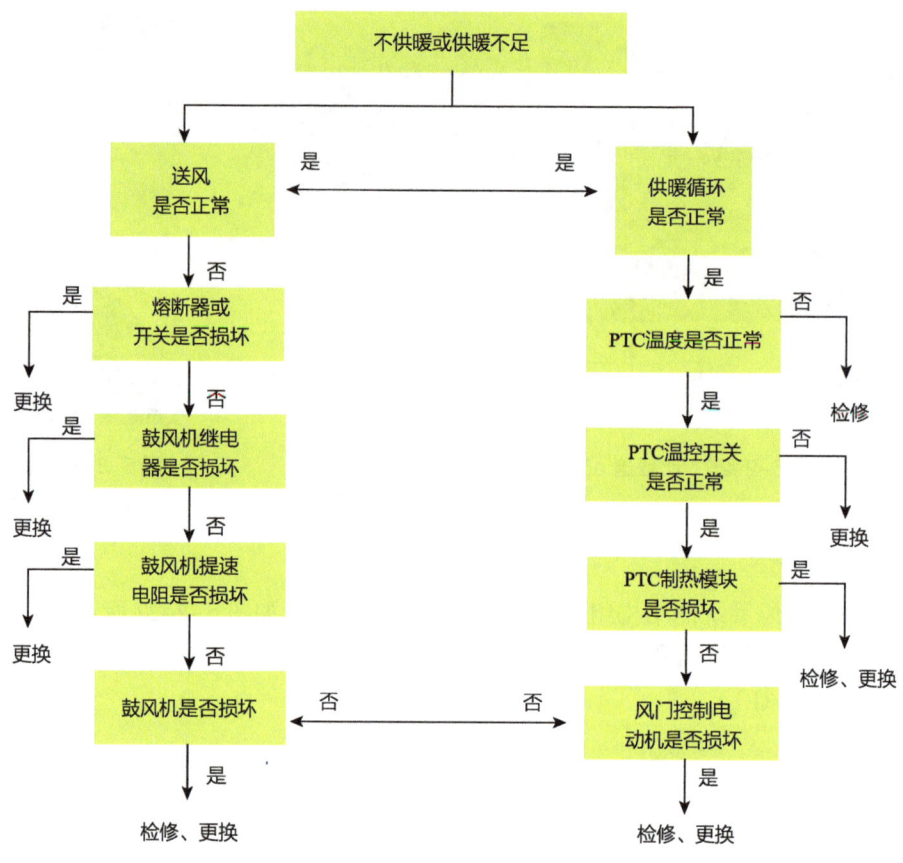

图 5-2-29 暖风系统故障检修流程

2. 新能源汽车制冷系统结构原理与检修

新能源汽车，特别是纯电动汽车的空调都采用电动方式驱动压缩机（图 5-2-30），这区别于传统汽车通过发动机曲轴传动带驱动形式。

（1）新能源汽车空调制冷系统结构组成与控制原理

新能源汽车空调制冷系统的结构组成与传统车型相似，如图 5-2-31 所示。

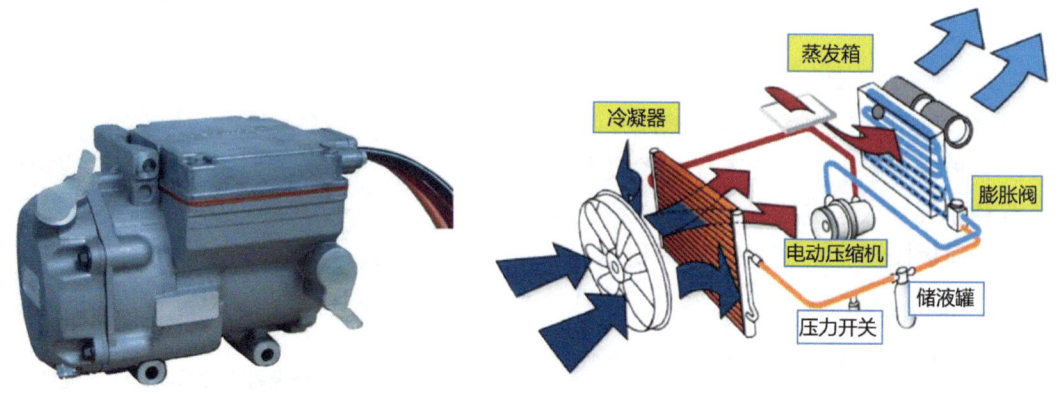

图 5-2-30 电动压缩机　　　　图 5-2-31 空调制冷循环系统结构组成示意图

新能源汽车空调系统采用 R134a（如比亚迪 e6、北汽新能源）或 R410a（如比亚迪 e5）制冷剂，与传统车型基本相同。但由于采用电动空调压缩机，必须采用绝缘的冷冻油，不得混用。以比亚迪 e5 为例，R410a 制冷剂加注量约 430g，POE 冷冻油加注量约 135mL。

空调制冷剂工作特性与传统车辆相同，即高压液态散热，低压气态吸热，如图 5-2-32 所示。

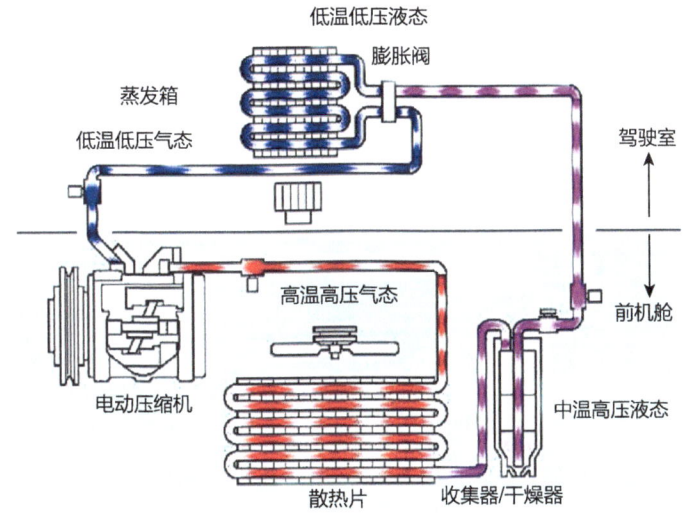

图 5-2-32　新能源汽车制冷系统的工作特性

图 5-2-33 所示是比亚迪 e6 纯电动汽车电动空调系统控制框图，空调控制器接收空调面板开关、各种相关传感器、制冷剂压力开关信号，直接控制鼓风机及各风门电机动作，同时通过 CAN 信号，指令空调驱动器（与 DC/DC 变换器集成一起）驱动电动压缩机和 PTC 加热器，指令主控 ECU（整车控制器 VCU）控制风扇动作。

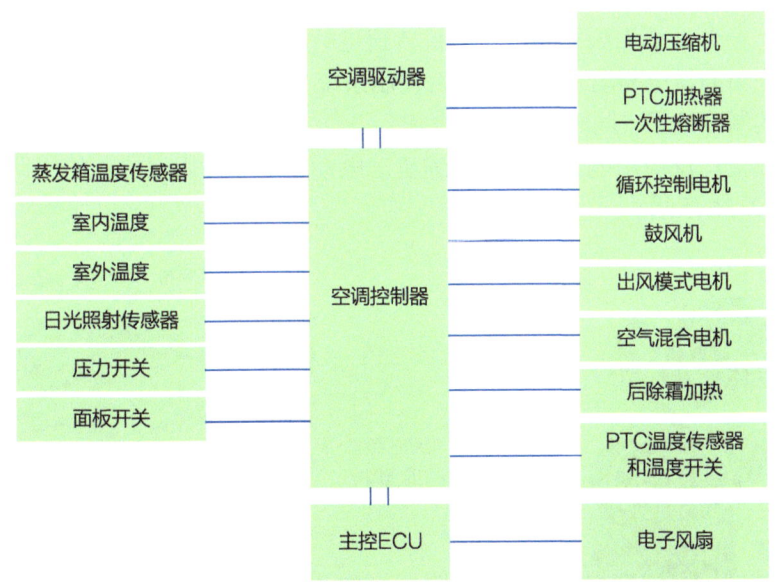

图 5-2-33　比亚迪 e6 电动空调系统控制框图

图 5-2-34 所示是比亚迪 e5 纯电动汽车电动空调系统控制框图，与比亚迪 e6 的主要区别是：电动压缩机和 PTC 加热器的高压电源来自"四合一"高压电控总成，采用带空调（暖风）水泵和单独储水壶的独立水循环系统，采用电子膨胀阀、压力传感器（高压管路）、压力温度传感器（低压管路）等电子元件。

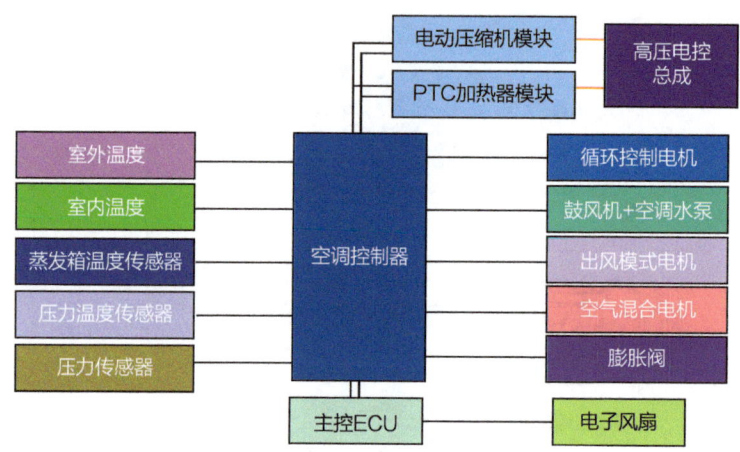

图 5-2-34 比亚迪 e5 纯电动汽车电动空调系统控制框图

以下介绍新能源汽车空调制冷系统的电动压缩机及典型部件，其他与传统车型相同的部件请参阅相关的技术资料。

认识空调压缩机

（2）电动压缩机

1）电动压缩机结构：压缩机是汽车空调制冷装置的心脏，其作用是将低压低温的气态制冷剂压缩成高压高温的气态制冷剂，并推动制冷剂在系统中循环流动。

传统车辆上的空调压缩机由带轮通过发动机曲轴带动转动，其转速只能被动的通过发动机转速来调节，空调系统无法主动对压缩机转速进行调节。而新能源汽车空调系统的压缩机为电动压缩机，由高压电驱动，转速可以由控制系统主动调节，调节范围在 0~4000r/min，这样保证了良好的制冷效果，同时也节省了电能。

新能源汽车上广泛应用电动涡流式压缩机。电动压缩机采用螺旋式的压缩盘，结构如图 5-2-35 和图 5-2-36 所示。

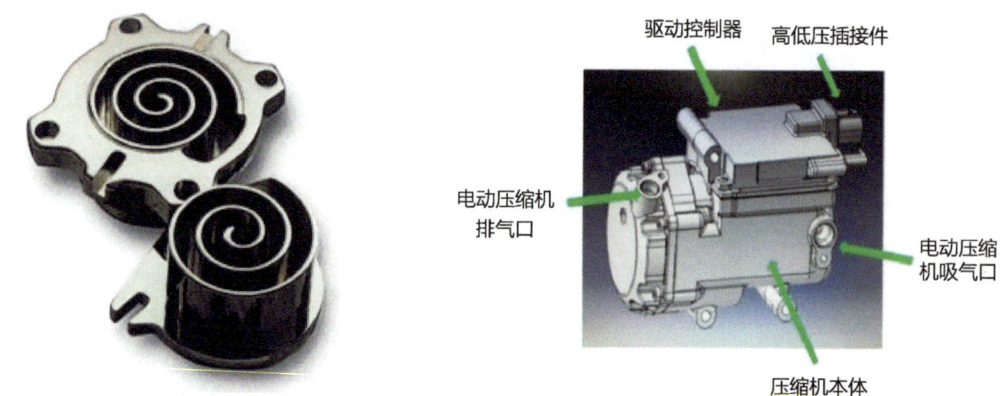

图 5-2-35 电动压缩机的压缩盘　　　图 5-2-36 电动涡流式压缩机的外部结构

2）电动压缩机参数。比亚迪 e5 电动压缩机参数如下：额定功率 2kW，系统工作时，高压压力 2.0~3.0MPa，低压压力 0.5~1MPa。

北汽新能源电动压缩机参数如下：额定功率 2.4kW，系统工作时，高压压力 1.3~1.5MPa，低压压力 0.25~0.3MPa。

3）电动压缩机控制电路。比亚迪 e6 压缩机的接线如图 5-2-37 所示，控制电路如图 5-2-38 所示。电动压缩机由与 DC/DC 变换器集成一体的空调电机驱动器输出三相交流高压电驱动。

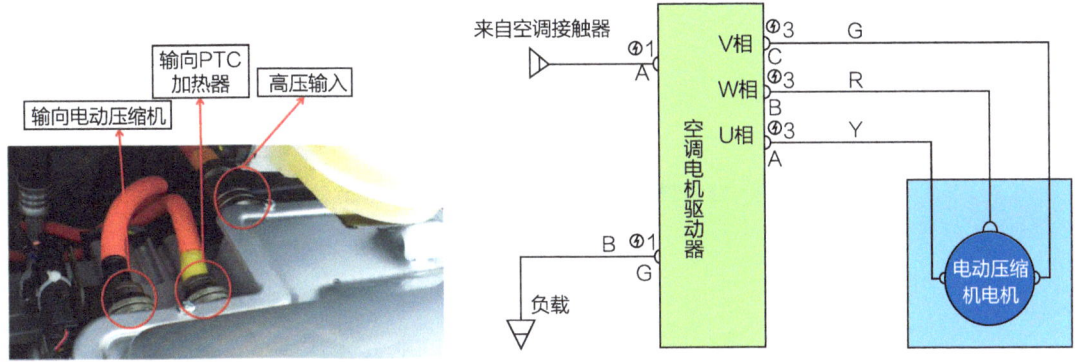

图 5-2-37　比亚迪 e6 压缩机接线　　　图 5-2-38　电动压缩机控制电路

空调驱动器的作用是将动力电池的高压直流电逆变成三相交流电，驱动空调压缩机，同时为 PTC 加热器提供高压直流电源。

比亚迪 e5 压缩机的接线如图 5-2-39 所示，压缩机上有低压电源及 CAN 通信接口。电动压缩机驱动电源来自"四合一"的高压电控总成的后部，如图 5-2-40 所示。高压插接件带有高压互锁针脚。

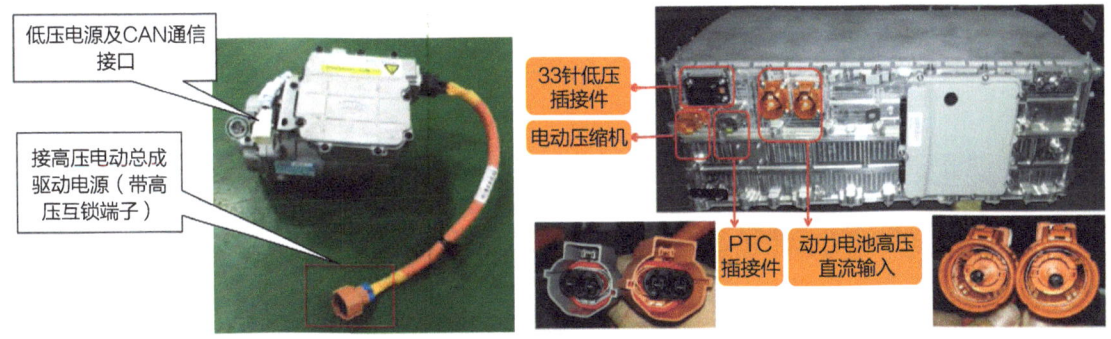

图 5-2-39　比亚迪 e5 压缩机的接线　　　图 5-2-40　比亚迪 e5 高压电控总成后部

（3）其他典型部件

空调制冷循环系统需要调节制冷剂流量，以及监控系统的温度和压力参数。如图 5-2-41 所示是北汽新能源制冷循环系统示意图，与传统车型基本一致。

图 5-2-42 是比亚迪 e5 制冷循环系统，除了电动压缩机外，还安装有电子膨胀阀、压力传感器、压力温度传感器等电子元件。

图 5-2-43 是电子膨胀阀，由空调控制器驱动（低压电源），用于调节制冷剂流量。

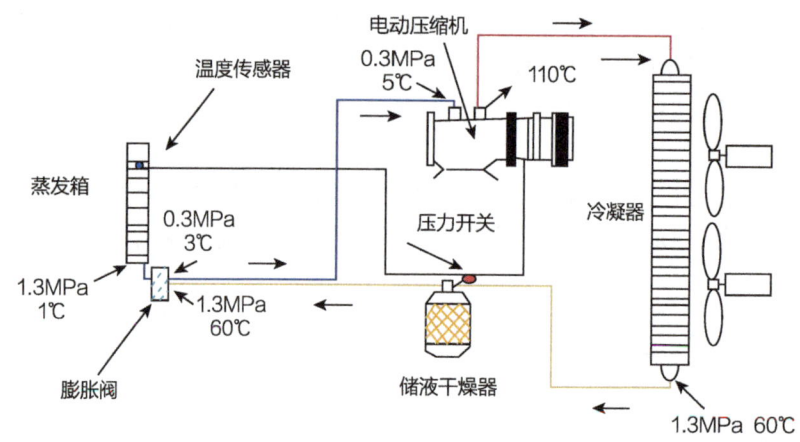

图 5-2-41　空调制冷循环系统温度及压力参数（北汽新能源）

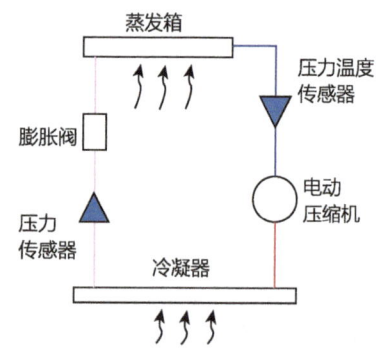

图 5-2-42　比亚迪 e5 制冷循环电子元件

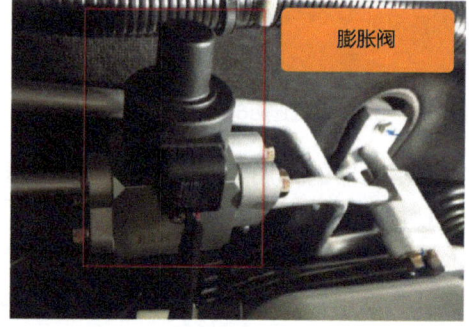

图 5-2-43　电子膨胀阀（比亚迪 e5）

图 5-2-44 是压力传感器，位于高压管路上，向空调控制器发送高压系统压力信号。

图 5-2-45 是温度压力传感器，位于低压管路上，向空调控制器发送低压系统温度和压力信号。

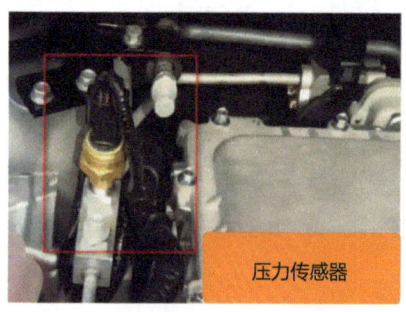

图 5-2-44　压力传感器（比亚迪 e5）　　　　图 5-2-45　温度压力传感器（比亚迪 e5）

（4）新能源汽车空调制冷系统常见故障与检修

下面以比亚迪 e6 纯电动汽车为例，介绍空调系统常见故障与检修方法，其他车型可以参考相应的技术资料。

1）空调系统的故障现象与可能发生部位对照表：比亚迪 e6 空调系统常见的故障及可能

的故障部位见表 5-2-5。

表 5-2-5　比亚迪 e6 空调系统常见的故障及可能的故障部位

故障症状	可能发生部位
制冷系统工作不正常（实际温度与设定温度有偏差，风速档位异常）	1. 各传感器
	2. 前调速模块
	3. AC 鼓风机
	4. 空调控制面板总成
	5. 线束和连接器
出风模式调节不正常	1. 前出风模式风门控制电机
	2. 空调控制器
	3. 线束和连接器
驾驶侧冷暖调节不正常	1. 驾驶侧空气混合控制电机
	2. 空调控制器
	3. 线束和连接器
前排乘客侧冷暖调节不正常	1. 前排乘客侧空气混合控制电机
	2. 空调控制器
	3. 线束和连接器
内外循环调节不正常	1. 循环控制电机
	2. 空调控制器
	3. 线束连接器
空调系统所有功能失效	1. 高压配电
	2. 空调电机驱动器
	3. 空调控制器电源电路
	4. 空调控制器
	5. CAN 传输系统
	6. 线束和连接器
仅制冷系统失效（鼓风机工作正常）	1. 压缩机
	2. 空调电机驱动器
	3. 压力开关
鼓风机不工作	1. 鼓风机回路
	2. 空调控制器
后除霜失效	1. 后除霜回路
	2. 主控 ECU
	3. 线束和连接器

（续）

故障症状	可能发生部位
仅暖风系统失效	1.PTC 制热模块（加热器） 2.空调电机驱动器

2）系统压力测量：电动压缩机的故障一般采用检查系统压力进行诊断，满足下列测试条件后读取歧管压力表（图 5-2-46）压力。

测试条件：

- 起动车辆。
- 鼓风机转速控制开关置于"HI"位置。
- 温度调节旋钮置于"COOL"位置。
- 空调开关打开。
- 车门全开。
- 点火开关置于可使空调压缩机运转的位置。

图 5-2-46　系统压力表指示

正常工作的制冷系统正常压力读数见表 5-2-6。

表 5-2-6　系统正常压力读数

压力	读数
低压压力	0.15~0.25 MPa
高压压力	1.37~1.57 MPa

压缩机压缩量不足时，制冷系统压力表读数见表 5-2-7。

表 5-2-7　制冷系统压力表读数

压力	读数	可能原因	诊断	维修措施
低压压力	高	压缩机内部泄漏	压缩能力过低，阀门损坏引起泄漏，或零件可能断裂	更换压缩机
高压压力	低			

导致汽车空调制冷不足的故障原因很多，在诊断时应熟练掌握制冷系统的工作原理，利用系统的高、低压压力，并配合着各部位的温度变化，根据不同元件故障的特征不一样，进行确认与排除。

3）制冷系统不工作的故障诊断与排除：空调制冷系统不工作，除了制冷循环原因外，通常是电动压缩机不运转。

空调制冷请求信号发送的条件有：

① 空调面板 A/C 按键有效；
② 空调循环系统高压、低压的压力正常；
③ 电动压缩机起停时间间隔大于等于 10s；
④ 蒸发器温度大于等于 4℃；
⑤ 鼓风机运转。

在满足空调制冷的条件下，如果电动压缩机不运转，检查压缩机电路及压缩机本体。

  项目五 充电及辅助系统检修

引导问题三 新能源汽车制动系统与传统汽车有什么区别？如何检修？

新能源汽车的制动系统是在传统汽车液压制动系统基础上增加了电动真空助力系统，或采用电子制动控制系统，以及采用制动能量回收模式。以下介绍纯电动汽车与混合动力汽车制动系统检修，着重介绍与传统汽车制动系统不同的结构。

1. 纯电动汽车制动系统检修

（1）电动真空助力系统结构组成

传统汽车制动真空助力装置的真空源来自于发动机进气歧管，真空度一般可达到 0.05~0.07MPa。纯电动汽车没有发动机的真空源，仅由人力所产生的制动力无法满足行车制动的需要，通常需要单独安装一个电动真空泵来为真空助力器提供真空源，这个助力系统就是电动真空助力系统。

认识真空泵及真空罐

如图 5-2-47 所示，电动真空助力系统由电动真空泵、真空罐、真空泵控制器（后期车型集成到整车控制器 VCU 里）以及与传统汽车相同的真空助力器、12V 电源组成。

电动真空助力系统的工作过程为：起动汽车时，车辆电源接通，控制器开始进行系统自检，如果真空罐内的真空度小于设定值，真空罐内的真空压力传感器输出

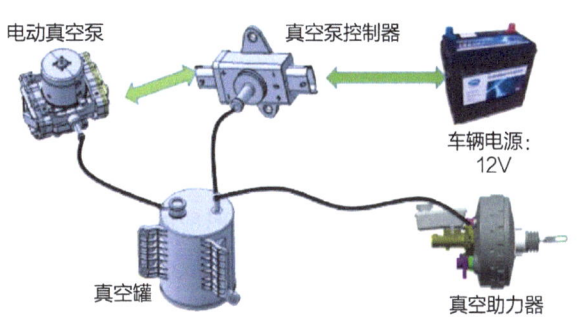

图 5-2-47 电动真空助力系统组成

相应电压信号至控制器，此时控制器控制电动真空泵开始工作，当真空度达到设定值后，真空压力传感器输出相应电压信号至控制器，此时控制器控制真空泵停止工作。当真空罐内的真空度因制动消耗，真空度小于设定值时，电动真空泵再次开始工作。

以下介绍电动真空助力系统的主要组成部件。

1）真空泵：真空泵是指利用机械等方法对被抽容器进行抽气而获得真空的部件或设备。如图 5-2-48 所示是北汽新能源和比亚迪纯电动汽车上采用的电动真空泵。额定电压 12V DC，工作电流不大于 15A。

拆卸制动真空泵与真空罐　安装制动真空泵与真空罐

a）北汽 EV　　　　b）比亚迪 e5

图 5-2-48 纯电动汽车真空泵

2）真空罐：真空罐用于储存真空，安装在真空罐上的真空压力传感器检测真空度并把信号发送给真空泵控制器。如图 5-2-49 所示是北汽新能源纯电动汽车的真空罐，电线连接器位置为真空压力传感器。如图 5-2-50 是比亚迪 e5 真空压力传感器。

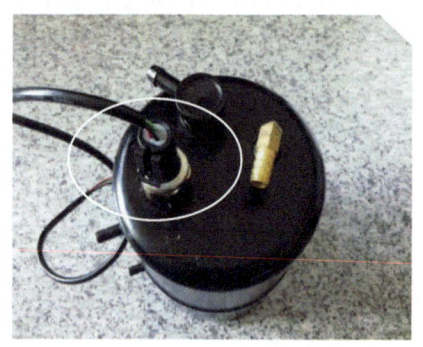
图 5-2-49　北汽新能源真空罐

图 5-2-50　比亚迪 e5 真空压力传感器

真空罐的控制参数如下（北汽新能源纯电动汽车为例，其他车型可参考）：
真空罐密封性：15s 内在 66.7kPa±5kPa 真空度下，真空压力降≤3kPa；
最大真空度：大于 85kPa；
抽至真空度 55kPa，压力形成时间：不大于 4s；
抽至真空度 70kPa，压力形成时间：不大于 7s；
真空度从 40kPa 抽至 85kPa，压力形成时间：不大于 4s。

3）真空泵控制器：真空泵控制器是电动真空系统的核心部件。真空泵控制器根据真空罐真空压力传感器发送的信号控制真空泵工作，如图 5-2-51 所示。

北汽新能源纯电动汽车，真空泵控制器接通 12V 直流电源，真空泵电机开始工作，当真空度达到 55kPa 时真空压力开关闭合，输出高电平信号给控制器，控制器在接收到信号后延时 10s 后，电机停止工作。

图 5-2-51　真空泵控制器

如图 5-2-52 所示，比亚迪 e5 真空泵由整车控制器 VCU 控制。VCU 采集车速信号、真空度压力信号，控制真空泵工作。真空泵启停条件：车速＜60km/h：真空度低于 60kPa 时启动，达到 75kPa 时关闭；车速≥60km/h：真空度低于 70kPa 时启动，达到 75kPa 时关闭。

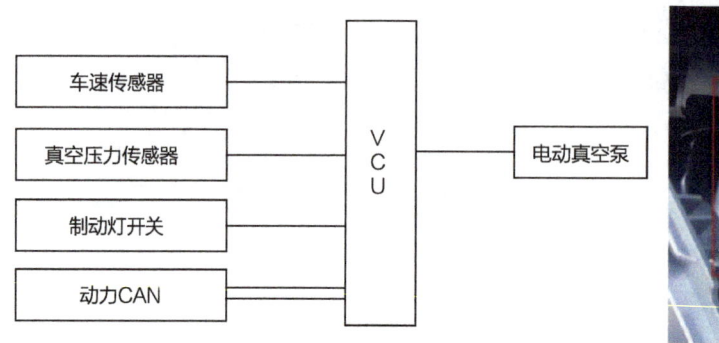
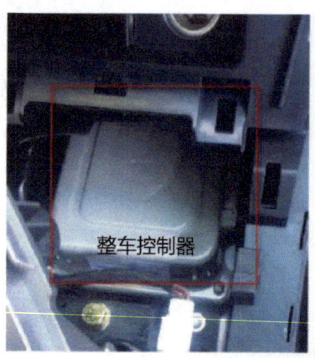
图 5-2-52　比亚迪 e5 真空泵控制

（2）电动真空助力系统电路及检修

下面以北汽新能源纯电动汽车为例，介绍电动真空助力系统的检修方法，其他与传统汽车相同的部件检修参照传统汽车的检修方法。

1）电动真空助力系统泄漏监测：电动真空助力系统真空管路发生空气泄漏，真空罐压力传感器检测到真空度不足，就会发送信号给真空泵控制器，控制真空泵工作。如果真空度一直不足，为了防止真空泵过热，在持续工作15s之后会自动停止。此时如果踩下制动踏板，整车控制器VCU检测到真空罐压力不足55kPa，就会给真空泵报警继电器和组合仪表发出信号触发仪表显示报警信息，如图5-2-53所示。若8s后真空度仍未恢复到55kPa以上，会给MCU（驱动电机控制器）发送信号，让车辆限速到9km/h。

图5-2-53 仪表报制动故障

2）电动真空助力系统检查与诊断：电动真空助力系统的检查与诊断见表5-2-8。

表5-2-8 电动真空助力系统检查与诊断步骤

序号	检查步骤	检查结果及操作方法		
1	检查熔丝是否熔断	正常：进行下一步	不正常：熔丝熔断	更换熔丝
2	检查电动真空泵是否损坏	正常：进行下一步	电路有故障或电动真空泵损坏	检修电路或更换电动真空泵
3	检查真空罐是否漏气	正常：进行下一步	真空罐漏气	更换真空罐
4	正确检修操作后检查故障是否出现	正常：诊断结束	故障未消失	从其他症状查找故障源

2. 混合动力汽车制动系统检修

下面以典型的丰田混合动力汽车的THS-Ⅱ（第二代再生制动）制动系统为例，介绍混合动力汽车的制动系统。

（1）丰田混合动力电子制动控制系统功能

丰田混合动力汽车的THS-Ⅱ制动系统属于ECB（电子控制制动）系统。THS-Ⅱ制动系统可根据驾驶人踩制动踏板的程度和所施加的力计算所需的制动力，系统施加需要的制动力（包括再生制动力和液压制动系统产生的制动力）并有效地回收制动能量。

THS-Ⅱ制动系统的组成包括制动信号输入、电源和液压控制部分，取消了传统的真空助力器。正常制动时，总泵产生的液压力转换成液压信号，而不是直接作用在轮缸上，通过调整作用于轮缸的制动执行器上液压源的液压获得实际控制压力。THS-Ⅱ制动系统组成如图 5-2-54 所示。

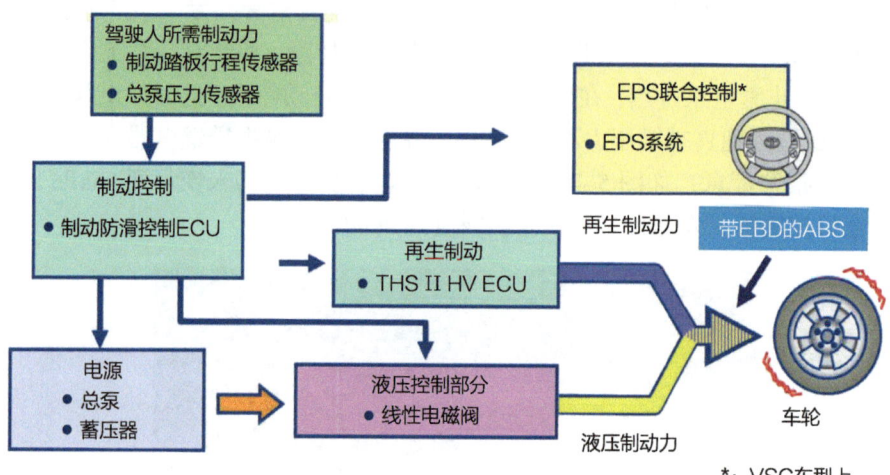

图 5-2-54　THS-Ⅱ制动系统组成

ECB ECU 和制动防滑控制 ECU 集成在一起，并和液压制动系统（包括带 EBD 的 ABS、制动助力和 VSC+）一起对制动进行综合控制。

VSC+ 系统除了有正常制动控制 VSC 功能外，还能根据车辆行驶情况和 EPS 配合，提供转向助力来帮助驾驶人转向。

THS-Ⅱ系统采用电动机牵引控制系统。该系统不但具有旧车型上的 THS 系统拥有的保护行星齿轮和电动机的控制功能，而且还能对滑动的车轮施加液压制动控制，把驱动轮的滑动减小到最低程度，并产生适合路面状况的驱动力。THS-Ⅱ制动系统的功能见表 5-2-9。

表 5-2-9　THS-Ⅱ制动系统的功能

制动控制系统	功　能	概　述
ECB 系统	VSC+ （车辆稳定性控制）	VSC+ 系统可以在转向时，防止前轮或后轮急速滑动产生的车辆侧滑和 EPS ECU 一起联合控制，以根据车辆的行驶条件提供转向助力
ECB 系统	ABS （防抱死制动系统）	制动过猛或在易滑路面制动时，ABS 系统能防止车轮抱死，保证车辆及人员安全
ECB 系统	EBD （电子制动力分配）	EBD 控制利用 ABS，根据行驶条件在前分界线和后轮之间分配的制动力 另外转向制动时，它还能控制左右车轮的制动力，以保持车辆平衡行驶
ECB 系统	再生制动联合控制	通过尽量使用 THS-Ⅱ系统的再生制动能力，控制液压制动来恢复电能
ECB 系统	制动助力	制动助力有两个功能，紧急制动时，如果制动踏板力不足，可以增大制动力；需要强大制动力时增大制动力

（2）混合动力汽车电子制动控制系统的主要组成元件

ECB系统的主要部件有制动踏板行程传感器、制动灯开关、行程模拟器、制动防滑控制ECU、制动执行器、制动总泵、备用电源装置。丰田混合动力汽车电子控制制动系统组件位置如图5-2-55所示。

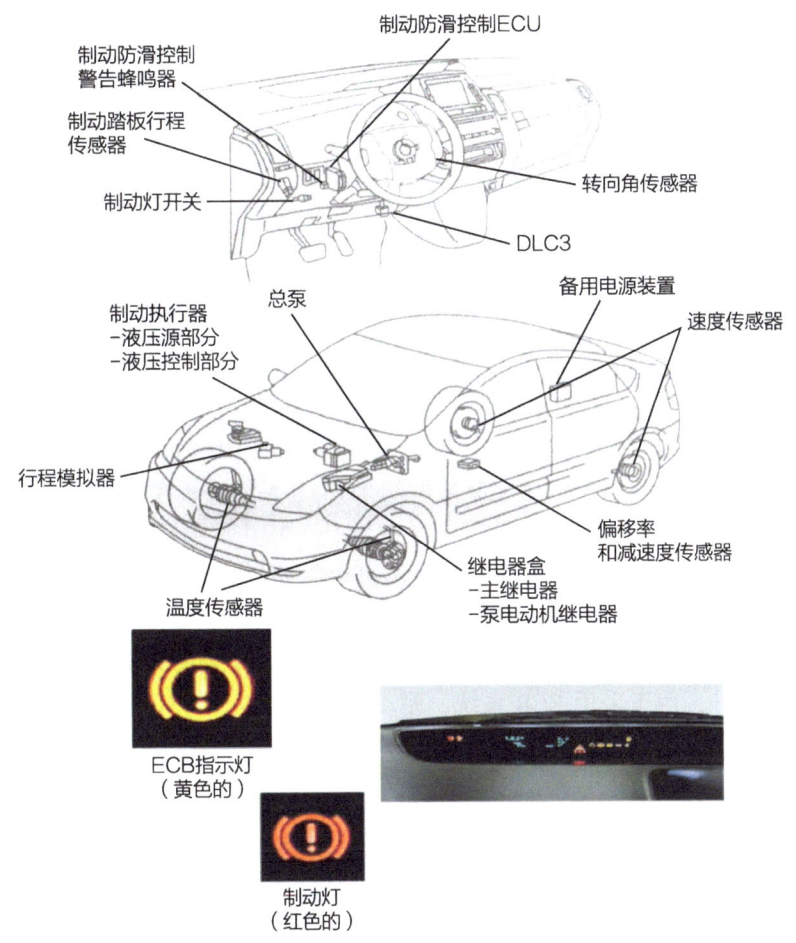

图5-2-55　丰田混合动力汽车电子控制制动系统组件位置

（3）混合动力电子制动系统的工作原理

电源开关（电源信号）打开后，蓄电池向控制器供电，控制器开始工作，此时ECB信号灯显示系统应正常工作。驾驶人进行制动操作时，首先由电子踏板行程传感器探知驾驶人的制动意图（踏板速度和行程），把这一信息传给ECU。ECU汇集轮速传感器、踏板位置传感器等各路信号。根据车辆行驶状态计算出每个车轮的最大制动力，再发出指令给执行器（电机）执行各车轮的制动。电动机械制动器能快速而精确的提供车轮所需制动力，从而保证最佳的整车减速度和车辆制动效果。

如图5-2-56所示是再生制动联合控制示意图。在制动时，驱动电机MG2起到发电作用，和驱动电机MG2转动方向相反的转动轴产生的阻力是再生制动力的来源。发电量（动力电池充电量）越多，阻力也越大。

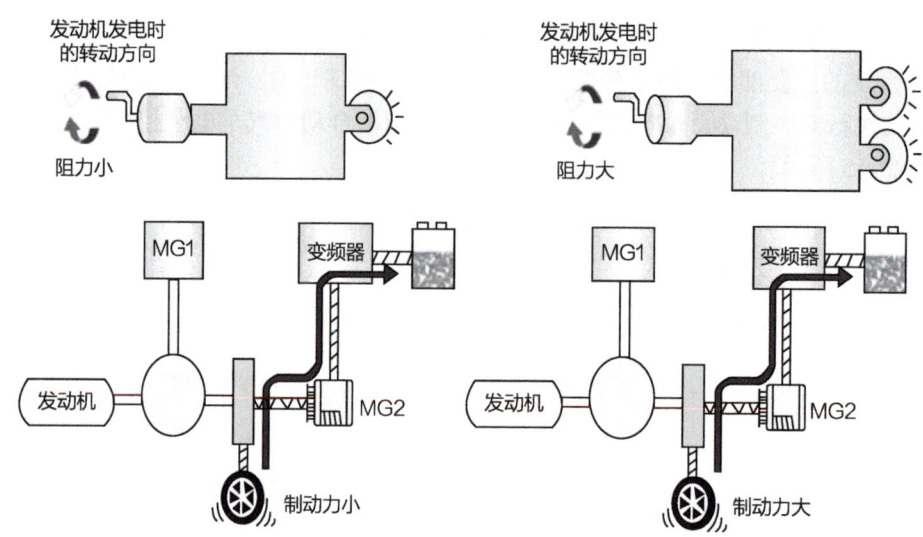

图 5-2-56 再生制动联合控制示意图

驱动桥和 MG2 通过机械方式连接在一起，驱动轮带动 MG2 转动而发电，MG2 产生的再生制动力就会传到驱动轮，这个力由控制发电的 THS-Ⅱ 系统进行控制。

再生制动联合控制和传统制动方式最大的区别是，其并不单靠液压系统产生驾驶人所需的制动力，而是 THS-Ⅱ 系统一起联合控制提供再生制动的合制动力。这样控制能够最大限度地减少正常液压制动的动能损失，并把这些动能转化为电能。

THS-Ⅱ 系统上，由于采用了 THS-Ⅱ 系统使 MG2 的输出功率得到了增加，THS-Ⅱ 增大了再生制动力。另外，由于采用 ECB 系统，制动力得到了改善，从而有效地增加了再生制动的使用范围。这些提高了系统恢复电能的能力，从而提高了燃油经济性。

（4）混合动力汽车电子制动控制系统检修

下面以丰田混合动力汽车为例，介绍典型的混合动力汽车制动系统的检修。

1）检修时注意事项：

- 当端子触点或者是零件安装出现故障时，对被怀疑零件的拆除和重新安装可能使系统完全或暂时恢复到正常状态。
- 为了准确的判断故障部位，必须检查故障发生时的各种情况。例如 DTC（故障码）输出和历史数据并且在断开每一个连接器或安装拆除零件之前都要记录。
- 因为该系统可受到除制动控制系统外所有系统的影响，所以一定要检查其他系统中的 DTC。
- 由于 VSC+ 或 ECB 部分零件拆装后无法进行正确调整，包括转向传感器、偏移率传感器或制动踏板行程传感器等，因此，除非必要，否则不要对 VSC+ 或 ECB 的零件进行拆装。
- 在按照修理手册中的指示完成 VSC+ 或 ECB 系统的修理工作后和进行确认前，一定要做好相应的准备工作。
- 除非在检查步骤中有专门规定，否则一定要在电源开关关闭的情况下拆装 ECU、执行器以及每个传感器。
- 确保在拆装或者更换 VSC+ 或 ECB 零件之前拆下两个主继电器。
- 执行器、制动总泵或行程模拟器的拆装以及其他步骤能够造成液面下降到储液罐端口以下。如果在进行后续作业时发生这种情况，一定要拆除两个电动机继电器，直到管路中的气体被完全排空。
- 当泵电动机利用制动执行器软管中的空气来运转时，由于执行器中存在空气使得排空空气会变得困难。
- 即使电源关闭，制动防滑控制 ECU 也可以操作行程模拟器并驱动泵电动机。
- ECB 系统有自己的辅助电源，在从备用蓄电池（12V）上断开负极端子直到放电完成，这个系统都可以运行。
- 在电源开关关闭的情况下，制动操作完成之后制动防滑控制 ECU 仍能够工作 2min。
- 主继电器和电动机继电器的拆除，电源开关断开之后等待 2 min，在拆下两个继电器之前，停止制动踏板操作并且关闭驾驶员侧车门。
- 在制动控制系统关闭之前，泵电动机准备进行下一步操作。
- 在拆装 ECU、执行器和各传感器时，在安装所有零件后，一定要确认在进行测试模式检查和 DTC 输出检查时输出正常显示。

2）电子制动控制系统故障诊断：进行警告灯和指示灯检查。

- 松开驻车制动踏板，将"P"档开关接通，保持车辆安全。
- 驻车制动或制动液位低时，BRAKE 警告灯点亮。
- 打开电源开关（READY），检查 ABS 警告灯、VSC 警告灯、BRAKE 警告灯、制动控制警告灯和 SLIP 指示灯点亮大约 3s，然后熄灭。制动系统警告灯显示如图 5-2-57 所示。

图 5-2-57 丰田制动系统警告灯

警告灯显示异常（常亮）时，应采用故障诊断仪器读取 DTC，根据 DTC 内容检修。

3）制动控制系统故障症状表：如果没有 DTC 输出但故障仍然存在，则依照表 5-2-10 所给的顺序依次检查各故障现象的电路。

表 5-2-10 制动控制系统故障症状

故障现象	可能发生的故障部位
ABS 不工作 BA 不工作 EBD 不工作	（1）再次检查 DTC 确保输出正常代码 （2）IG 电源电路和接地电路 （3）速度传感器电路 （4）使用智能测试仪 II 检查制动执行器 [用 ACTIVE TEST（动态测试）功能检查制动执行器操作] 如果异常，则检查液压回路是否泄漏 （5）检查完故障可能发生部位的上述电路并证明正常后，如果症状仍然出现，则更换制动防滑控制 ECU

（续）

故障现象	可能发生的故障部位
ABS 不能有效工作 BA 不能有效工作 EBD 不能有效工作	（1）再次检查 DTC 确保输出正常代码 （2）速度传感器电路 （3）制动控制警告灯开关电路 （4）使用智能测试仪 II 检查制动执行器，如果异常，检查液压回路是否泄漏 （5）检查完故障可能发生部位的上述电路并证明正常后，如果症状仍然出现，则更换制动防滑控制 ECU
ABS 警告灯异常	（1）ABS 警告灯电路 （2）制动防滑控制 ECU
不能进行 ABS 的 DTC 检查	（1）再次检查 DTC 确保输出正常代码 （2）TC 端子电路 （3）检查完故障可能发生部位的上述电路并证明正常后，如果症状仍然出现则更换制动防滑控制 ECU
不能进行传感器信号检查	（1）TC 端子电路 （2）制动防滑控制 ECU
VSC 不工作	（1）再次检查 DTC 确保输出正常代码 （2）IG 电源电路和接地电路 （3）检查液压回路是否泄漏 （4）速度传感器电路 （5）偏移率（减速）传感器电路 （6）转向传感器电路 （7）检查完故障可能发生部位的上述电路并证明正常后，如果症状仍然出现，则更换制动防滑控制 ECU
SLIP 指示灯异常	（1）SLIP 指示灯电路 （2）制动防滑控制 ECU
不能进行 VSC 的 DTC 检查	（1）再次检查 DTC 确保输出正常代码 （2）TC 端子电路 （3）检查完故障可能发生部位的上述电流并证明正常后，如果症状仍然出现，则更换制动防滑控制 ECU
VSC 警告灯异常	（1）再次检查 DTC 确保输出正常代码 （2）VSC 警告电路 （3）检查完故障可能发生部位的上述电路并证明正常后，如果症状仍然出现则更换制动防滑控制 ECU
制动控制警告灯异常	（1）再次检查 DTC 确保输出正常代码 （2）制动控制警告电路灯 （3）检查完故障可能发生部位的上述电路并证明正常后，如果症状仍然出现，则更换制动防滑控制 ECU

引导问题四　新能源汽车电动转向系统与传统汽车有什么区别？如何检修？

1. 电动转向系统的类型

新能源汽车电动转向系统 EPS 与传统汽车基本相同。由于纯电动汽车取消了发动机，混合动力汽车发动机也可能停止运转，不能通过发动机驱动液压助力油泵的方式来实现液压助力。因此，新能源汽车采用电动转向系统，即在原机械转向系统基础上安装一个电动机，作为转向的辅助动力。

电动转向系统根据助力电机的安装位置不同，又可以分为转向轴助力式、齿轮助力式、齿条助力式3种。转向轴助力式EPS的电动机固定在转向轴一侧，通过减速机构与转向轴相连，直接驱动转向轴助力转向。齿轮助力式EPS的电动机和减速机构与小齿轮相连，直接驱动齿轮助力转向。齿条助力式EPS的电动机和减速机构则直接驱动齿条提供助力。如图5-2-58所示按分类一共有3种形式：转向轴助力式、齿轮助力式和齿条助力式。

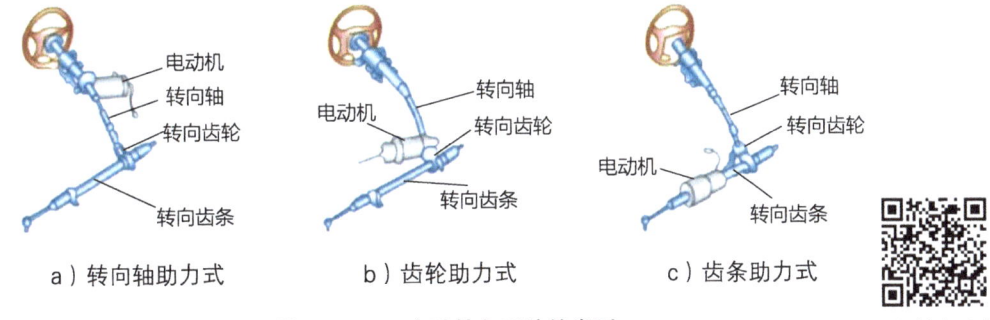

图 5-2-58 电动转向系统的类型

2. 电动转向系统的结构组成与检修

下面以丰田混合动力汽车为例，介绍电动转向系统的结构组成与检修。

如图5-2-59所示，电动转向系统由转向机（含转向轴柱和减速机构等）、电动机、扭矩传感器、EPS控制器等部件组成。EPS控制器根据各传感器输出的信号计算所需的转向助力，并通过功率放大模块控制助力电动机的转动，电动机的输出经过减速机构减速增扭后驱动齿轮齿条机构产生相应的转向助力。

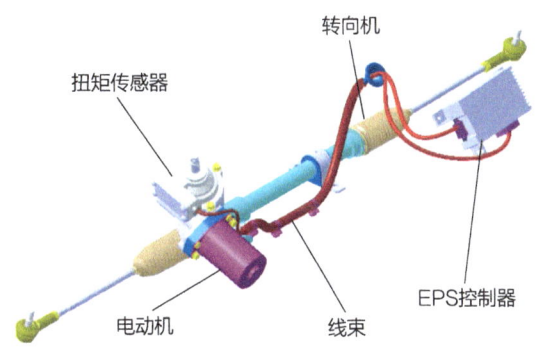

图 5-2-59 电动转向系统组成

（1）转向机、转向柱轴、减速机构

转向机与传统的机械转向相同，在打转向盘的同时，帮助驾驶人用力，以减轻驾驶人转向时的用力程度，达到开车时驾驶人轻松、方便的目的。

如图5-2-60（左）所示，电动机、减速机构和转矩传感器都安装在转向柱轴上，转矩传感器为感应式电阻传感器。减速机构通过蜗杆和涡轮降低电动机的转速并将之传送到转向柱轴，蜗杆由滚珠轴承支承以减小噪声和摩擦。

（2）电动机

EPS系统采用的电动机为小型直流电动机，因此也称DC电动机，可以根据EPS控制器的信号产生转向助力。

如图5-2-60（右）所示，DC电动机包括转子、定子和电动机轴，电动机产生的转矩通过联轴器传到蜗杆，转矩又通过涡轮传送到转向柱轴。

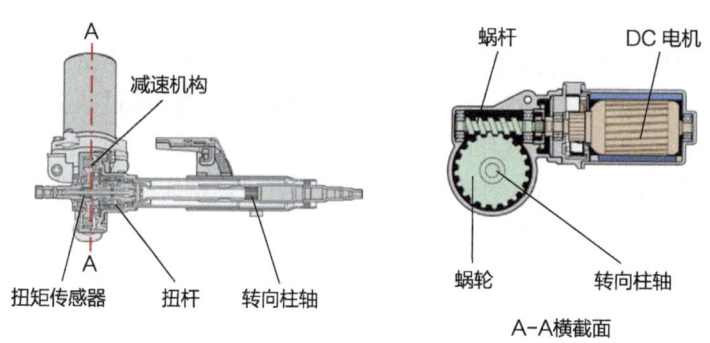

图 5-2-60　转向柱轴（左）和直流（DC）电动机及减速机构（右）

（3）扭矩传感器

扭矩传感器检测扭力杠杆的扭曲程度，转换为电信号来计算扭力杆上的扭矩，并将信号传输给 EPS 控制器。

在输入轴上安装有检测环 1 和检测环 2，而检测环 3 安装在输出轴上，输入轴和输出轴通过扭力杆连接在一起，检测线圈和校正线圈位于各检测环外侧，不经接触可形成励磁电路。检测误差 1 和检测误差 2 的功能是校正温度误差，可以检测校正圈中的温度变化并校正温度变化引起的误差。

检测线圈通过对偶电路可以输出 2 个信号 VT1（扭矩传感器信号 1）和 VT2（扭矩传感器信号 2）。ECU 根据这两个信号控制助力大小，同时检测传感器故障。

直线行驶时，如果车辆直线行驶且没有转动转向盘，则 ECU 会检测出的转向盘位置，不向 EPS 电动机供电。

转向时，向左或向右转动转向盘时，扭力杆的扭曲就会在检测环 2 和检测环 3 之间产生相对位移，检测环可以把这个变化转换为两个电信号 VT1 和 VT2，并发送到 EPS 控制器。转向盘左转时，输出一个比自由位置输出电压与助力扭矩关系如图 5-2-61 所示。输出电压低的电压，这样，就可以根据转向助力检测到转向方向，转向助力有输出值的量级决定。

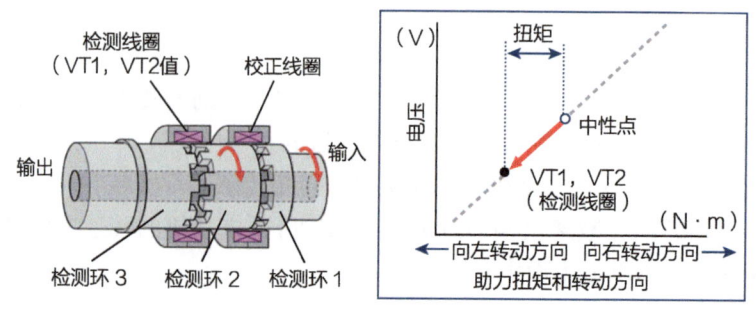

图 5-2-61　丰田汽车扭矩传感器（左）输出电压与助力扭矩关系（右）

（4）EPS 控制器

EPS 控制器根据各传感器（包括车速传感器）发出的信号，启动转向柱上的电动机来提供转向助力。电控助力转向系统工作原理如图 5-2-62 所示。

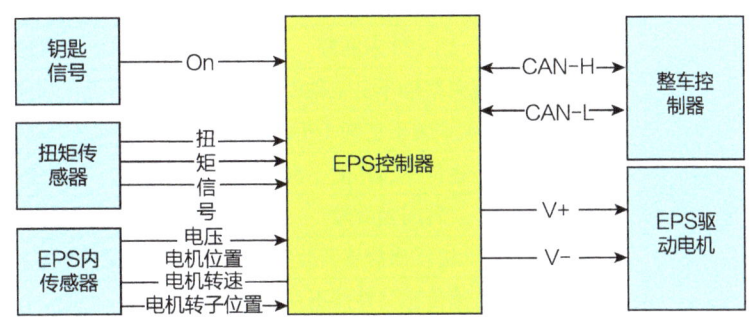

图 5-2-62　EPS 工作原理

当整车处于停车下电状态，EPS 不工作（EPS 不进行自检、不与整车控制器 VCU 通信、EPS 驱动电机不工作）；当钥匙开关处于 ON 档，ON 档继电器吸合后 EPS 开始工作。

EPS 正常工作时，EPS 根据接收来自 VCU 的车速信号、唤醒信号及来自扭矩传感器的扭矩信号和 EPS 助力电机的位置、转速、转子位置、电流、电压信号等进行综合判断，以控制 EPS 助力电机的扭矩、转速和方向。

转向控制器在上电 200ms 内完成自检，上电 200ms 后可以与 CAN 线交互信息，上电 300ms 后输出转向故障和转向状态信息，上电 1200ms 后输出控制系统版本信息。

当 EPS 检测到故障时，通过 CAN 总线向 VCU 发送故障信息，并采取相应的处理措施。

（5）电动转向系统检修

1）电动转向系统转向力的检查：转向力的检查有助于判断电动助力转向系统的工作情况。
①汽车停放在水平路面上，转向盘放置在平直向前位置。
②检查轮胎充气压力是否符合规定的要求。
③起动车辆。
④通过相切方向勾住转向盘上的弹簧秤测量转向力。转向力标准：至少 35N。

2）电动转向系统检修时操作注意事项：
当处理电子部件时：
① 避免撞击电子部件，如 EPS 控制器和 EPS 电动机。如果这些部件跌落或遭受严重撞击，则应该换新。
② 不要将任何电子部件暴露在高温或者潮湿的环境中。
③ 不要触碰连接器端子，以防变形或者因静电引起的故障。
④ 断开或重新连接连接器时，必须确认钥匙置于 OFF 位置。
当检修机械总成时：
① 避免撞击转向管柱或者转向机总成，特别是电动机或者扭矩传感器，如果这些部件遭受严重撞击，则应换新。
② 当移动管柱或者转向机总成时，不要提拉线束。

3）电动转向系统故障诊断：电动助力转向系统常见故障及排除方法见表 5-2-11。

提示：务必首先排除非电动助力转向系统的原因，如四轮定位、悬架、轮胎等。

表 5-2-11　电动助力转向系统常见的故障现象、故障原因及排除方法

故障现象	可能的原因	排除方法
转向沉重	插接件未插好	插好连接器
	线束接触不良或破损	更换线束
	转向盘安装不正确（扭曲）	正确安装转向盘
	扭矩传感器性能不良	更换转向器
	转向器故障	更换转向器
	电动机转速传感器故障	更换电动机转速传感器
	车速传感器性能不良	更换车速传感器
	主熔丝和线路熔丝烧坏	更换熔丝
	EPS 控制器故障	更换 EPS 控制器
在直行时车总是偏向一侧	扭矩传感器性能不良	更换转向器
转向力不平顺	扭矩传感器性能不良	更换转向器

自我测试

1. 判断题

（1）电动汽车低压电源是通过 DC/DC 变换器将动力电池的高压电源转变为 12V 低压电源。（　）
（2）比亚迪秦混合动力汽车低压蓄电池桩头分别是负极、正极、启动。（　）
（3）电动汽车暖风系统采用 PTC 电加热器，有加热空气和加热冷却液加热方式。（　）
（4）纯电动汽车空调系统的制冷剂、冷冻油与传统燃油汽车可以通用。（　）
（5）电动真空助力系统的真空泵工作电源是动力电池的高压。（　）

2. 单选题

（1）电动汽车保留低压蓄电池的原因是（　　）。
　　A. 降低车辆的成本　　　　　　　　B. 确保电源的冗余度
　　C. A 和 B 都正确　　　　　　　　　D. A 和 B 都错误
（2）北汽新能源纯电动汽车 DC/DC 变换器的主要控制模块是（　　）。
　　A. 驱动电机控制器 MCU　　　　　B. 车载充电器 OBC
　　C. 动力电池管理系统 BMS　　　　D. 整车控制器 VCU
（3）低压电源系统的故障主要包括（　　）。
　　A. 低压蓄电池故障　　　　　　　　B. DC/DC 变换器故障
　　C. 高压、低压线路故障　　　　　　D. 以上都是
（4）电动制动真空助力系统出现故障后，故障现象可能是（　　）。
　　A. 制动踏板变硬　　　　　　　　　B. 车辆限速行驶
　　C. A 和 B 都是　　　　　　　　　　D. A 和 B 都不是
（5）电动助力转向系统出现"转向沉重"的故障，原因包括（　　）。
　　A. 转向盘、转向器机械故障　　　　B. EPS 控制器及传感器故障
　　C. 控制线路故障　　　　　　　　　D. 以上都是

项目六 新能源汽车维护与故障诊断

项目描述

由于结构和控制方式的差别，新能源汽车维护与故障诊断有其特殊性。本项目主要介绍新能源汽车维护保养项目与故障诊断方法，包含2个任务：任务一 新能源汽车检查与维护，任务二 新能源汽车故障诊断与排除。

通过以上2个任务的学习，你将能够掌握新能源汽车检查与维护的要求和注意事项，以及故障诊断与排除方法。

任务一 新能源汽车检查与维护

学习目标

知识目标

1. 能够描述新能源汽车新车使用要求。
2. 能够描述新能源汽车日常检查的内容。
3. 能够描述新能源汽车常规保养项目。

技能目标

1. 能够进行新能源汽车 PDI 检查。
2. 能够进行新能源汽车常规保养操作。

任务导入

作为一名新能源汽车专业技术人员，你能完成新能源汽车的检查及保养项目吗？

获取信息

引导问题一　新能源汽车新车使用要求和传统燃油汽车有什么区别？

新能源汽车与传统汽车的主要区别是驱动系统，但是新能源汽车在车身电器、底盘等部件上与传统汽车区别并不大。因此，在新车使用与后期的维护中，新能源汽车与传统汽车相同的系统部件可参考传统汽车，针对特有的部件需要按新的要求执行，特别要说明的是需要注意高压电的安全操作。

1. 新能源汽车新车磨合

新车磨合是指将新车中的传动零部件经过一段时间的运转摩擦，使得接合与啮合面的接触非常吻合、表面粗糙度符合使用要求，从而提高后期车辆的使用效率，延长车辆的使用寿命。

（1）新能源汽车与传统汽车磨合期的区别

传统汽车需要磨合，新能源汽车新车期间也需要磨合，但与传统汽车的磨合有所区别：

1）纯电动汽车不再有发动机和摩擦片式的离合器，因此新车期间主要的磨合是指对底盘如制动系统部件的磨合。

2）混合动力汽车由于发动机的起动与运转不再受驾驶人的控制，因此在新车期间也不需要对发动机进行磨合。

（2）新能源汽车磨合期的检查内容

新能源汽车进入磨合期后，应进行阶段性检查维护，内容包括以下方面：

1）磨合前期：清洁全车；紧固外露的螺栓、螺母；补充冷却液；检查电机驱动系统；检查轮胎气压；检查灯光仪表；检查低压蓄电池；检查制动系统。

2）磨合期使用过程中：日常注意观察电机驱动系统、驱动桥、轮毂以及传动轴等是否有异响或有无发热现象，制动系统的制动能力及紧固性、密封效果，全车外露螺栓、螺母的紧固情况；使用过程中注意车辆要温和驾驶，避免各种激烈驾驶。

3）磨合结束：按照厂家规定里程数或使用时间到指定维护站进行全车首次保养，主要进行全车油液检查、机械底盘检查、各系统功能检查，以及更换减速器齿轮油；如果是混合动力汽车，还需要更换发动机机油、机油滤清器等。

表 6-1-1 是部分新能源车型首保规定的里程/时间和内容。

表 6-1-1 部分新能源车型首保规定

车辆品牌	行驶里程/km	使用时间（月数）	备注
帝豪 EV450	3000km	3 个月	减速器齿轮油首保必须更换
比亚迪 e5	3000km	3 个月	
北汽 EV200	10000km	6 个月	
江淮 iEV6E	3000km	3 个月	
长安奔奔 EV260	10000km	6 个月	
丰田混合动力汽车（卡罗拉双擎）	5000km	3 个月	5000km 进行新车安全检查
	10000km	6 个月	10000km 首保、更换机油、机油滤清器

2. 动力电池使用要求

新能源汽车的动力电池需要在新车期间执行相应的维护操作，包括对动力电池的适度放电和充电，初期使用时应注意以下内容。

（1）正确掌握充电时间

在使用过程中，应根据实际情况准确把握充电时间和充电频次。正常行驶时，如果电量表指示应充电，应停止运行，尽快充电，否则动力电池过度放电会严重缩短其寿命。如果充满电后运行时间较短就充电，充电时间不宜过长，否则会形成过度充电，使动力电池发热。过度充电、过度放电和充电不足都会缩短动力电池寿命。

（2）定期充电

即便续驶能力要求不长，充一次电可以使用2~3天，但是还是建议每天都充电，这样使动力电池处于浅循环状态，使用寿命会延长。

长时间停放车辆时，应定期检查电池状态并充电，保持电量充足，避免电池自放电影响电池寿命和过度放电损坏电池。如图6-1-1所示为吉利帝豪EV450动力电池电量低至20%仪表显示状态。

图 6-1-1　吉利帝豪 EV450 动力电池电量低至 20% 仪表显示状态

❓ 引导问题二　新能源汽车需要做哪些日常检查？

新能源汽车（纯电动汽车和混合动力汽车）日常检查主要有以下内容。

1. 低压蓄电池检查

检查辅助蓄电池桩头有无腐蚀或桩头松弛、裂纹或压板松弛。

1）如果蓄电池桩头已被腐蚀，须用温水和小苏打水的混合溶液对其进行清洗，在桩头外部涂润滑脂以防止进一步的腐蚀。

2）如果桩头连接松弛，须拧紧夹子的螺母。

3）将压板拧紧至能够保持蓄电池固定在其位置上即可，过度拧紧将损坏蓄电池。

2. 机油更换

仅对于油电混合动力汽车。换油程序与传统汽车的换油程序相似，但需要注意以下几点：

1）举升混合动力汽车时，要注意不要把举升机胶垫放在车辆底部的橙色高压电缆上或离它们很近。

2）大多数混合动力汽车要求黏度低的润滑油，如 SAE 0W/20 或 SAE 5W/20。使用指定的润滑油黏度很重要，因为混合动力汽车的发动机经常起停多次，用错误的黏度等级不但会导致燃油经济性降低，而且还会导致发动机损坏。

3）检查前必须确定发动机已经关闭。如果有智能车钥匙或汽车有一键起动按钮，确保钥匙距离车辆至少 5m 远，防止发动机意外起动。

3. 冷却系统检查与更换

冷却系统检查与传统发动机车辆的检查相似，但在检查混合动力汽车和纯电动汽车冷却系统时需要注意以下几点：

1）使用规定的冷却液。大多数汽车制造商建议使用预混合冷却液，因为使用含矿物质的水会导致腐蚀问题产生。此外，纯电动汽车还需要采用去离子水的冷却液，这与传统的冷却液不同，去离子水冷却液不会导电，这将保证了冷却液在冷却的高压部件中不会产生部件绝缘电阻下降的风险，特别是冷却液泄漏时。

2）规定的冷却液更换间隔时间。这与传统汽车的冷却液更换周期相似，应检查并确定在规定的时间或里程间隔期内更换。

3）维修中的预防措施。例如，丰田混合动力汽车使用能让冷却液保温高达3天的储液罐。拆卸冷却液软管会导致热的冷却液释放，会严重烫伤维修人员。

4. 空调检查

空调检查与传统汽车的检查方法相似，但检查混合动力汽车和纯电动汽车空调系统时，还需要注意以下几点：

1）大部分混合动力汽车和纯电动汽车的空调压缩机使用动力电池的高压电来驱动压缩机。

2）电动压缩机必须使用绝缘制冷剂油（冷冻油）。应采用单独的回收器以防常规制冷剂油与电动汽车用制冷剂油混合。

5. 转向系统检查

转向系统检查与传统汽车的检查相似，但在检查混合动力汽车和纯电动汽车的转向系统时有几点要注意：

1）检查转向系统时，查看并按照使用说明书上规定的预防措施进行操作。

2）大多数新能源汽车都使用电动助力转向系统，并用逆变器提高电压来驱动转向助力电动机（一般提高到42V）。这些系统使用黄色或者蓝色塑料线管装电线，这有助于判断该电压水平可能发生的危险。这个电压水平不会产生触电危险，但如果断开载有42V电压的电路，则会有电弧产生。

6. 制动系统检查

制动系统检查与传统汽车的检查相似。但在检查制动系统时需要注意以下几点：

1）所有混合动力汽车和纯电动汽车都使用再生制动系统，即制动能量回收系统。

2）对于混合动力汽车的制动系统，一般采用电子制动系统，但其基础制动器与传统汽车一样。制动系统没有与高压电路连接，因为在电机里面产生能量再生，且由电机控制器控制能量再生。

3）对于大多数纯电动汽车的制动系统，一般其常规制动与传统汽车并无太大区别，但由于没有了发动机提供真空助力器的真空，所以一般安装有电子真空泵以提供制动助力器工作所需真空。

❓ 引导问题三　新能源汽车需要做哪些保养项目？

1. 新能源汽车与传统燃油汽车保养的区别

新能源汽车和传统燃油汽车驱动方式有些差别，因此在保养方面的区别如下：

1）保养操作中必须注意高压电安全操作。

2）传统汽车主要针对的是发动机系统的保养，需要定期更换机油、机油滤清器等；而新

能源汽车主要是针对动力电池组和电机以及高压线束等进行日常的维护。

3）底盘和车身电器方面，新能源汽车和传统汽车的结构基本相同，因此除了注意高压安全及使用的运行材料有特殊要求外，和传统汽车基本相同。

2. 纯电动汽车的保养

（1）纯电动汽车保养项目

检查汽车尾箱随车工具及备胎　　检查车辆前后灯光

由于纯电动汽车是靠电机驱动，所以纯电动汽车不需要机油、三滤、传动带等常规保养，只需要对动力电池组和电机进行一些常规的检查，并保持其清洁即可，由此可见纯电动汽车的保养确实比传统汽车省事不少。

如表6-1-2所示，为典型纯电动汽车的保养计划与保养项目，通常对纯电动汽车按照传统汽车一样，采用A级和B级两级保养计划，并根据不同等级做出相应的保养操作。

表6-1-2　纯电动汽车保养项目及内容

系统类别	检查内容	处理方法	A级保养 项目	A级保养 配件及材料	A级保养 备注	B级保养 项目	B级保养 配件及材料
1.动力电池系统	安全防护	检查并视情况处理	√			√	
	绝缘	检查视情况处理	√			√	
	插接件状态	检查视情况处理	√			√	
	标识	检查视情况处理	√			√	
	螺栓紧固力矩	检查视情况处理	√			√	
	动力电池加热功能检查	检查并视情况处理	√				
	外部检查	清洁处理	√				
	数据采集	分析视情处理	√			√	
2.电机系统	安全防护	检查视情况处理	√			√	
	绝缘检查	检查视情况处理	√			√	
	电机和控制器冷却检查	检查视情况处理	√			√	
	外部检查	清洁处理	√				
3.电器电控系统	机舱及各部位低压线束防护及固定	检查视情况处理	√			√	
	机舱及各部位插接件状态	检查视情况处理	√			√	
	机舱及底盘高压线束防护及固定	检查视情况处理	√			√	
	机舱及底盘各高、低压电器固定及插接件连接状态	检查视情况处理并清洁	√			√	
	低压蓄电池	检查电量状态，并视情况处理	√			√	
	灯光、信号	检查并视情况处理	√			√	

（续）

保养项目及内容						
系统类别	检查内容	处理方法	A级保养			B级保养	
			项目	配件及材料	备注	项目	配件及材料
3. 电器电控系统	充电口及高压线	检查并视情况处理	√			√	
	高压绝缘检测系统	检查并视情处理	√				
	故障诊断系统报警检测	检测、检查并视情处理	√				
4. 制动系统	驻车制动器	检查效能并视情处理	√			√	
	制动装置	泄漏检查	√			√	
	制动液	液位检查	√		更换制动液	√	视情况添加制动液
	制动真空泵、控制器	检查（漏气）并视情处理	√			√	
	前后制动摩擦片	检查并视情况更换	√			√	
5. 转向系统	转向盘及转向管柱连接紧固状态	检查并视情况处理	√			√	
	转向机本体连接紧固状态	检查并视情况处理	√			√	
	检查转向拉杆间隙及防尘套	检查并视情况处理	√			√	
	检查转向助力功能	检查并视情况处理	√			√	
6. 车身系统	风窗及洗涤刮水器	检查并视情况更换处理	√	添加风窗洗涤剂		√	添加风窗洗涤剂
	天窗	检查并视情况处理	√			√	
	座椅及滑道	检查并视情况处理	√			√	
	门锁及铰链	检查并视情况处理	√		加注润滑脂	√	加注润滑脂
	机舱铰链及锁扣	检查并视情况处理	√			√	
	后背门（厢）铰链及锁	检查并视情况处理	√			√	
7. 传动及悬挂系统	变速器（减速器）	检查减速器连接、紧固及渗透	√	更换减速器齿轮油			
	传动轴	检查球笼间隙及护罩并视情况处理	√			√	
	轮毂	检查、紧固，视情处理	√				
	轮胎	检查胎压，并视情况处理	√			√	
	副车架几个悬架连接状态	检查紧固	√				
	前后减振器	检查渗漏情况并紧固，并视情况更换	√				
	机舱铰链及锁扣	检查并视情况处理	√			√	

（续）

保养项目及内容

系统类别	检查内容	处理方法	A级保养 项目	A级保养 配件及材料	备注	B级保养 项目	B级保养 配件及材料
8. 冷却系统	冷却液液位及冰点	液位及冰点测试，视情况添加	√	更换冷却液	专用冷却液	√	冬季时检测冰点视情况添加
	冷却管路	检查渗漏情况并处理	√			√	
	水泵	检查渗漏情况并处理	√			√	
	散热器	检查并清理	√			√	

针对以上保养计划，具体执行的保养项目有：

1）动力电池系统保养项目：

① 外观检查：

目的：检查外观有无磕碰、损坏。

方法：将车辆举升目测动力电池底部有无磕碰、划伤、损坏的现象。

工具：无。

② 绝缘检查（内部）：

目的：防止电池箱内部短路。

方法：将动力电池高压母线插接件拧开，用绝缘表检测总正、总负对地，阻值大于等于 500 Ω/V（检测电压 1000V）。

工具：绝缘电阻表、绝缘手套。

③ 底盘连接检查：

目的：防止螺栓松动造成故障。

方法：用扭力扳手紧固固定螺栓。

工具：扭力扳手。

④ 插接件检查：

目的：检查插接件有无异常。

方法：目测动力电池高、低压插接件变形、松脱、过热、损坏等情况。

工具：无。

⑤ 高低压插接件可靠性检查：

目的：确保插接件正常使用。

方法：检查是否松动、破损、锈蚀、密封等情况。

工具：目测、绝缘手套、绝缘工具。

⑥ 动力电池相关故障码检查：

目的：确保动力电池正常工作，无故障码。

方法：使用诊断仪读取 BMS 故障码。

工具：诊断仪。

⑦ 电池内部温度采集点检查：

目的：确保测温点工作正常，采集点合理。

方法：诊断仪监控温度与红外测温仪温度对比，检查温度精度。

工具：诊断仪、红外测温仪。

⑧ 标识检查：

目的：防止脱落。

方法：目视检查。

工具：无。

⑨ 动力电池密封检查：

目的：保证动力电池箱体密封良好，防止水进入。

方法：目视检查密封条或更换密封条。

工具：无。

2）驱动电机及驱动电机控制器保养项目：

① 安全防护：

目的：检查外观有无磕碰、损坏。

方法：将车辆举升目测驱动电机底部有无磕碰、划伤、损坏的现象。

工具：无。

② 绝缘检查：

目的：防止驱动电机内部短路。

方法：将驱动电机 U、V、W 插接件拧开，用绝缘电阻表检测，阻值大于等于 500Ω/V（检测电压 1000V）。

工具：绝缘电阻表、绝缘手套。

③ 电机和控制器冷却检查：

目的：检查电机与电机控制器冷却水循环制冷效果。

方法：捏紧冷却水管使其水道内部阻力增大，使水泵转速变小声音发生变化，如无声音变化则水道内冷却水没有循环，需放气。

工具：卡环钳子、螺钉旋具。

④ 外部检查：

目的：清洁电机及电机控制器表面。

方法：压缩空气吹驱动电机及电机控制器，禁止使用高压水枪进行清洁。

工具：空压机、除尘枪。

3）电器电控系统保养项目：

① 机舱及各部位低压线束防护及固定：检查前机舱线束各连接导线无破损、碰擦干涉，连接良好，线束是否在原位固定。

② 机舱及各部位插接件状态：检查前机舱线束各连接导线插接件是否松动、破损、锈蚀、烧熔等情况。

③ 机舱及底盘高压线束防护及固定：检查机舱底盘各橙色线束各连接导线无破损、碰擦干涉，连接良好，线束是否在原位固定。

④ 机舱及底盘各高、低压电器固定及插接件连接状态：检查前机舱底盘端子接线是否牢固，无松动，控制线束插接件和旋变插接件连接牢靠，集成横梁上部件是否接地连接牢靠、无松动。

⑤ 蓄电池：使用手持式蓄电池检测仪测量，起动电压≥13V为正常，正负极极柱应无松动。

⑥ 灯光信号：检查前照灯、尾灯及其灯光。

⑦ 充电口及高压线：检查充电线外观及接口是否有破损、裂痕，同时进行充电是否导通；检查充电口盖能否正常开启或关闭，当充电口盖板打开时，仪表充电指示灯应常亮，当关闭充电口盖时仪表充电指示灯应熄灭。

⑧ 高压绝缘检测系统：使用绝缘电阻表检测高压线束绝缘值。

⑨ 故障诊断系统报警检测：连接诊断仪检测有无故障。

4）制动系统保养项目：

① 驻车制动器：在斜坡将手柄拉到整个行程70%的时候，或驻车制动棘轮齿数6~7齿的时候测试是否溜车，否则调整驻车制动器。对于电子驻车制动车型，只需拉起驻车制动开关使车辆处于驻车制动状态，测试车辆是否溜车。

② 液压制动装置：检查制动液是否泄漏。

③ 制动液：每隔2年或者4万km更换制动液。制动液选取厂家规定型号标准的制动液，检查制动液液面，不得高于"MAX"，不得低于"MIN"。

④ 制动真空泵、真空罐、控制器：

a. 车辆停稳后，打开起动开关，完全踩下制动踏板，踩踏3次真空泵应正常起动，大约10s后真空度达到设定值时真空泵应停止运转。

b. 在制动真空泵工作时检查连接软管。检测重点部位（检测有无磨损漏气现象）：检查制动真空泵与软管连接处，检查制动真空罐与软管连接处。

c. 前后制动摩擦片。检查前后制动摩擦片，视情况更换。

5）转向系统保养项目：

① 转向横拉杆球头间隙、紧固程度及防尘套状态：

a. 举升车辆（车轮悬空），通过摆动车轮和转向横拉杆来检查间隙。

b. 检查转向横拉杆球头的固定螺母是否牢固。

c. 检查转向横拉杆的防尘套有无损坏和安装位置是否正确。

② 转向助力功能：在道路试车过程中，通过原地转向、低速行驶中转向，检测转向时方向是否有沉重，助力效果不足等故障。

③ 将转向盘分别向左右打至极限位置，检测是否有转向盘抖动、转向机异响等故障。

6）车身系统保养项目：

① 风窗及洗涤刮水器：检视风窗是否有裂纹，玻璃洗涤剂是否缺失，刮水器擦洗是否干净，必要时更换。

② 车窗、座椅滑道、门锁铰链、机舱铰链及锁扣后背门铰链及锁口清洁，并加注润滑脂。

7）传动及悬架系统：

① 变速器（减速器）：

a. 检查变速器连接螺栓并紧固，半轴油封有无渗漏，每隔一年或2万km更换变速器（减速器）齿轮油。

b. 检查等速万向节及防尘套有无破损。

② 轮毂：视检轮毂有无划痕磕碰，视情况做一次车轮动平衡。

③ 轮胎：视检轮胎胎面和侧面是否有损坏和异物，轮胎是否有滚动面异常磨损毛刺等；花纹深度是否达到极限；检查胎压是否正常。

④ 副车架悬架连接状态：检查副车架，并用扭力扳手检查紧固螺栓。

⑤ 前、后减振器：视检减振器有无漏油，按照相关车型螺栓标准力矩检查螺栓紧固状态。

8）冷却系统保养项目：

① 冷却液液位及冰点：2年或4万km使用冰点测试仪检测防冻液浓度，低于-35℃应更换新防冻液。

② 冷却管路：目测检查冷却系统管路及各零部件接口处有无泄漏情况。

③ 电动水泵：视检电动水泵接口是否有渗漏痕迹，是否有异响、停转现象。

④ 散热器：当电机及电机控制器冷却后，在散热器后部（电机侧）使用压缩空气冲走散热器或空调冷凝器的碎屑，严禁使用水枪对散热器散热片喷施清洗。

（2）典型纯电动汽车保养操作

下面以吉利帝豪EV450为例介绍纯电动汽车保养操作，其他车型可以参考，必要时参照相关车型维修手册的内容。

1）吉利帝豪EV450保养计划：吉利帝豪EV450纯电动汽车保养计划是用于保证行车稳定、减少故障发生、安全以及经济的驾驶。计划保养的间隔可参看计划表，按里程表的读数或时间间隔而定，以先到者为准。对于已经超过最后期限的保养项目，也应在同样的时间间隔里进行保养，见表6-1-3。

表6-1-3 帝豪EV450纯电动汽车专用件保养项目及说明

总成	保养项目	保养内容	保养周期
动力电池总成	电池箱外围	电池箱体（含尾部挂梁）与车辆底盘的固定螺柱紧固	10000km或6个月保养一次
		电池箱体（含尾部挂梁）与车辆底盘的固定螺柱腐蚀/破损	
		MSD（维修开关）拉手及底座内部清洁度/腐蚀/破损	
		高压连接器插接件清洁度/腐蚀/破损	
		低压连接器插接件连接可靠性	
		低压连接器插接件清洁度/腐蚀/破损	
		电池箱箱体划痕/腐蚀/变形/破损	
		电池下箱体底部防石击胶划痕/腐蚀/破损	
	电池状态	检查电池状态参数/SOC/温度/cell（单体电池）电压	
		检查Pack（电池组）绝缘阻值	
驱动电机	清洁	清洁电机外壳体，保证无水渍、泥垢	
	电机水冷系统	检查管路有无老化、渗漏	
		检查水泵是否有冷却液渗漏	

（续）

总成	保养项目	保养内容	保养周期
驱动电机	电机机械连接紧固	检测螺栓上的漆标，若漆标位置有移动则对螺栓进 行紧固，若无则不做要求	10000km 或 6 个月保养一次
驱动电机	接地线连接	电机接地线部位的接地电阻不大于 0.1Ω	10000km 或 6 个月保养一次
车载充电机	一般检查	清洁	10000km 或 6 个月保养一次
车载充电机	一般检查	高、低压插接件表面完好无破损、牢固	10000km 或 6 个月保养一次
车载充电机	一般检查	接地线牢固无松动	10000km 或 6 个月保养一次
车载充电机	一般检查	充电机安装牢固、无松动	10000km 或 6 个月保养一次
车载充电机	一般检查	充电机诊断测试	10000km 或 6 个月保养一次
冷却系统	冷却液	检查或更换	20000km 更换一次
减速器	齿轮油	检查或更换	50000km 更换一次
电机控制器	绝缘、接地电阻检测	绝缘电阻≥ 100MΩ；接地电阻≤ 100MΩ	50000km 检查一次

注意：表中保养项目表特指纯电动车型帝豪 EV450 专用件保养项目及周期，其他常规保养项目及周期与普通汽油版帝豪 EC7 保持一致。

吉利帝豪 EV450 完整的保养计划参照相关的维修保养手册，每个项目的保养间隔，均记载在保养计划中。

2）主要系统的保养操作：

①减速器油位检查与更换：

检查液位

警告：

在执行高压车辆诊断及维护前，务必佩戴完好的个人防护设备，并严格遵守正确的操作步骤！

如果减速器油温过高时进行检查和更换，可能会造成烫伤！

检查：

举升车辆，将车辆水平放置，并让减速器内部的油冷却，拆卸加注孔螺塞并检查油位，如图 6–1–2 所示。

减速器油面应该与加注孔下缘齐平。如果液面过低，通过加注孔添加专用的手动减速器油，直到油液开始流出，如图 6–1–3 所示。最后重新安装并紧固加注孔螺塞。

加注孔螺塞力矩：19~30 N · m

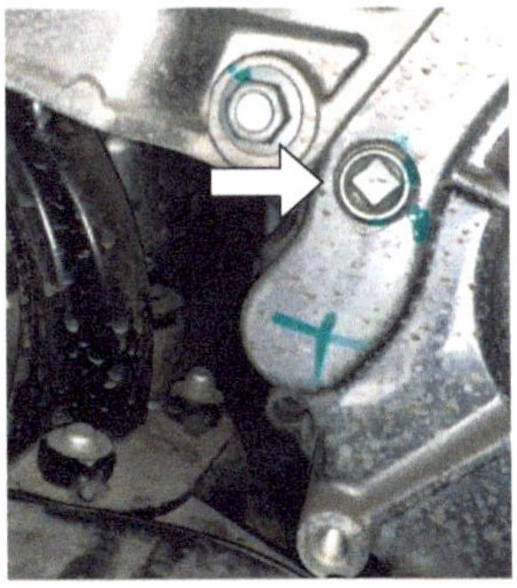

图 6–1–2　帝豪 EV450 减速器加注孔螺塞

更换：

举升车辆，将车辆水平放置，并让减速器内部的油冷却，拆卸减速器加注孔螺塞，拆卸减速器放油螺塞（图 6–1–4），用回收容器接收放出的减速器油。安装减速器放油螺塞。加注孔螺塞添加专用的减速器油,直到油液开始流出。重新安装并紧固加注孔螺塞。

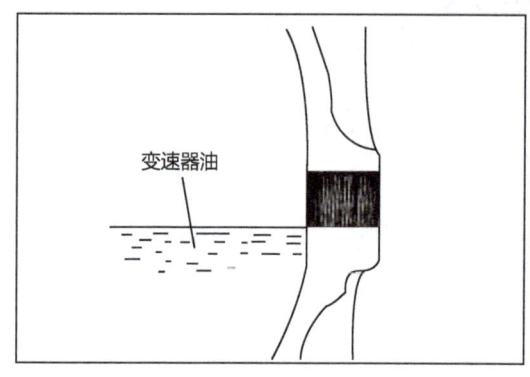

图 6-1-3　减速器正确的油液液面高度

图 6-1-4　帝豪 EV450 减速器放油螺塞

放油螺塞力矩:19~30 N·m

加注孔螺塞力矩:19~30 N·m

减速器油参考用量:2.3 L ± 0.1 L

减速器油规格:Mobil Dexron Ⅵ

注意:集中回收处理旧减速器油,等待报废或再生利用,不要将旧减速器油液排入下水管道,以保护环境。

②驱动电机冷却液液位检查与更换:

警告:

为防止灼伤,当驱动电机热态的时候,不要拧开冷却液加注口盖。

检查:

查看膨胀罐液面,冷却液液位将随驱动电机的温度变化而变化,正常液面位置应该保持在"F"和"L"之间,如图 6-1-5 所示。如果液位在 L 线或以下,则须加注冷却液。拧开加注口盖,查看冷却液颜色是否浑浊,如果冷却液颜色浑浊,则应更换。

在加注冷却液之后,如果冷却液液位在短时间内下降,则系统可能有泄漏。须目视检查散热器、软管、散热器盖和放泄旋塞以及水泵。

冷却液型号标准:符合 SH0521 要求的驱动电机用乙二醇型驱动电机冷却液(防冻液),冰点 ≤ -40 ℃。

更换:

打开冷却液膨胀罐总成盖,断开散热器出水管或散热器排水阀,用回收容器接收放出的驱动电机冷却液,如图 6-1-6 所示。

连接散热器出水管。缓慢加注冷却液,直至膨胀罐内冷却液量达到 80% 左右,且液位不再下降。

车辆上高压,打开暖风系统,通过电动水泵运行排除系统剩余空气;挤压散热器出水软管可加速排空,注意风扇可能随时运行,小心绞伤;如果冷却液液位持续不变,且膨胀罐通气口无冷却液流出,需要重新上高压,并挤压散热器出水软管强制排空。

项目六 新能源汽车维护与故障诊断 193

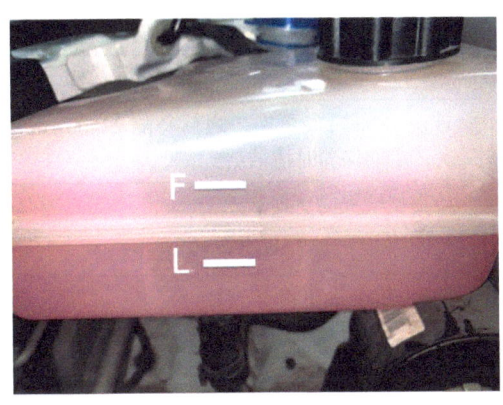

图 6-1-5 帝豪 EV450 冷却液膨胀罐

图 6-1-6 帝豪 EV450 散热器出水管

观察膨胀罐内冷却液下降,及时补充冷却液,保持冷却液液位处于"F"线和"L"线之间。

观察膨胀罐通气口,待膨胀罐通气口有持续冷却液流出且膨胀罐内冷却液液位不再下降,拧紧膨胀罐盖,至此冷却液加注完成。

注意:集中回收处理旧驱动电机冷却液,等待报废或再生利用,不要将旧驱动电机冷却液排入下水管道,以保护环境。

3. 混合动力汽车的保养

混合动力汽车仍然装备有发动机,因此在日常的检查与保养要求上与传统汽车的区别并不大。以丰田混合动力汽车为例,实际中对于混合动力电驱部分并不需要特别的保养,在常规保养过程中只需做相关部件外观检查,定期检查更换 HV 蓄电池散热进气口滤网,因此整车的保养与普通的汽油车型基本一致。

表 6-1-4 为混合动力汽车的保养项目及内容。

表 6-1-4 混合动力汽车保养项目及内容

保养项目		保养周期
检查发动机多楔带有无裂纹、飞屑、磨损状况并调整其张紧度		每隔 15000km 或 24 个月检查,每隔 600000km 更换
检查更换火花塞	一般使用条件	首次 18500 km 更换,之后每隔 22500 km 更换一次
	严酷使用条件	检查视情提前更换
检查整车点火回路及供电回路		每次保养检查
检查曲轴箱通风系统(PCV 阀和通风软管)		
检查冷却水管有无损伤,并确认接管部是否锁紧		
检查膨胀罐内发动机防冻液液面高度		
加注汽油清净剂定期保养时加注		定期保养时加注
更换发动机防冻液及驱动电机防冻液		采用有机酸型防冻液,4 年或 10 万 km 更换一次

（续）

保养项目		保养周期
更换空气滤清器滤芯	一般使用条件	首次 18500 km 更换，之后每隔 22500 km 更换一次，定期保养时清洁
	严酷使用条件	检查视情提前更换
更换机油	一般使用条件	每次保养更换（7500km 或 12 个月）
	严酷使用条件	每隔 5000km 更换
更换机油滤清器每次更换机油时更换		每次更换机油时更换
检查发动机怠速		每隔 15000km 或 24 个月检查
检查排气管接头是否漏气		
检查氧传感器		
检查三元催化器		
检查活性炭罐		
更换燃油滤清器		每隔 15000km 或 24 个月更换
检查燃油箱盖、燃油管和接头		每隔 30000km 或 48 个月检查
检查更换自动变速器内的齿轮油、前变速器齿轮油、滤清器及后总成齿轮油	一般使用条件	首次 56000km 更换，之后每 60000km 检查油品，必要时更换
	严酷使用条件	视需要缩短周期
检查紧固底盘固定螺栓		每次保养检查（7500km 或 12 个月）
检查制动摩擦块和制动盘		
检查轮胎和充气压力（含 TPMS）		
检查空调空气过滤器		
更换制动液		首次 18 个月更换，之后每 24 个月更换一次，例行保养时检查
检查制动踏板和电子驻车开关		每隔 15000km 或 24 个月检查
检查制动系统管路和软管		
检查转向盘、拉杆		
检查传动轴防尘罩		
检查球销和防尘罩		
检查前后悬架装置		
检查前轮定位、后轮定位		
检查车轮轴承有无游隙		
检查冷气或暖气系统		
检查空调装置的制冷剂		
检查安全气囊系统		

（续）

保养项目	保养周期
检查前舱盖锁及其紧固件	每年
检查车身损坏情况	

备注：新车行驶 3500km 或 6 个月进行首保；每隔 7500km 或 12 个月周期进行定期保养，里程数或月数以先到者为准。

自我测试

1. 判断题

（1）纯电动汽车没有发动机，不需要新车磨合。（　　）
（2）新能源汽车的动力电池需要在新车期间执行相应的维护操作，包括对电池的适度放电和充电。（　　）
（3）长时间停放车辆时，应把动力电池的电放完，要使用的时候才充电。（　　）
（4）混合动力汽车要求黏度高的润滑油。（　　）
（5）大多数新能源汽车使用电动助力转向系统。（　　）

2. 单选题

（1）纯电动汽车首保必须更换的油液是（　　）
　　A. 驱动电机冷却液　　B. 减速器齿轮油　　C. 空调制冷剂　　D. 以上都需要
（2）电动汽车保养项目主要内容是（　　）。
　　A. 外部检查　　B. 绝缘检查　　C. 紧固力矩　　D. 以上都是
（3）电动汽车绝缘电阻阻值要求是大于或等于（　　）。
　　A. 50Ω/V　　B. 500Ω/V　　C. 1000Ω/V　　D. 5000Ω/V
（4）纯电动车型帝豪 EV450 减速器齿轮油更换周期是（　　）。
　　A. 5000km　　B. 20000km　　C. 50000km　　D. 无须更换
（5）驱动电机冷却液液位检查与更换时应注意（　　）。
　　A. 当电机热态的时候，不要拧开加注口盖，为防止灼伤
　　B. 冷却液液位将随电机的温度变化而变化，正常液面位置应该在保持在"F"和"L"之间
　　C. 要求的驱动电机用乙二醇型驱动电机冷却液
　　D. 以上全部

任务二　新能源汽车故障诊断与排除

学习目标

知识目标

1. 能够描述新能源汽车故障指示灯功能和检查方法。

196 新能源汽车结构原理与检修

2. 能够描述纯电动汽车故障诊断与排除方法。
3. 能够描述混合动力汽车故障诊断与排除方法。

技能目标
1. 能够制定新能源汽车故障诊断流程。
2. 能够使用检测仪器进行新能源汽车故障诊断。

任务导入

一辆纯电动汽车无法行驶，仪表故障警告灯点亮，你的主管要求你分析故障原因，你能够完成这个任务吗？

获取信息

引导问题一 新能源汽车仪表有故障指示灯和哪些警告灯？如何检查？

要排除故障，首先需要从故障现象入手，结合故障现象并借助诊断设备，再按照一定的流程进行诊断，逐步分析出故障原因，最终找到故障点。

1. 新能源汽车常见的指示灯和警告灯

当纯电动汽车或混合动力汽车出现故障时，通常在仪表上会显示出相应的故障警告灯来提醒驾驶人，并根据车辆的实际运行情况，以及结合故障类型，启动相应的故障模式，见表6-2-1。

表 6-2-1 常见指示灯及警告灯含义

指示/警告灯	颜色	功能含义
	黄色	动力电池充电提醒（电量不足报警）：当电量低于30%，动力电池充电提醒灯点亮；电量高于35%，动力电池充电提醒灯熄灭
	黄色	动力电池切断：动力电池处于切断状态时常亮
	红色	充电连接：当车辆外接充电枪连接（充电口盖开启）或者正在充电时常亮，此时车辆无法行驶
	红色	动力电池故障：当动力电池发生故障时常亮
	红色	动力电池绝缘电阻低：系统检测到动力电池绝缘电阻低时常亮
	红色	动力电池过热报警：系统检测到动力电池过热时常亮

（续）

指示／警告灯	颜色	功能含义
	黄色	系统报警提示：当系统存在报警或降功率运行时常亮
	红色	系统故障：当系统出现故障，不能正常工作时常亮或闪烁
	红色	驱动电机系统故障：当电机系统出现故障，不能正常工作时常亮
	红色	驱动电机及控制器过热报警：当驱动电机或电机控制器过热时常亮
	红色	低压蓄电池充电故障（电量低）：低压蓄电池电量低时常亮
	绿色	车辆准备就绪指示：只有该灯亮时，车辆才可以正常行驶，且驾驶过程中常亮

提示：不同的车型指示灯形状可能不同，请参照相应车型的技术资料。

电池管理器
故障代码表

2. 警告灯异常点亮检查方法

（1）警告灯的检查原则

当新能源汽车出现警告灯异常点亮的情况后，可以遵循以下原则执行相应的检查，包括一看、二查和三清。

一看：看仪表上显示的故障警告灯，定位故障原因；

二查：查故障码和相关系统的状态，找到故障原因；

三清：清除故障；问题解决以后，通过诊断仪重新清除故障码，从而消除仪表上的警告灯。

此外，针对仪表中出现多个故障警告灯的情况，通常可以参考以下优先级的顺序进行诊断（图 6-2-1）：

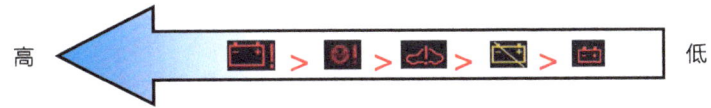

图 6-2-1　仪表故障警告灯诊断优先级

注意：

①针对上电以后整车无故障，但是不能进入 READY 模式的情况，需要先确认档位是否在 P/N 档，如不在空档请退回 P/N 档以后再尝试起动。

②针对整车无故障，动力性能减弱的情况，需要注意电量低提示灯是否点亮，如亮请及时充电。

③针对动力电池充满电以后，电池切断指示灯亮，需要查看外接充电线是否拔掉，外接充电线连接时整车不能行驶。

（2）常见故障警告灯的原因及诊断方法

1）钥匙转到 ON 档位置后，仪表所有灯不亮或闪烁或比较暗。

可能原因：

a. 仪表灯不亮：12V 蓄电池的端子被拆掉或者蓄电池严重亏电；

b. 仪表灯闪烁或者比较暗：12V 蓄电池亏电。

诊断方法：

a. 检查 12V 低压蓄电池的端子是否被拆掉，若被拆掉，请连接后再试；

b. 蓄电池连接正常但仪表灯不亮，说明 12V 蓄电池严重亏电，需更换蓄电池；

c. 仪表灯闪烁或变暗，说明 12V 蓄电池亏电，需要及时对 12V 蓄电池充电或者更换。

不更换蓄电池的方法：在动力电池电量良好并且充电连接线断开的情况下，可以通过跨接导线将亏的 12V 蓄电池与有电的 12V 蓄电池连接，钥匙转到 ON 位置使高压接触器吸合，DC/DC 变换器开始工作以后即可断开跨接导线连接，在操作过程中请注意安全，正负极不要反接或短接。

注意： 有些车辆需要起动以后，DC/DC 变换器才会对低压 12V 蓄电池进行充电。

判断 DC/DC 变换器工作的方法：

①仪表显示屏指示电池电流为负值；

②通过电压表测试蓄电池两端的电压大于 13V。

2）12V 蓄电池故障灯常亮 ▇▇。

可能原因：

下述原因会导致 12V 蓄电池亏电：

a. 由于存放时间过长或者过量使用蓄电池导致 12V 蓄电池电压较低；

b. DC/DC 变换器故障，不能给 12V 蓄电池充电；

c. DC/DC 变换器熔丝熔断，12V 蓄电池上方的熔丝熔断；

d. 连接 DC/DC 变换器至 12V 蓄电池端的线束故障。

诊断方法：

a. 首先尝试通过钥匙重复上电、断电操作能否清除故障灯，如不能请参照下述方法；

b. 更换蓄电池或者给蓄电池补充电。

c. 若为 DC/DC 变换器不能给 12V 蓄电池充电原因，需要对故障进行进一步排查。

3）动力电池故障灯常亮，整车不能上电 ▇▇。

可能原因：

下述原因会报出动力电池报警故障：

a. 动力电池管理系统（BMS）故障；

b. 动力电池内部单体电池存在故障。

诊断方法：

a. 首先尝试钥匙重复上电、断电操作能否清除故障灯，如不能清除故障灯，请执行下述方法；

b. 维修人员通过诊断仪读取故障，根据具体故障参照整车维修手册进行维修；

c. 检测高压部件请专业人员进行，禁止私自操作，必须注意高压安全事项，按照手册中要求进行维修。

4）系统故障灯常亮或者闪烁，整车不能上电 。

可能原因：

下述原因会报出系统报警故障：

a. 整车控制器 VCU 严重故障；

b. 整车 CAN 通信存在短路/断路故障；

c. 制动真空压力传感器异常；

d. 高压系统（动力电池/电机/压缩机/整车控制器）互锁系统故障；

e. 冷却风扇驱动故障；

f. 逆变器驱动/高压接触器驱动故障；

g. 加速踏板故障；

h. 压缩机或 PTC 驱动故障；

i. 电机扭矩监控故障；

j. 低压主继电器驱动故障。

诊断方法：

a. 首先尝试钥匙重复上电、断电操作能否清除故障灯，如不能清除故障灯，请执行下述方法；

b. 维修人员通过诊断仪读取故障，根据具体故障参照整车维修手册进行维修。

5）系统故障灯和动力电池故障灯不亮，电池断开指示灯亮 。

可能原因：

下述原因会导致高压回路不能建立，整车不能行驶：

a. 高压接触器盒内熔丝烧断；

b. 高压接触器（正极/负极/预充电）控制线束有故障；

c. 接触器本身损坏；

d. 预充电阻失效。

诊断方法：

a. 此问题涉及高压检查和维修，非专业人员，禁止操作；

b. 专业人员在检查时，严格遵守操作要求，注意安全。

6）电机驱动系统报警灯常亮 。

可能原因：

下述 2 个方面故障可能导致动力电池断开，导致驱动系统失效：

a. 驱动电机故障；

b. 电机控制器故障。

诊断方法：

如果同时出现故障灯和动力电池断开指示灯点亮时，先查故障，再查动力电池断开指示灯：

a. 首先尝试钥匙重复上电、断电操作能否清除故障灯，如不能清除故障灯，执行下述方法；

b. 维修人员通过诊断仪读取故障，根据具体故障参照维修手册进行维修。

3. 故障级别划分

以下以北汽新能源汽车的动力电池管理系统 BMS 为例，介绍高压相关故障的级别划分，其他车型可以参考。

（1）划分等级

根据故障对整车的影响，动力电池管理系统 BMS 故障划分为三个级别：

1）一级故障（非常严重）：如果故障可能会造成整车出现安全事故，如起火、爆炸、触电等，动力电池管理系统 BMS 向整车控制器 VCU 上报该故障。动力电池在正常工作下不会上报该故障，BMS 一旦上报该故障，表明动力电池处于严重滥用状态。

2）二级故障（严重）：动力电池管理系统 BMS 上报该故障会造成整车进入限功率行驶、暂时停止能量回馈、停止充电。动力电池正常工作下不会上报该故障，BMS 一旦上报该故障，表明动力电池某些硬件出现故障或动力电池处于非正常工作的条件下。

3）三级故障（轻微）：动力电池管理系统 BMS 上报该故障对整车无影响，或根据故障不同程度的造成整车进入限功率行驶状态。动力电池正常工作状态可能上报该故障，BMS 一旦上报该故障，表明动力电池处于极限环境温度下或单体电池一致性出现一定劣化等。

（2）各等级对应的故障码

不同级别的故障，有对应的故障名称、故障编码以及对整车的影响。各故障级别中，相同的故障名称，根据故障程度级别不同，以不同故障代码区分。另外，不同批次车辆，相同的故障名称不同故障编码，以诊断仪显示的编码和解释为准。

1）一级故障名称和编码对照表：一级故障名称和编码对照表见表 6-2-2。

表 6-2-2 一级故障名称和编码对照表

故障名称	故障编码	对整车的影响
单体电压过压	P0004	行车模式：电池放电电流降为 0，断高压，无法行车 车载充电：请求停止充电/停止加热，主正、主负继电器断开 直流快充：BMS 发送终止充电，主正、主负继电器断开
电池外部短路（放电过流）	P0006	
温度过高	P0007	
电池内部短路	P0014	

2）二级故障名称和编码对照表：二级故障名称和编码对照表见表 6-2-3。

表 6-2-3 二级故障名称和编码对照表

故障名称	故障编码	对整车影响
单体电压欠压	P0269	行车模式：限功率至放电电流 25A
BMS 内部通信故障	P0279	行车模式：限功率至放电电流 25A，"最大允许充电电流"调整为 0
BMS 硬件故障	P0284	充电模式：发送请求停止充电，如果上报故障后 2s 内未收到响应，BMS 主动断开高压继电器或加热继电器

（续）

故障名称	故障编码	对整车影响
BMS与车载充电器通信故障	P0283	车载充电模式：请求停止充电，或请求停止加热，如果上报故障后2s内未收到响应，BMS主动断开高压继电器或加热继电器
温度过高	P0258	行车模式：限功率至放电电流25A，"最大允许充电电流"调整为0
绝缘电阻过低	P0276	行车模式：限功率至放电电流25A，"最大允许充电电流"调整为0 充电模式：发送请求停止充电，如果上报故障后2s内未收到响应，BMS主动断开高压继电器或加热继电器
加热元件故障	P0281—1	充电模式：请求停止加热，如果上报故障后2s内未收到响应，BMS主动断开加热继电器

3）三级故障名称和编码对照表：三级故障名称和编码对照表见表6-2-4。

表 6-2-4 三级故障名称和编码对照表

故障名称	故障代码	对整车影响	恢复条件
温度过高故障	P1043	行车模式：放电功率降为当前状态的50%	重新上电
绝缘电阻过低	P1047	上报不处理	重新上电
电压不均衡	P1046	行车模式：放电功率降为当前状态的40%	重新上电
单体电压欠压	P1040	行车模式：放电功率降为当前状态的40%	重新上电
温度不均衡	P1045	上报不处理	重新上电
放电过流	P1042	行车模式：放电功率降为当前状态的50%	重新上电

（3）数据流确定故障等级

利用故障诊断仪器读数据流，根据实际数值进一步确定故障级别。例如，北汽新能源动力电池单体温度45 ℃时是三级故障，50 ℃时是二级故障，55 ℃时是一级故障（各品牌电池数据有差异）。

引导问题二　纯电动汽车出现故障时，如何进行诊断与排除？

1. 纯电动汽车动力电池故障诊断与排除

（1）故障诊断仪器读取数据

进行动力电池故障诊断时，应利用故障诊断仪读取电池组数据流，必要时进行实测，通过最终数据进行判断是动力电池故障，还是动力电池管理系统BMS、高压配电箱BDU或其他组件故障。图6-2-2是北汽新能源动力电池数据流，可以读取到单体电池最高、最低的电压和温度。

名 称	当前值	单 位
动力电池充放电电流	0	A
动力电池 SOC	56	%
动力电池单体最低电压	3.28	V
动力电池单体最高电压	3.29	V
动力电池当前电流	2.18	A
动力电池单体最高温度	24	deg C
动力电池单体最低温度	21	deg C
BMS 生命信号	0	
动力电池主负继电器状态	On	
动力电池主正继电器状态	On	
冷却风扇状态	On	
加热状态	On	
档位状态	N	
加速踏板信号 1 电压	0.76	V
加速踏板信号 2 电压	0.36	V
冷却风扇继电器 #1 状态	Off	

图 6-2-2　北汽新能源数据流

如果单体电池电压值异常，单体电压过高会导致无法充电，过低会导致断电保护。充电过程中，单体最高电压应低于 3.8V；行车过程中，单体电压低于 2.2V 会断电保护，低于 2.4V 系统报警。如果单体电池温度异常，温度过高会导致无法充电（高于 65℃充电保护）。

图 6-2-3 是吉利帝豪 EV450 车型动力电池系统 BMS 相关数据流。

图 6-2-3　吉利帝豪 EV450 BMS 相关数据流

（2）外观及漏电检测

检查动力电池组外观是否损坏、漏液，以及检测动力电池对外绝缘电阻。动力电池对外绝缘电阻要求如下：

1）绝缘电阻值的要求：在动力电池的整个寿命周期内，根据标准计算方法计算得到绝缘电阻值，所得值大于 500Ω/V。

2）测试前要求：在整个测试过程中，动力电池的开路电压等于或高于其标称电压值，动力电池两极应与动力装置断开。

3）测量工具：

测量电压：能够测量直流电压的电压表，其内阻应大于 10MΩ。

测量绝缘电阻：绝缘测试仪，耐压大于 10kV。

2. 纯电动汽车动力电池管理系统故障诊断与排除

纯电动汽车动力电池管理系统 BMS 是动力电池的主控模块，负责采集动力电池的电池单元电压、温度、电流数据，控制动力电池处于最佳的充放电水平；此外，BMS 还负责控制高压配电箱内高电压接触器的接通与断开，并诊断接触器故障信息。以下介绍 BMS 的故障症状与可能原因。

（1）故障症状

纯电动汽车的动力电池管理系统发生故障时，会导致高电压系统内接触器不能工作，使车辆失去动力而不能行驶，同时位于仪表的动力系统故障指示灯 ⚡ 将点亮。

（2）可能原因

造成动力电池管理系统的主要故障原因是电源供电异常、搭铁不良或 BMS 自身损坏。

（3）故障排除方法

1）读取故障码：使用诊断仪读取故障码 DTC，动力电池管理系统可能存在以下 DTC：

P1A58-00：电池管理系统初始化错误。

P1A40-00：单体电池温度传感器故障。

2）故障检测与排除：根据 DTC 提示进行故障检测，包括电源和搭铁的线路检测。如果线路不正常，检修线路是否短路及断路。如果线路正常，更换相应的部件。

3. 纯电动汽车高压配电箱故障诊断与排除

高压配电箱（高压控制盒）BDU 是控制高电压接通与关闭的执行部件，内部由多个高压接触器或继电器组成。动力电池管理系统 BMS 是高压配电箱内继电器与接触器的诊断主控模块，会诊断接触器是否按照预定的要求打开与关闭，不正常的吸合，如触点烧蚀会产生接触器类 DTC。

（1）故障症状

1）高压配电箱内接触器或继电器存在故障时，会导致高电压系统内接触器不能工作，使车辆失去动力。

2）位于仪表的动力系统故障指示灯 ⚡ 将点亮。

（2）可能原因

接触器自身线圈损坏或者控制线路接触不良。

（3）故障排除方法

1）读取故障码：使用诊断仪读取可能存在以下 DTC：P1A5D-00：电机控制器预充未完成。

2）故障检测与排除：根据 DTC 提示进行故障检测，包括电源和搭铁的线路检测。如果测量值不符合标准，应进行更换或维修。如果确认低压和线路正常，更换配电箱。

4. 纯电动汽车驱动电机控制器故障诊断与排除

驱动电机控制器是驱动系统的核心执行模块。驱动电机控制器接收动力电池管理系统 BMS 和整车控制器 VCU 的信息，控制驱动电机的运转，并实现电机转速、方向和扭矩的改变。驱动电机控制器通过接收电机旋转变压器（也称角度传感器）信号作为控制命令的输出反馈，实现系统的闭环控制。

（1）故障症状

驱动电机控制器存在故障时，会导致电机不能正常运转，使车辆失去动力。同时位于车辆仪表内动力系统故障指示灯将点亮。如果仅该指示灯点亮，说明电机的温度过高，系统将降低电机的功率输出。

（2）可能原因

造成驱动电机控制器的主要故障原因如下：
1）控制器总成本身的故障。
2）旋转变压器故障。
3）电源和搭铁不良。

（3）故障排除方法

1）读取故障码：使用诊断仪读取故障码 DTC，驱动电机控制器可能存在的 DTC。
2）故障检测与排除：
① 根据 DTC 提示完成故障检测，包括电源和搭铁的检测。发现断路或短路则进行检修。
② 旋转变压器的诊断：测量旋转变压器的信号电压或电阻，如果所测电压和电阻规格正常，更换驱动电机控制器总成。

5. 纯电动汽车驱动电机故障诊断与排除

驱动电机发生故障时，通常组合仪表会点亮动力系统的故障警告灯，应先利用故障诊断仪读取 DTC（故障码），根据故障码提示的内容进行检修。

驱动电机常见的故障症状、原因与排除方法如下：

（1）电机启动困难或不能启动

原因：电源电压过低　　排除方法：调整（充电）电压到所需值
原因：电机过载　　　　排除方法：减轻负载后再启动
原因：机械卡住　　　　排除方法：检查后先停车解除机械锁止，再启动电机

（2）电机运行温度过高

原因：负载过大　　　　排除方法：减轻负载
原因：电机扫膛　　　　检查气隙及转轴、轴承是否正常，不正常则更换
原因：电机绕组故障　　检查绕组是否有接地、短路、断路等故障，并排除
原因：电机冷却不良　　检查冷却系统故障，并排除

6. 驱动系统输入/输出信号部件故障诊断与排除

驱动电机的运转主要受加速踏板（油门深度）、制动踏板（刹车深度）和变速器档位进行控制。其中：

加速踏板用于为驱动系统提供电机负荷的输入信号，并控制制动能量回收功能；

制动踏板用于取消驱动电机输入负荷，并实现车辆的制动功能；

变速器档位控制器用于控制电机的运转方向和电机的启动与停止。

当以上输入信号产生故障后，整车控制器 VCU 将停止车辆的动力输入，并输出诊断 DTC。

（1）故障症状

纯电动汽车在制动信号丢失情况下，车辆无法起动；非制动信号故障时，车辆能够起动，但起动后动力停止输出；同时位于车辆仪表内  动力系统故障指示灯将点亮。

（2）可能原因

造成驱动系统输入/输出信号故障的主要故障原因是电源供电异常、搭铁不良或信号部件自身损坏。

（3）故障排除方法

使用诊断仪读取可能的 DTC。通常情况下，针对加速踏板、制动踏板以及档位控制器，系统能够直接指向对应部件的故障，根据 DTC 内容检修。

7. 高压系统漏电故障诊断与排除

新能源汽车安全的首要条件就是防止高电压系统与车身存在漏电，纯电动汽车高电压系统采用漏电传感器来监测高电压电路是否存在与车身之间的漏电情况。如果发生漏电，系统将自动切断高压接触器，避免更大事故的发生。

警告：在执行高压车辆诊断及维护前，务必佩戴完好的个人防护装备，并严格遵守正确的操作步骤！

（1）可能原因

高电压系统漏电故障原因分为两种：

1）高电压电路与车身存在漏电。

2）漏电传感器系统本身故障。

高电压系统漏电类故障会导致车辆仪表内  动力系统故障指示灯点亮，且车辆将关闭动力输出。

（2）诊断方法

高电压漏电的故障诊断与排除步骤如下：

1）读取 DTC：使用诊断仪读取相关 DTC。如有明确 DTC，按照 DTC 诊断步骤进行诊断，详细步骤可参考维修手册中的具体 DTC 信息。

2）漏电故障检测：高电压电路导线漏电主要是绝缘效果降低导致的，因此漏电故障的诊断主要是检查线路对车身以及两线之间的绝缘电阻值。

① 断开被测量的高压导线连接器，如果不确定漏电大体位置，可采用分段测量法来进行排除。

② 使用高压绝缘测试仪分别测量导线对车身的电阻：

◆ 测量正极导线对车身电阻（测量电压 1000V），标准电阻在 50MΩ 以上；
◆ 测量负极导线对车身电阻（测量电压 1000V），标准电阻在 50MΩ 以上；
◆ 测量两导线之间电阻（测量电压 1000V），标准电阻在 50MΩ 以上。

③ 对于不符合要求的导线，需要更换新的高压导线。

3）漏电传感器故障检测：

① 检查 12V 蓄电池电压及整车低压线束供电是否正常。标准电压值：11~14V。如果电压值低于 11V，需要更换 12V 蓄电池或检查整车低压线束。

② 在关闭点火开关的状态下，断开漏电传感器连接器：

◆ 测量漏电传感器供电电压，标准值在 9~16V 之间；
◆ 测量漏电传感器搭铁电阻，标准值在 0.2Ω 以下。
◆ 不在以上范围的，需要继续检测传感器本身或连接线路。

③ 使用诊断仪读取在动力电池管理系统读取漏电传感器数值，不能正常读取的，需要更换新的漏电传感器。

❓ 引导问题三　混合动力汽车出现故障时，如何进行诊断与排除？

混合动力汽车由于设计有电力和发动机的双重动力结构，因此在故障诊断过程中既要检查发动机的动力系统，又要检查电力驱动系统。常见的故障主要包括有因电力系统导致发动机不能驱动或电力驱动系统失效的故障症状。

下面以丰田混合动力汽车为例，介绍混合动力汽车电力驱动系统故障诊断与排除，其他车型可以参考。

1. 混合动力汽车动力电池系统故障诊断与排除

（1）混合动力汽车动力电池系统常见的故障

动力电池是混合动力控制系统的重要组成部分，其内部或控制系统存在故障将导致混合动力系统失效，甚至使车辆暂停行驶。

动力电池系统常见的故障如下：

1）动力电池管理系统本身故障，如供电故障等；
2）内部单体电池电压故障，如监测到过高或过低的单体电池电压；
3）动力电池组总成冷却系统故障；
4）动力电池组内高压输出电路故障。

（2）混合动力汽车动力电池系统的故障症状

混合动力汽车动力电池系统发生故障会有以下症状：

1）仪表故障警告灯点亮。如图 6-2-4 所示，动力电池系统故障会导致仪表以下故障警告灯点亮。

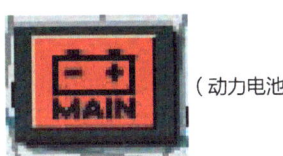（动力电池警告） （车辆动力系统故障）

图 6-2-4　混合动力汽车仪表故障警告灯

2）车辆不能起动或功率降低。未起动车辆前，会导致车辆不能正常起动；或高速运行的车辆会导致车辆降低运行功率。

（3）混合动力汽车动力电池系统的故障诊断与排除

混合动力汽车动力电池系统发生故障后，应该首先采用故障诊断仪器进行故障码读取和数据流分析。动力电池系统常见故障码和数据流参照诊断仪器显示的内容。

下面以丰田混合动力汽车为例介绍混合动力汽车动力电池系统故障诊断与排除步骤。

1）HV 蓄电池 ECU 供电熔丝异常的故障：

故障症状：

HV 蓄电池 ECU（也称电池管理模块，或蓄电池 ECU）不通信，HV 蓄电池警告灯点亮，且车辆不能正常起动。

故障原因分析：

12V 蓄电池电源恒定地向动力电池 ECU 的 AM 端子供电，以此达到维持储存器内的 DTC 和定格数据。即使电源开关断开的时候，该电压可以作为一个备用电压。

故障排除：

检查 HV 蓄电池 ECU 熔丝及线路，如果检查均正常，则需要更换 HV 蓄电池 ECU。

2）HV 蓄电池冷却系统 - 鼓风机不转的诊断：

故障症状：

仪表显示 HV 蓄电池故障，诊断仪检查存在 HV 蓄电池温度高。

HV 蓄电池温度过高的原因之一是鼓风机不能正常工作。

使用诊断仪的主动测试功能驱动鼓风机，发现驱动失败，且不能从数据流中正常看到鼓风电机的旋转转速。

故障原因分析：

鼓风机电机控制器调节 12V 低压蓄电池提供给鼓风机总成的电压。鼓风机电机控制器有由铝制成的散热片。从后侧风道流入 HV 蓄电池总成的空气对鼓风机电机控制器进行制冷，而该控制器是装在后侧风道里的。

故障排除：

检查风扇熔丝、鼓风机继电器、鼓风机总成及线路，如果以上检查均正常，则需要更换 HV 蓄电池 ECU。

2. 混合动力汽车驱动电机系统故障诊断与排除

下面以丰田混合动力汽车为例，介绍混合动力汽车驱动电机系统故障诊断与排除，其他车型可以参考。

(1) 混合动力汽车驱动电机系统常见的故障

混合动力汽车驱动电机系统故障将导致车辆不能正常行驶，常见的故障如下：
1) 驱动电机控制器（变频器/逆变器）本身故障；
2) 驱动电机控制器（变频器/逆变器）温度传感器故障或控制电机温度过高；
3) 驱动电机角度（旋变）传感器故障等。

(2) 混合动力汽车驱动电机系统的故障症状

混合动力汽车驱动电机系统发生故障会有以下症状：
1) 仪表指示灯点亮：驱动系统故障会导致仪表车辆动力系统故障指示灯点亮。
2) 车辆功率降低或暂停动力输出：混合动力汽车驱动系统故障会导致车辆降低运行功率或暂停动力输出。

(3) 混合动力汽车驱动电机系统的故障诊断与排除

混合动力汽车驱动电机系统发生故障后，应该首先采用故障诊断仪器进行故障码读取和数据流分析。

驱动系统的数据流主要在混合动力车辆控制 ECU 内，可使用诊断仪读取到关于驱动系统的故障代码和数据流。混合动力汽车驱动系统的故障码和数据流请参照仪器显示的内容。

以下介绍混合动力汽车驱动电机系统故障诊断与排除步骤。

1) 驱动电机温度传感器异常的故障：

故障症状：

仪表提示驱动电机温度过高，系统功率降低。

故障原因分析：

驱动电机控制器会通过电机内的温度传感器和供给的电流计算电机的温度，当温度异常时，系统将降低电机的输出功率，让电机尽快冷却。

采集电机温度的传感器是热敏电阻传感器。为了防止电机过热，混合动力车辆控制 ECU 根据电机温度信号限制负载。另外，混合动力车辆控制 ECU 检查电机温度传感器是否出现线路故障和传感器故障。

故障排除：

① 使用诊断仪读取电机温度传感器数据，专用诊断仪显示电机温度的数据是当前实际的温度。如果电路开路或电源 +B 短路，则专用诊断仪显示电机温度的数据是 –50℃。如果电路搭铁 GND 短路，则专用诊断仪显示的数据是 205℃。

② 显示的温度不在正常范围 –49~204℃，需要检查温度传感器与驱动电机控制器之间的连接线路以及温度传感器本身技术状态。详细检查方法与步骤，请参考热敏电阻类传感器的诊断方法。

2) 电机角度（旋变）传感器异常的故障：

故障症状：

仪表显示驱动系统故障，车辆不能正常驱动（MG2 角度故障）；或发动机不能被正常起动（MG1 角度故障）。

故障原因分析：

如图 6-2-5 所示，电机角度传感器是一种检测转子磁极位置的传感器，它对保证 MG1 和

MG2 的高效控制是必需的。角度传感器的定子包括一个励磁线圈和两个检测线圈。因为转子是椭圆形状的，定子和转子间的间隙随着转子转动而变化。预定频率的交流电流过励磁线圈和检测线圈 S 和 C 并且根据传感器转子的位置输出交流信号。

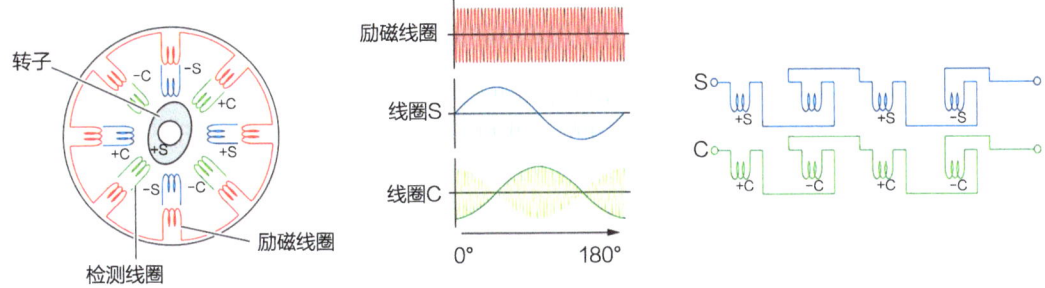

图 6-2-5 电机角度传感器原理

混合动力车辆控制 ECU 根据检测线圈 S 和 C 的相位及它们的波形高度来检测转子的绝对位置。此外，为了把角度传感器用做一个速度传感器，ECU 计算出在一段预定的时间内位置的变化次数。

故障排除：
① 使用诊断仪读取相关故障码。
② 使用诊断仪读取对应故障码所指电机的数据流。
标准值：数据流应该显示出电机的转动角度。
③ 检查线束与连接器（控制 ECU—传感器电路）。
④ 用绝缘测试仪检查电机角度传感器端子间的绝缘电阻。标准值：10MΩ 或更大。
⑤ 检查电机角度传感器本身电阻。图 6-2-6 是电机角度传感器端子。测量电机角度传感器端子间的电阻，标准值见表 6-2-5。

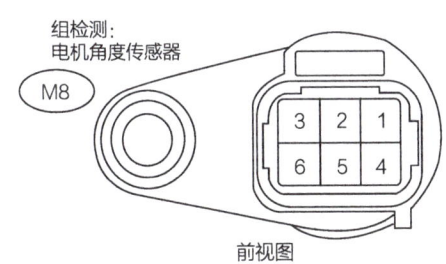

图 6-2-6 电机角度传感器端子

表 6-2-5 电机角度传感器端子间的电阻

万用表连接	规定条件/Ω
MRF（M8-1）- MRFG（M8-4）	7.65~10.2
MSN（M8-2）- MSNG（M8-5）	12.6~16.8
MCS（M8-3）- MCSG（M8-6）	12.6~16.8

3）驱动电机控制器（变频器）性能的故障：
故障症状：
仪表显示驱动系统失效，使用诊断仪检查存在变频器性能故障码。
故障原因分析：
变频器为 MG1/MG2 将动力电池高压直流电转换成交流电。变频器内包含一个三相桥电路，它由 6 个功率晶体管组成，每个对应于 MG1 和 MG2，用来转换直流电和三相交流电。混合动力车辆控制 ECU 控制功率晶体管的激活。变频器将控制所必需的信息，例如安培数和电压传送到动力电池 ECU。

混合动力车辆控制 ECU 使用的电压传感器内置于变频器中，用来检测升压后的高压并进行升压控制。

变频器电压传感器根据高压的不同输出一个值在 0~5V 间的电压。高压越高，输出电压越高；高压越低，输出电压越低。

混合动力车辆控制 ECU 监控变频器电压并检测故障。变频器电路如图 6-2-7 所示。

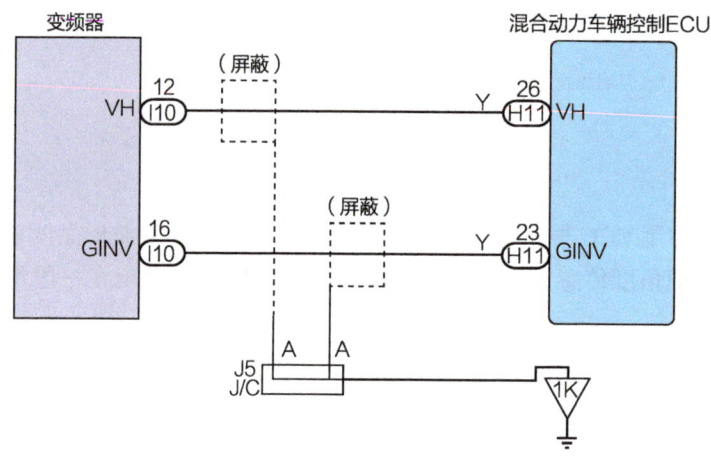

图 6-2-7　变频器电路

如果变频器出现电路故障、内部短路或过热，则变频器通过变频器故障信号线路将此信息传送到混合动力车辆控制 ECU。

警示：诊断前，至少需要 5min 对变频器内的高压电容器进行放电。

故障排除：
① 使用专用诊断仪读取故障码。
② 检查混合动力车辆控制 ECU 连接是否存在松动，检查变频器连接是否存在松动或连接不良。
③ 用万用表测量混合动力汽车电机三相交流电电缆端子与车身接地之间的绝缘电阻。标准值：10MΩ 或更大。
④ 检查混合动力汽车电机线圈电阻。用万用表测量混合动力汽车电机三相交流电电缆端子电阻，标准值见表 6-2-6。

表 6-2-6　混合动力汽车电机三相交流电电缆端子电阻

万用表连接	规定条件
U（I14-1）- V（I14-2）	20℃时小于 135MΩ
V（I14-2）- W（I14-3）	20℃时小于 135MΩ
W（I14-3）- U（I14-1）	20℃时小于 135MΩ

U-V/U-W/W-U 端子最大和最小电阻间的差，标准值应该小于 2MΩ。

⑤ 使用专用诊断仪进行动作测试，当变频器驱动强制停止时，测量变频器连接器端子间的电压。标准值：12~16V。

⑥ 以上测试均在标准值范围内，则需要更换变频器总成。

3. 混合动力汽车整车动力控制系统故障诊断与排除

下面以丰田混合动力汽车为例，介绍混合动力汽车整车动力控制系统故障诊断与排除，其他车型可以参考。

（1）混合动力汽车整车动力控制系统常见的故障

混合动力汽车整车动力控制系统故障将导致车辆不能正常行驶，常见的故障如下：

1）混合动力车辆控制 ECU 模块本身故障。

2）接触器不能正常吸合（导致该故障的原因有很多，例如系统检测到绝缘故障、接触器本身烧蚀等）。

3）因驱动系统导致的故障，如驱动电机不能正常运行导致发动机不能起动等。

（2）混合动力汽车整车动力控制系统的故障症状

混合动力汽车整车动力控制系统发生故障会有以下症状：

1）仪表指示灯点亮。整车动力控制系统故障会导致仪表车辆动力系统故障指示灯点亮。

2）车辆不能起动或功率降低。未起动车辆前，会导致车辆不能正常起动；或高速运行的车辆会导致车辆降低运行功率。

（3）混合动力汽车整车动力控制系统的故障诊断与排除

下面介绍混合动力汽车整车动力控制系统故障诊断与排除步骤。

1）因混合动力车辆控制 ECU 模块供电异常导致失去通信的故障：

故障症状：

混合动力车辆控制 ECU 不通信，混合动力故障指示灯点亮，且车辆不能正常起动。

故障排除：

检查发动机室继电器盒的 HEV 熔丝及混合动力车辆控制 ECU 线束侧连接器间的电阻是否导通。如以上检查均正常，则需要更换混合动力车辆控制 ECU 模块。

2）混合动力接触器断开的故障：

故障症状：

仪表提示动力电池故障，车辆不能起动。

原因分析：

SMR（系统主继电器，即高压接触器）根据 HV 蓄电池 ECU 发出的请求连接或断开高压电源供电电路。为确保可靠的操作，它们由三个接触器组成（负极侧一个，正极侧两个）。

故障排除：

检查 HV 蓄电池 ECU 主接触器之间的连接器与线束电阻是否导通。

如以上检查均正常，需要继续拆解电池组外壳，检查接触器本身是否存在故障。

3）混合动力发动机不能正常起动的故障：

故障症状：

仪表提示混合动力系统故障，发动机不能正常起动。

故障原因分析：

在丰田混合动力汽车中，如果发动机或变速器驱动桥齿轮被卡住，或异物进入它们中的任意一个中，则混合动力车辆控制 ECU 就会检测到 DTC 并且启动安全保护控制。如果曲轴位置传感器故障（传统发动机控制原理）以及发动机 ECM 或 HV 蓄电池 ECU 故障，都可能造成发动机不能起动。

故障排除：

① 检查曲轴带轮是否正常转动。

② 检查发动机 ECM- 曲轴位置传感器线束和连接器间的电阻是否导通。

③ 以上检查均正常后，还需要考虑以下问题：

♦ 检查什么导致了变速驱动桥和发动机的阻力在转动中变大；

♦ 检查发动机润滑系统和变速驱动桥润滑系统；

♦ 检查发动机冷却液和变速驱动桥冷却液；

♦ 检查发动机本身和变速驱动桥本身是否有任何故障。

检查结果如果异常，应进行检修或更换。

自我测试

1. 判断题

（1）纯电动汽车只有 READY 或 OK 灯亮时，车辆才可以正常行驶。　　　　（　　）

（2）红色充电指示灯亮时，表示充电系统发生故障。　　　　　　　　　　（　　）

（3）动力电池切断指示灯亮，一定是动力电池发生故障。　　　　　　　　（　　）

（4）组合仪表灯都不亮，原因可能动力电池 BMS 故障。　　　　　　　　（　　）

（5）纯电动汽车制动踏板输入信号产生故障后，车辆无法起动。　　　　　（　　）

2. 单选题

（1）点火开关打到 ON 档后，仪表灯闪烁或者比较暗是因为（　　）

　　A. 12V 蓄电池的端子被拆掉　　　　B. 蓄电池严重损坏

　　C. 蓄电池亏电　　　　　　　　　　D. 以上都是

（2）判断 DC/DC 变换器是否工作的方法是（　　）。

　　A. 仪表指示电池电流为负值

　　B. 通过电压表测试蓄电池两端的电压大于 13V

　　C. A 和 B 都正确

　　D. A 和 B 都错误

（3）北汽新能源动力电池单体电池温度达（　　）车辆不能上电。

　　A. 45℃时　　　　B. 50℃时　　　　C. 55℃时　　　　D. 以上都是

（4）造成动力电池管理系统 BMS 的主要故障原因（　　）。

　　A. 电源供电异常　　B. 搭铁不良　　C. BMS 自身损坏　　D. 以上都是

（5）如果组合仪表内 🔥 和 OK 指示灯点亮，则会发生（　　）。

　　A. 车辆无法行驶　　B. 车辆降功率行驶　　C. 车辆正常行驶　　D. 以上都错误

参考文献

[1] 王刚. 新能源汽车[M]. 北京：清华大学出版社，2015.

[2] 王振坡，孙逢春，刘鹏. 电动汽车原理与应用技术[M]. 北京：机械工业出版社，2014.

[3] 王志福，张承宁. 电动汽车驱动理论与设计[M]. 北京：机械工业出版社，2012.

[4] 许晓慧，徐石明. 电动汽车及充换电技术[M]. 北京：中国电力出版社，2012.

[5] 徐海明. 电动汽车充电站运行与维护技术[M]. 北京：中国电力出版社，2011.

[6] 许崇良、张传发. 电动汽车与混合动力[M]. 济南：山东大学出版社，2013.

[7] 赵立军. 电动汽车测试与评价[M]. 北京：北京大学出版社，2012.

[8] 崔胜民. 新能源汽车技术[M]. 北京：北京大学出版社，2014.

[9] 胡骅，宋慧. 电动汽车[M]. 北京：人民交通出版社，2012.

[10] 赵立军，佟钦智. 电动汽车结构与原理[M]. 北京：北京大学出版社，2012.

[11] 何洪文，电动汽车原理与构造[M]. 北京：机械工业出版社，2012.

[12] 许云，赵良红. 新能源汽车动力电池及充电系统检修[M]. 北京：机械工业出版社，2018.

[13] 吴荣辉，李颖. 新能源汽车认知与应用[M]. 北京：机械工业出版社，2018.

[14] 吴荣辉. 图解新能源汽车结构原理与检修[M]. 北京：机械工业出版社，2020.